Birgit Lahann

Geliebte Zone

Birgit Lahann

Geliebte Zone

Geschichten
aus dem neuen Deutschland

Fotos von Ute Mahler

Vorwort von Thomas Brussig

Deutsche Verlags-Anstalt Stuttgart

Inhalt

Vorwort

Mal angenommen, es hätte ein Land oder so eine Art Zone gegeben, dessen Bewohner durch eine Mauer für – sagen wir mal – 28 Jahre daran gehindert waren, ihr Land oder ihre Zone zu verlassen. Absurd, nicht wahr?

Trotzdem: Mal angenommen, es hätte so ein Land gegeben. Dann wäre es natürlich interessant zu wissen, wie hoch die Mauer war oder wie oft portionsweise Suppe verteilt wurde. Aber weit interessanter wäre natürlich noch die Vorstellung, was für Menschen in dieser Zone lebten. Daß die *homo mures* was Besonderes waren, wäre klar. Immerhin steckten sie real in einer Situation, die sich allenfalls experimentelle Bühnenautoren ausdenken. Einerseits also absurde Existenzen, andererseits aber leibhaftige Menschen – eitel, gierig, berühmt, naiv, tapfer, ängstlich, weise, spießig, bescheiden, untertänig und verlogen.

Und plötzlich fällt die Mauer um. Aus welchen Gründen auch immer. Und dann fallen sie ein, die Journalisten. Eine Horde Heuschrecken, die ein zoologisches Interesse an den Tag legt: wollüstig, unvorbereitet, hämisch, sensationsgierig, klischeefreudig, katastrophensüchtig. Aber richtig hinsehen würden sie nicht. Nicht einmal hinsehen wollen. Sicher würden sie ein paar folkloristische Beobachtungen zum besten geben, aber entdecken würden sie nichts. Überhaupt nichts. Warum auch? Es gibt doch so viele Fernsehsender, die immer etwas senden müssen, so viele dicke Zeitungen, die alle vollgeschrieben werden müssen. Ich bitte Sie, wer soll da die Zeit haben, mal genauer hinzuschauen?

Das müßte schon ein besonders seltsames Exemplar sein, das Lust hätte, ein paar dieser *homo mures* zu beschreiben – den Politiker als finale Mülltonne, den Star, der mitmischt, den betörenden Spitzel, die kesse Sängerin, den petzenden Vorsitzenden des Schriftstellerverbandes, die aufmüpfige Galeristin, die schießende Ratte, den zwielichtigen Anwalt, den staatstreuen Maler, den staatsfernen Diplomaten und die Frau, die der Prinz besucht. Dieses seltsame Exemplar – sicher eine Frau – sollte schon einiges mitgemacht haben, möglichst auch preisgekrönt sein, sollte das eine oder andere Buch geschrieben haben, vielleicht sogar eine aufregende Biographie. Ich weiß, so eine Journalistin gibt es nirgendwo. Aber was soll's: Wenn wir schon spinnen, dann richtig.

Diese Reporterin würde in ein Märchenland geraten und sich inmitten von Mißverständnissen, Mißtrauen und Vorurteilen bewegen. Und selbst die besten Empfehlungen würden da wenig ausrichten. Wie man es also anpacken müßte, in diesem ganzen Schlamassel unverwechselbare Reportagen und eindringliche Porträts zu schreiben – keine Ahnung.

Natürlich würde es so ein verrücktes Land niemals geben, so daß sich auch keine Journalistin dieser Angelegenheit anzunehmen bräuchte. Es müßte kein Buch darüber entstehen. Und niemand müßte es lesen.

Und wenn doch?

Thomas Brussig

»Wir wollen die Dose Spray unterm Arm«

Tage mit Tamara Danz

Winter 1988. Noch steht die Mauer. Am Heinrich-Heine-Eingang zur DDR dieses ewige Gefühl, etwas verbrochen zu haben. Ich lächle den Grenzer an. Die Maske reagiert nicht, inszeniert die deutsche Ordnung mit Fragen und mit Stempelkissen.

Anmelden im Ostberliner Pressezentrum. Die Stunden laufen mit billigem Kaffee davon. Und wo ist das Intourist-Büro? Fahren Sie um das Objekt herum... Objekt. Klingt wie Konspiration. Ich fahre also um den Plattenbau herum. Und wieder zwingen mich nölige Gestalten in ihre Zeitmaschine. Anstellen. Warten. Was? Sie haben noch keine Marke? Marken kriegen Sie einen Stock höher. Und wieder anstellen. Und wieder warten. Und bloß nicht lachen.

Im feudalen Grand Hotel an der Friedrichstraße mauschelt der Sozialismus mit dem Kapital. Der Mann am Klavier breitet seinen schmalzigen Klangteppich aus. Im Marmorbad mit Blick in den Wintergarten schwimmen Westkörper für die Linie. Und durch die Gardinen meines Zimmers sehe ich diese graue Frau mit dem leeren Einkaufsnetz.

Ich fahre nach Frankfurt. Da gibt Tamara Danz mit ihrer Rock-Band »Silly« ein Konzert. Frankfurt an der Oder – öde Stadt am Abend. Graue Häuser, graue Autos, grauer Schnee. Und in den Straßen brennt kaum Licht. Wo geht's zum »Haus der Freundschaft«? Keine Ahnung, sagt ein grauer Mensch. Ich frage drei Uniformen, die aus der Düsternis auftauchen. Ne snaju, sagt eine. Aha. Brüderliche Besatzer aus Moskau. Auch keine Ahnung. Also weiter. Und dann bin ich am Rand der Stadt. Warum ist denn hier kein Mensch unterwegs? Es ist doch erst sieben.

Zwei Mädchen am Horizont. Die wollen auch zum Rock-Konzert. Ich lade sie ins Auto. Silly-Fans? Die eine ja. Die andere sagt: Wenn hier mal was los ist, geh' ich automatisch hin. Egal, wer's ist.

Sechs Sillies hocken vergnügt in der Garderobe. Trinken Wein und Wasser und essen Knackwürste. Willste och eene? »Heiße Würstchen« heißt ein Song von ihnen:

»Sowas Warmes im Bauch hebt meine Laune total,
und ich rufe meinen Ulf an, heut kannst du mich mal.«

Sind schon 50 Vopos vorgefahren, sagt Tamara Danz. Wenn Westmedien da sind, werden die immer kribbelig.

Im Saal der Freundschaft sitzt Frankfurts Jugend brav in Reih und Glied. Da stürmt die Rocklady der Deutschen Demokratischen Republik auf die Bühne – hochtoupiert, blondgesträhnt, in Leder geschnürt. Wie ein Torero in der Pelle. Sie singt: »Raus aus der Spur« und knipst die jungen Leute an.

»So manchen Traum laß ich nun ziehn,
nur weil ich nicht gekämpft hab für ihn.«

Raus aus der Spur. Das Lied ist um die DDR gegangen.

Dann erst begrüßt sie ihr Publikum und auch alle, »die heute dienstlich da sind«. Die sollen sich einen schönen Abend machen. Dann stellt sie ihre Truppe vor: Herbert, Jäcki, Uwe, Ritschie, Thomas. Und ick heeß Tamara, sagt sie und erzählt, daß sie mit diesem Namen in der Schule ewig aufgezogen wurde. Wer hatte früher schon freiwillig einen russischen Namen? Aber dank der politischen Lage, sagt sie – und muß den Namen Gorbatschow nicht nennen –, darf man nun mit Lust so heißen. Da klatschen die Leute sich die Hände heiß.

Tamara scheucht die jungen Provinzler nach vorn an die Bühne. Wir sind hier doch nicht in der Amtsstube, sagt sie. Und schon quatscht sie sich in den nächsten Song hinein. Ins Reisebüro. Kennt ihr doch alle, dürftiges Angebot, also was machen wir dagegen? Ein Lied.

»Die Ferne ist ein wunderbarer Ort,
doch wenn man da ist, ist sie fort.«

»Die wilde Mathilde ist dreißig Männer alt«, sang die Rocklady der DDR.
Sechs Jahre nach dem Fall der Mauer stirbt Tamara Danz an Krebs.

Nach dem Konzert essen wir im grauen Hotel von Frankfurt. Intourist. Ich suche einen Parkplatz. Ein autoleeres Land hat nicht so viele davon. Und irgendwann hab' ich's satt und fahr' auf den Bürgersteig. Da kommt einer mit Hund und Honeckerhut und hebt drohend die Faust. Ich winke ihm freundlich zu.

Was möchten Sie?

Entenkeule, sagt Tamara Danz.

Entenkeule ist aus, sagt die Bedienung.

Was ist nicht aus?

Suppe, Kaninchen, Geschnetzeltes. Ein Hase ist auch noch da. Dauert aber.

Haben die Sillies mal daran gedacht, aus der DDR fortzugehen?

Gegenfrage: Habt ihr im Westen nicht langsam die Nase voll von Jammerlappen wie Krawczyk und Freya Klier?

Wieso Jammerlappen?

Weil sie rübergehen und jammern. Wir waren doch alle mal Verbündete. Aber hauen ab und sagen im Westen: Wer im Osten bleibt, ist staatskonform und künstlerisch 'ne Null. Dann müßten Stefan Heym und Heiner Müller ja ziemliche Ärsche sein, sagt Tamara.

Wen möchte sie wiederhaben? Nur den Biermann, sagt sie. Der fehlt. Ich konnte nie verstehen, wie man einen Heine so einfach verschenken kann. Wenn sie wählen müßte, sagt Tamara, wählen zwischen Ausreiseantrag und Knast, dann ginge sie lieber in den Knast. Wie bitte? Also das geht dem männlichen Rest der Gruppe dann doch zu weit. Die sagen: Wir bleiben, weil wir hier unsere Bindungen haben. Und weil wir was bewegen wollen. Und an das Klopapier haben sich unsere Allerwertesten längst gewöhnt. Jawohl, an das knallharte, das man in die Schreibmaschine spannen kann. Moment mal, sagt die Gitarre, wo habt ihr denn das her? Meins ist immer total voller Luftlöcher.

Also bis der Hase kommt, erzählt Tamara mal von früher. Sie ist sechsunddreißig und stammt aus Thüringen. Wird aber schon als Baby nach Sofia verschleppt, sagt sie. Und dann nach Rumänien. Die Eltern sind Diplomaten in der Handelsvertretung. Sie besucht die Botschaftsschule, lernt Klavier und Ballett und studiert nach dem Abitur Sprachen. Russisch und Rumänisch. Sie wollte Englisch. Aber das wollten die anderen nicht. Da ist sie schon sauer. Will auf die Musikhochschule. Wird abgelehnt. Sie könne nicht singen, heißt es. Gottseidank, sagt sie. Das sei ihr Glück gewesen.

Das Essen ist fett und gewaltig. Und als wir kurz vor Mitternacht aufbrechen, steht ein Liliputaner an der Tür. Er verbeugt sich stumm und lächelt und entläßt uns in ein surreales Winterbild. Weiße Flocken haben die graue Stadt erhellt. Und die Autobahn nach Berlin sieht aus wie ein Milchsee. Nichts mehr zu erkennen. Kein Mittelstreifen, keine Gegenfahrbahn.

Am nächsten Morgen geht's nach Münchehofe, einem Dorf am Rande von Berlin. Tamaras Eltern haben da ein Häuschen, das an Weiden grenzt mit Nachbars Pferden drauf. Dort im Keller übt die Rockband. Laut und ungestört.

Tamaras Mutter empfängt alle wie ihre Kinder. Ich heiße Helene, sagt sie zu mir. Und du? In der Küche duftet es nach ausgelassenem Speck für die Kartoffelsuppe. Mein Gemüse, sagt sie, ist total unbelastet. Alles biologisch sauber angepflanzt. Im Treibhaus gezüchtet. Sie zieht mich in den Garten, zeigt ihr Refugium aus Glas, predigt vom gesunden Leben. Wenn meine Mutter nur nicht wunderlich wird mit ihrem Ökotrip, sagt Tamara.

Dabei tut sie selbst auch was. Trennt organischen Müll vom toten. Einwegflaschen, sagt sie, gibt es bei uns ja nicht. Und Plastiktüten sind Luxusware. Da haben wir es wirklich leichter als ihr. Und die Gitarre benutzt kein Haarspray mehr. Das Keyboard ist lockeres Mitglied in der Naturschutzgruppe, die für Frösche kämpft. Das Schlagzeug nimmt seit ewigen Zeiten keinen Weichspüler mehr, und der Drummer bringt alte Medikamente zur Apotheke. Gegen den Gestank der Trabis haben die Sillies schon 1980 angesungen. »Dicke Luft« hieß der Song von damals und wurde natürlich nie im Radio gespielt. Subversiv. Heute singen sie:

»Und der Minister,
der gestern noch gelacht,
hat sich an seinem
Schreibtisch aufgehangen
weil der Wald nicht mehr wußte
wie man Blätter macht.«

Hat Tschernobyl mit solchen Liedern was zu tun? Wir sind doch damals gar nicht aufgeklärt worden, sagt Tamara. Und an dieser Politik habe sich nichts geändert. Wenn in Westberlin Smog ist, macht der bei uns an der Mauer halt.

Vielleicht will Erich Honecker sie ja deshalb noch hundert Jahre stehen lassen, sage ich. Für diesen Satz, sagt Herbert, schäme ich mich für Honecker. Aber so ist das: Der Staat – 'ne Nebelwand. Da stichst du nicht durch. Aber vielleicht ändert sich ja auch bei uns was, sagt er und zeigt seinen Button an der Lederweste. »I like Gorbi«. Wie der mit Geschichte umgeht! Sagt »Volksaufstand« zum »Einmarsch« in Ungarn. Das müßte doch bald auch für den 17. Juni gelten.

Beim Stichwort Gorbatschow hängt sich Mutter Helene von der Küche her weit aus der Durchreiche ins Wohnzimmer hinein. Sie sei, sagt sie, ein absoluter Gorbi-Fan. Wie der die Funktionäre hier durcheinandergewirbelt habe, toll! Im Thälmann-Park war's. Er hat nur die Buchstaben DDR ›übersetzt‹, ganz spontan: dawai, dawai, rabottai – also los, los, arbeiten! Hat in total versteinerte Gesichter gesehen. Sie lacht sich weg, packt den Suppentopf, stellt ihn auf den Tisch, verteilt Schüsseln und Löffel und sagt: Nun eßt man erst mal.

Wie kam sie darauf, ihre Tochter Tamara zu nennen? Ich war doch eine Feuerrote, sagte Helene. Und alle Babys bekamen damals bei uns französische Namen. Meins nicht. Meins sollte russisch heißen. Tamara. Den Mann vom Geburtsamt ärgerte das. Der schrieb in die Urkunde Damara. Sagte hinterher, das käme doch sicherlich von Dagmar.

Was bedeuten den Sillies Fahnen und Hymnen? Nischt. Sie schalten auch das Westfernsehen ab, wenn das Deutschlandlied zu Schwarz-rot-gold erklingt. Was stört sie sonst noch an der Bundesrepublik? Die Menschenbeziehungen. Die sind anders. Ruf doch mal an, komm mal vorbei. Das darf man alles bei euch nicht ernst nehmen, sagt Tamara. Wenn man nämlich kommt, guckt ihr ganz schön blöd aus der Wäsche. Und was stört sie an der DDR? Daß die Leute hier sagen: Die Sillies sind Privilegierte. Seid ihr aber doch, sage ich. Ihr könnt im Westen Konzerte geben, könnt euch verrückte Klamotten kaufen. Es ist wie bei Orwell. Alle Tiere sind gleich. Nur einige sind gleicher.

Aber das ist es doch, was mich so ankotzt, sagt Herbert. Alle sollen fahren können. So werden wir doch gegeneinander aufgehetzt. Bevor wir in den Westen fahren durften, sagt Uwe, wurden unsere Nachbarn ausgefragt: Wann steht der auf? Wer besucht den? Trinkt er? Da blühen die kleinen Denunzianten.

Aber ihr Mercedes ist doch nun wirklich für die Nachbarn gleicher als ein Trabant. Der ist zehn Jahre alt, sagt Ritschie. Mit Mühe haben sie ihn aus Westberlin bekommen. Zehntausend Mark hingeblättert. Und in der DDR noch satten Zoll bezahlt. Die Rostlauben hier kosten auf dem Schwarzmarkt fünfmal so viel. Wenn sie in solcher Pestbeule nach Westen führen, würden die Grünen ›Sau‹ drauf schreiben. Und auf solche Sau, sagt Thomas, muß man hier bei uns noch zehn Jahre warten. Kein Wunder, daß wir nach Lenor heulen. »Alles wird besser«, heißt ein neuer Song:

»Wir wollen die dose
spray unterm Arm
wir wollen den woll-
weichen Streichelcharme
wir wollen die Droge
asiatischen Tee
und unterweltpornos
aus übersee«

Natürlich sind sie mit Texten schon angeeckt. Was wir dann tun? Wir werfen den Song weg, sagt Tamara. Lieber wegwerfen als abschwächen. Wenn wir an Grenzen stoßen, machen wir einen Schritt zurück, halten den Mund und suchen neue Wege. Wir sind

Quertreiber, sagt sie. Wir betrachten unser Land mit kritischer Distanz.

Am nächsten Morgen besuche ich Tamara zu Hause in Ostberlin. Alle Sillies sind schon da. Ihre nieten- und eisenbeschlagenen Treter stehen säuberlich auf einem Lappen im Flur.

Die Miete kostet 185 Mark. Der Blick ist unbezahlbar. Der geht auf den schönsten Platz in der DDR, auf den Gendarmenmarkt, auf Schiller und die Musen, auf den deutschen und den französischen Dom, aus dem vor Jahren noch Gras und kleine Birken wuchsen.

War das ein Zirkus, sagt sie, von meinem alten Dachboden in diese Herberge zu ziehen! Sechs Jahre Briefe ans Wohnungsamt geschrieben. Sechs Jahre genervt, bis die die Nase voll hatten. Und nun ist sie wieder gleicher als die Gleichen.

Wir sitzen auf Sofas und Matratzen. Uwe kocht Kaffee, und Jäckie zeigt Fotos von damals. Beim Haarefärben und auf Tournee in der Provinz. Und weil die Sillies frech und mutig sind, werden sie in Briefen nach tausend Sachen gefragt: Muß ich mich bis zum Ende meiner Tage verstecken? will ein Schwuler wissen. Nein, haben sie geantwortet. Sei ehrlich, dann wirst du stark.

Und wie war das, als Tamara Erich Honecker vorgestellt wurde? Det is ja nu' schon'ne Weile her, sagt sie. War'ne Einladung vom Friedensrat. Sie so als sozialistischer Paradiesvogel dazwischen. Und plötzlich sagt jemand: Frau Danz, der Staatsratsvorsitzende möchte mit Ihnen reden. Also damit, sagt sie, hatte sie nicht gerechnet. Zieht vor Schreck eine Freundin hinter sich her und steht dann auch schon vor ihm. Da hab ick juten Tag jesagt. Und er allet Jute jewünscht. Und viel Erfolg. Und sie sagt: Ick Ihnen och.

Lesen sie das *Neue Deutschland*? Aber klar. Wenn da steht, in der UdSSR gibt es 24 Millionen Arbeitslose und kaum Gemüse und Obst, dann heißt das auf Ostdeutsch: Die haben Glasnost verdammt nötig, und uns geht's ja noch gold.

Am Nachmittag schlendern wir vom Gendarmenmarkt zur Friedrichstraße rüber. Ergraut und schäbig liegt die da. Und die

wunderbare Tamara stakst in ihren Asphalt-Tigerhosen an den
düsteren Häuserzeilen vorbei und singt:
»Die wilde Mathilde
ist dreißig Männer alt
und immer noch im Bilde
und noch kein bißchen alt.«
Die junge Tamara Danz wird sechs Jahre nach dem Fall der Mauer
an Krebs sterben.

Wir essen zum Abschied im Grand Hotel. Im Grand Hotel
kriegt man zu jeder Tageszeit alles. Da geht die Entenkeule nicht
aus. Die bestellen wir. Satt und glänzend liegt sie da. Schmeckt ja
köstlich, sagt Tamara. Wieso, sie hat die Ente doch noch gar nicht
angerührt. Aber den Grünkohl, sagt sie. Das ist der erste Grünkohl
meines Lebens.

Am DDR-Ausgang Heinrich-Heine-Straße werde ich gefilzt.
Kofferraum auf, Koffer raus, aufmachen.
Abendgymnastik, was?
Aber der dünne, bleiche Grenzer sagt nur: Nehmen Sie die Rück-
bank auseinander. Einen Teufel werde ich tun! Und halte ihm den
Schlüssel vor die Nase. Das könne er selbst versuchen. Aber vor-
sicht! Das sei ein Leihwagen. Ich weiß, ich weiß, das verlängert die
Prozedur. Und es ist eiskalt. Und der Mensch läßt mich erstmal
stehen. Holt dann den Unterbodenspiegel.
Wer soll sich denn bei dieser Kälte am Auspuff festkrallen? frage
ich.
Und wieder ist er weg. Holt neue Instrumente. Stochert nun im
Benzineingang herum.
Erstechen Sie mir bloß den Liliputaner nicht, den ich im Tank
hab'!
Aber es ist wurscht, was ich sage. Der blöde Kerl verzieht keine
Miene. Und ich steh' im Eiswind und friere und denke: Gottsei-
dank, du kommst wenigstens aus der Mauer raus.
Im November '89 fällt sie um.

»*Ich komme aus dem Kalten Krieg*«

Gespräch mit Hermann Kant

Ich rufe Hermann Kant an. Möchte wissen, wie der Präsident des Schriftstellerverbands – der Mitglied des Zentralkomitees war und den Literaturbetrieb der DDR elf Jahre fest im Griff hatte –, also wie der Kant die Wende erträgt. Gut, ja, ich könne kommen.

Am 12. Dezember '89 fahre ich mit dem Fotografen Cornelius Meffert an den Berliner Müggelsee bei Erkner. Meffert erzählt mir auf der Fahrt vom sechsten Kapitel in Kants Roman »Das Impressum«. Das sei die Geschichte seiner Familie, sagt er. Die Geschichte von Cornelius, seiner Schwester und seinem Vater. Fotografen alle drei. Er selbst sei in den Westen gegangen. Vater und Schwester in der DDR geblieben. Schwester kannte Kant und erzählt ihm ihre Familiengeschichte.

Die schmückt Kant aus. Was erlaubt ist. Vor allem schmückt er sie ideologisch aus. Warum auch nicht. Es herrscht doch Eiszeit zwischen Ost und West, als sein Roman 1969 erscheint. Der Frühling in Prag ist schon erschossen. DDR-Panzer haben mitgeholfen. Westdeutschen Politikern wird die Reise nach Berlin durch DDR-Territorium verboten. Die Mauer ist acht Jahre dick. Es gibt Fluchthelfer-Prozesse. Und in der Literatur ist alles erlaubt, was die DDR groß und stark macht und die Bundesrepublik mies und böse.

Und so liegt nun im sechsten Kapitel der Familienfall so: Schwester fotografiert auf freiem Feld nah' einer Scheune eine Hochzeit. Die Gesellschaft möchte den Augenblick des Ja-Sagens von Braut und Bräutigam im Bilde festgehalten haben. Doch im Moment, da die zwei Buchstaben für die Ewigkeit gesprochen werden sollen, brüllt der Pastor das Kommandowort: Hinlegen!

Und – zack – wirft sich die Hochzeitsschar mit Samt und Seide und Frack und Klack zu Boden. Die Scheune explodiert. Die Schwester drückt ab.

Was war passiert? In Helmstedt, im bösen Westen, hatte man einen Ballon mit Propagandamaterial hochgehen lassen. Der flog nun durch den Zonenhimmel. Und damit die beschriebenen Handzettel auch schön verteilt würden, war am Ballon eine Sprengladung befestigt – und die schlug nun mit gewaltigem Getöse ins Scheunendach ein.

Das Glücksfoto der Schwester klaut der Bruder und flieht damit in den Westen. Er will nicht die kleine DDR, sondern den Rest der Welt. Will Weiber, Aga Khan, Dior, den Nordpol und den Titisee. Mit dem gestohlenen Foto aus der DDR macht er Karriere in der BRD.

Stimmte alles nicht, sagt Meffert. Aber alles legitim. Ihn habe das nie gestört. Aber seinen Vater. Sein Vater habe so darunter gelitten, weil er und seine Familie – trotz aller Ausschmückung – klar zu erkennen sind im sechsten Kapitel. Alle im Ort sprechen ihn damals darauf an. Und was er bloß für einen Sohn habe! Denn natürlich glauben alle dem Kant. Und nicht dem Vater von Cornelius. Der Kant ist doch ein berühmter Mann. Hat drei Jahre zuvor »Die Aula« geschrieben. Was in dessen Büchern steht, das stimmt.

Also, Cornelius Meffert möchte Hermann Kant gerne sagen, daß sein Vater diese Literatur-Variante bis zum Tode nicht hat verwinden können. Gut, sag' ich. Aber mach's nach unserem Gespräch.

Kant öffnet die Tür und wirkt vergnügt. Vielleicht ein bißchen zu heiter. Zieht seine warme Lederjacke an, geht mit uns in den Garten, der im Schnee daliegt, zeigt Schadstellen am Haus, also nicht, daß wir denken, er habe hier wie die Made in der DDR gelebt. Aber den privaten Bootssteg am Müggelsee dürfen wir doch als Privileg ansehen? Der gehöre nun mal zu Haus und Garten, sagt er. Da könne man nun schlecht eine Straße für Anlieger hinführen. Das brächte ja wohl nichts.

Die Partei, sage ich, die Ihnen so am Herzen lag, wollte alle Macht den Arbeitern und Bauern. Die sind nun auf die Straße gegangen und haben sich ihr Recht genommen mit dem Slogan: Wir sind das Volk. Da müßte Kant doch glücklich sein?

Absolut, sagt er. Ganz ohne Frage. Jetzt muß das Neue her. Und so ungeschlacht es sich auch ausnehme. Es muß her.

Wir gehen ins Haus. Weite Räume, sympathisch verbrauchte Antiquitäten, Patchwork auf der Liege, alte Gläser hinter Glas, Bücher geschichtet, gestapelt, gelehnt, Akten und Ordnung mit Anflug von Bohème und Blei- und Kohlebilder mit Geschichte.

Hatten Sie Angst, daß man Sie festnimmt?

Wer sollte mich festnehmen lassen?

Na, einer Ihrer vielen Feinde vielleicht.

Seit man Wolfgang Vogel festgesetzt hat, sagt Kant, halte ich jede Idiotie für möglich. Es wäre also unaufrichtig, zu behaupten, der Gedanke sei nie dagewesen. Dort, wo Verhältnisse so entschieden umgekehrt werden, kann es schon passieren, daß jemand es für einen wichtigen Vorgang hält, andere Leute festzunehmen.

Da ist er wieder, der Kant, der seine Sätze drechselt, sie mit Wörtern abdichtet und so fest verschnürt, daß kein Zögern, kein Zaudern, kein unsicherer Gedanke mehr durchpaßt. Das beherrscht er perfekt.

Hat er schlecht geschlafen in den vier vergangenen Wochen? Als Egon Krenz noch das ZK leitete, sagt er, da habe er sehr schlecht geschlafen. Müsse er zugeben, ja. Aber nun schlafe er wieder gut.

Gut? frage ich. Wo die Partei, die für ihn das Nonplusultra war, auseinanderbricht? Er wollte doch mit den Herrschaften da oben ein Menschenparadies aufbauen.

Ja, klar, sagt er. Aber Nonplusultra? Nein. Weil er anbetende Haltungen seit langem abgelegt habe.

Stört es ihn eigentlich, daß sein Name eine so verheerende Wirkung auf Intellektuelle hat? Sarah Kirsch sagt: ein grauenvoller Mensch, mit dem ich nichts zu tun haben will. Für Erich Loest habe er einen Pakt mit dem Teufel geschlossen. Reiner Kunze hält ihn für schamlos. Und Marcel Reich-Ranicki sieht einen Heuchler und Spitzbuben in ihm.

Also daß der ihn für einen verdächtigen Menschen halte, sei schon ganz in Ordnung. Aber ich komme nun mal aus dem Kalten Krieg, sagt Kant. Ich bin mit dem Kalten Krieg ein polemischer Politiker geworden. Ich komme, wie ich mal in einem Roman gesagt habe, aus der Unordnung her. Und das hat mich bestimmt nicht zum Lamm gemacht. Aber daß ich mich nun hier hinstelle und sage: O Gott, verzeiht mir, daß es mich gibt. Also nein. Das mache er nicht. Bei den anderen, na ja, tue es unterschiedlich weh. Wobei er sagen muß, daß er eigentlich von keinem Menschen so im Munde geführt werden möchte. Aber wenn es vier Gegner gibt, gibt es sicher eine ganze Menge mehr.

Gibt es, sage ich, die Liste ist lang.

Ich habe nicht den Eindruck, daß ihn das stört. Oder daß er versucht, die Kontrahenten zu verstehen. Sein Verstehen ist immer mit einem Urteil verbunden. Mit einem verhärteten Standpunkt, den er locker in die Arena wirft. Wie einen Fehdehandschuh. Und seine Waffen sind staatlich geprüft.

Sarah Kirsch? Schenke ich Ihnen, sagt er. Die habe einem Journalisten, der ihn, Kant, für einen kritischen Autor hielt, gesagt: Der erkundigt sich ja auch vorher, ob er das schreiben darf.

Und? Tut er nicht? Auf so einen Schlenker reagiert er mit verächtlichem Blick.

Und Loest? Sei durch üble Erfahrungen verständlicherweise böse geworden.

Böse? Verbittert, sage ich. Und das wohl zu Recht. Sieben Jahre schuldlos im Gefängnis! Und dann bahnt sich in der DDR ein großer Erfolg mit seinem Buch »Es geht seinen Gang« an. Und dann soll keine zweite Auflage erscheinen!

Das war einer der wenigen Fälle, sagt Kant, wo ich ein Entweder-oder zu Honecker gesagt habe. Entweder ihr druckt, oder ihr sucht euch einen neuen Präsidenten des Schriftstellerverbandes. Da wurde gedruckt.

In einer kleinen Auflage von 10 000 Stück, sage ich. Aber 100 000 waren vorbestellt.

Das, sagt Kant knapp, ging vielen von uns nicht anders. Das sei der Normalzustand gewesen.

Er hat also am Ende eines gigantisch gescheiterten Experiments keine Sorge, wie Macbeth dazustehen, der sich nachts vor den Geistern seiner gemordeten Dichter fürchtet?

Ich müsse lauter reden, sagt er laut. Er sei schwerhörig.

Nicht schlecht, sage ich. Da sei er ja vielleicht von Fall zu Fall einfach nur taub gewesen? Oder doch so verrucht und zwanghaft wie Shakespeares böser Held?

Er lacht, daß ihm die unegalen Zähne im Munde tanzen.

Macbeth? Gemordete Dichter? Also nee ... Ich habe keine Dichter gemordet und irre auch nicht auf der Heide rum und schreie weh und ach. Ich habe in den letzten fünfzig Jahren meines Lebens begriffen, daß man hier etwas ausfechten muß. Und das werde ich auch weiterhin so halten.

Hat er nach dem Fall der Mauer mal mit Honecker telefoniert?

Nein, sagt er.

Wann war das letzte Gespräch?

Als er mich anrief und wissen wollte, wie denn das so ist mit einer Gallenoperation. Er müsse das machen lassen. Und ich hätte das ja hinter mir. Und wie man sich fühlt danach.

Und wie fühlte er sich davor?

Ich weiß es nicht.

Gehört er zu Ihren politischen Männerfreunden?

Ich werde mich zu meinen Freunden – und sollten sie langgezogen werden an allen Vieren – bekennen. Aber der war nicht mein Freund.

Aber er hat Sie damals privat angerufen.

Er hat mich nicht nur privat angerufen, sagt Kant, er hat auch, stellen Sie sich doch bitte mal vor, selber gewählt. Plötzlich steckte er da in der Leitung. Meine Frau hat ihm gesagt: Können Sie nochmals wählen? Ich höre Sie nicht! Und dann hat er nochmal gewählt. Das heißt: Eigentlich ein unvorstellbarer Vorgang in der so geregelten Hierarchie.

Kant sagt das mit einer merkbaren Distanz zu Honecker. Aber auch mit einer Bewunderung für sich selbst, daß da der große Vorsitzende des großen Kant private Auskunft wünschte.

In den letzten Wochen, sage ich, hat es viele Selbstmorde gegeben. Was denkt man da?

Ja, was denkt man da? fragt Kant. Daß einem solch eine Vorstellung gelegentlich auch gekommen ist. Aus privaten Gründen habe er mal so etwas erwogen. Fand aber keine Lösung der Frage: Wie kriegt man das hin, ohne Leute in furchtbare Lagen zu bringen? Ich wollte mich niemandem in unappetitlicher Verfassung bescheren, sagt er.

Haben Sie denn eine Schußwaffe im Haus?

Nee, nee, hab' ich nicht. Aber Aufhängen, sagt er, ist auch unappetitlich.

Man könnte ja Tabletten nehmen.

Glauben Sie nicht, daß ich Herrn Barschels Bilder so appetitlich fand. Nein, ich habe im Zusammenhang mit einer solchen Geschichte mal jemandem geschrieben: Eigentlich müßte ich mich erschießen, aber dazu fehlt es mir an Geschirr wie Gesinnung.

Gesinnung und Tat, hat Heinrich Mann gesagt, sollten eine Einheit bilden. Ist Ihnen das gelungen?

Genau das, sagt Kant, habe ich versucht. Ich habe schon versucht, nicht einfach ein Erzähler zu sein, sondern auch ein Täter. Aber bitte ein etwas freundlicherer, als Herr Loest mir zuschreibt.

Ist der Autor Kant einmal mit dem politischen Täter Kant ins Gedränge gekommen?

Ja, sagt er. Da gibt es diesen entsetzlichen Zusammenprall, den spektakulären Ausschluß dieser neun Kollegen aus dem Schriftstellerverband.

Kant meint: Kurt Bartsch, Adolf Endler, Stefan Heym, Karl-Heinz Jakobs, Klaus Poche, Klaus Schlesinger, Rolf Schneider, Dieter Schubert und Joachim Seyppel. Und sagt: Ich wußte, wenn wir die gewähren lassen, wird uns der Verband weggeklopft. Wie in Polen, wie bei den Tschechen und Slowaken. Die Parteidisziplin wollte, daß der Beschluß zu befolgen war.

Christa Wolf, sage ich, hat inzwischen von einem »unentschuldbaren Unrecht« gesprochen. Gegen diese Formulierung haben Sie Einspruch erhoben. Warum?

In der Darstellung von Christa Wolf, sagt Kant, schieben sich jetzt Details nach vorn, die ich nicht kenne und die ich aus meiner anderen Lage auch nicht so empfinden kann.

Sie sollen damals zu ihr gesagt haben: Christa, geh nach Haus und schweig!

Also, sagt er, wenn das jetzt alles auf eine Art Hexenverfolgung hinausläuft, die da stattgefunden haben soll, fände ich das schlimm. Wir haben uns kräftig die Meinung gegeigt, da gibt es überhaupt gar nichts, sagt Kant. Und Christa ist damals aus der Sache weitgehend ausgeschert, weil sie nicht gesund war. Deswegen habe ich gesagt: Geh' du mal jetzt zum Doktor. Fertig, aus. Es war eine politische Auseinandersetzung.

Aber das ist doch eine Katastrophe, sage ich, daß da aus politischem Kalkül Autoren über den Jordan gehen müssen. Und überhaupt: Wie viele mußten davor und danach gehen: Jurek Becker, Horst Bienek, Manfred Bieler, Wolf Biermann, Reiner Kunze, Günter Kunert, Sarah Kirsch, Erich Loest. Stellen Sie sich vor, die hätten Sie gehalten. Was hätte das für eine interessante DDR werden können!

Aber das ist doch mein Reden! sagt Kant. Und das könne ich in einigen seiner Reden auch nachlesen.

Ihre Reden, sage ich, waren viel zu lang und standen im Staatsorgan *Neues Deutschland*.

Moment, sagt er, aber da stand unter anderem drin, daß ich sehr dafür wäre, so bedeutende Leute in unserem Verband zu haben. Im übrigen aber möchte er nicht auch noch dafür verantwortlich gemacht werden, daß Ricarda Huch irgendwann und irgendwo vielleicht mal ...

Keine Sorge, sage ich. Aber erinnern Sie sich an Ihre Vorgängerin im Amt, Anna Seghers? Die schwieg, als Walter Janka, der Verleger

»Ich habe keine Dichter gemordet und schreie auch nicht weh und ach«, sagt Hermann Kant vier Wochen nach dem Fall der Mauer.

vom Aufbau Verlag, 1956 unschuldig verurteilt wurde und nach
Bautzen kam. Schwieg aus Parteidisziplin!
Ja, sagt Kant, das sei sicher eine Horrorvorstellung. Er habe Anna
Seghers viel zu verdanken. Aber ihr Verhalten im Prozeß sei zwei-
fellos übel gewesen.
Er sieht grau und müde aus. Und ich glaube nicht, daß er so
einen Satz über Anna Seghers vor einem Monat gesagt hätte. Hat
er neulich übrigens das Biermann-Konzert im Fernsehen gehört?
Nein, sagt Kant. Ich habe keine Lust auf Biermann.
Aber der sang das Lied von den »Verdorbenen Greisen«, sang
von Krenz, der »Stasi-Metastase am kranken Körper der Partei«.
Eigentlich müßte Kant so eine Formulierung doch gefallen?
Er geht blicklos drüber weg.
Hätte er Krenz gehalten?
Nein, sagt er. Aber aus anderen Gründen als Biermann oder Sie.
Einfach aus dem Grunde, weil er zu schwach war Er war der Sache
nicht gewachsen. Er hatte nur eins mit ins Geschäft gebracht:
Ehrgeiz.
Weiß Kant, wer der Lieblingsautor von Krenz ist?
Nein. Wer?
Na, wer? Sie!
Hat er gesagt? Um Gottes willen!
Wissen Sie, was Honecker so gelesen hat?
Nein, sagt Kant. Keine Ahnung. Aber er habe ihm irgendwann mal
erzählt, daß seine Frau ihn verdonnert habe, den »Aufenthalt« von
ihm zu lesen. Inzwischen aber lasse sich niemand mehr verdon-
nern, Kant zu lesen. Und bei seinem Verlag sei ein Zettel einge-
troffen: Kant kriegt nächstes Jahr nur eine Auflage. Das heißt
wohl: Jetzt komme ich dran.
Sie werden dann doch nicht etwa in die Bundesrepublik übersie-
deln wollen?
Ha! Nicht im Traume.
Über die hohe Zeit der DDR spricht Kant mit gesunder
Arroganz. »Wenn ich zu Hofe ritt...« ist so ein Satzanfang, den er
gern über den Gang zum Politbüro gebraucht. Und er habe mit

seinen Texten immer dafür gesorgt, »daß man in diesem Lande ›aber‹ sagen kann«.

Aber wie abgehoben war der Autor Kant, wenn er sich darüber ärgerte, daß Arnold Zweig – dem die Klingel kaputt gegangen war – den jungen Elektriker Kant bemühte? Elektriker, sage ich, ist doch ein ehrenwerter Beruf.

Natürlich, sagt Kant. Und solange es im Personalausweis die Spalte »Beruf« gab, stand da auch immer »Elektriker«. Geärgert habe er sich ein bißchen darüber, daß Zweig keine Ahnung von ihm als jungem Autor hatte. Obwohl ich damals ja schon dies und das publiziert hatte, sagt Kant. Aber Zweig sei eben einer gewesen, der nur sich selber las, aber sofort lebendig wurde, wenn die kaputte Klingel ins Spiel kam.

Haben Sie sie repariert?

Natürlich, sagt er. Er sei auch hin und wieder der alarmierte Elektriker von Stephan Hermlin gewesen, seinem Freund. Und Honecker, sagt er, hat mal bei irgendeiner Geschichte in der Akademie plötzlich enthusiastisch gerufen: Mensch, Hermann, wir Bauarbeiter!

Haben Sie Honecker auch die Klingel repariert?

Nee, nee, sagt Kant. Aber so sah er das. Er war ja von einem kindlichen Stolz, daß er mal Dachdecker gewesen war.

Ihre Mutter, sage ich, hat über Sie gesagt: Hermann war mein Kind, das am besten zu regieren war.

Ja, sagt Kant. Meine Mutter neigt zu solchen Sätzen. Und genau dieser Satz habe seine Autobiographie in Gang gesetzt. 200 Seiten habe er schon geschrieben. Und er versuche herauszufinden, ob die Mutter recht habe.

Und hat sie?

Ich galt als artig, sagt Kant. Ich habe das also inzwischen zu Papier gebracht, daß ich zu Recht als artig galt. Er sei da nur in Verhältnisse geraten, so ungefähr ab 1933, wo man ihm diese Artigkeit ausgetrieben habe.

Am Ende unseres Gesprächs frage ich Kant nach seiner Mitarbeit für die Staatssicherheit. Ein linientreuer Genosse wie er, mit seinen Kontakten und seinem Können, konnte von Mielkes Hofhunden ja wohl schlecht übersehen worden sein. Die nahmen doch die Besten.

Aha, sagt Kant. Jetzt stellen Sie eine Hypothese auf. Sagen: Geh mal ran an diesen Braten. Nein, damit könne er nicht dienen.

Aber der Autor Joachim Seyppel, sage ich, hat schon 1983 behauptet, der Kant habe für die Firma gearbeitet.

Im Falle Seyppel, sagt Kant geschäftsmäßig, aber doch irgendwie beiläufig-dringlich, als müsse er einem unachtsamen Schüler zum xten Male das Resultat einer Rechenaufgabe erklären, also im Falle Seyppel habe er ihn und den Springer-Verlag vor dem Hamburger Landgericht verklagt. Und beide, sagt er nun scharf, sind bei krachender Strafe verurteilt worden, nie wieder einen Mucks dieser Art zu äußern. Er habe diesen Prozeß mit Pauken und Trompeten gewonnen.

Es sei denn, sage ich, eines Tages würde man in den jetzt beschlagnahmten Akten der Staatssicherheit den Namen Kant finden ...

So ist es, sagt er.

Jahre später lese ich die dicke Akte Kant. Der Autor berichtete für die Stasi unter dem Decknamen IM«Martin«.

Nach dem Gespräch trinken wir am großen Eßtisch Tee. Und Cornelius Meffert erzählt ihm nun die Geschichte der Geschichte im »Impressum«. Und weil der Fotograf sieht, daß Kant elend aussieht und auch erschöpft ist, greift er nicht an, sondern sagt eher freundlich, wie sehr sein Vater unter dem verschärften Familienbild im sechsten Kapitel des Romans gelitten habe. Und Kant hört – so scheint es – aufmerksam zu. Und schreibt dem Fotografen an jenem 12. Dezember '89 folgende Widmung in den Erzählband »Bronzezeit«: »Für Cornelius mit der Leica, für den ich gewisse Stellen im »Impressum« gern dementierte, wenn es dafür – wie auch für andere Dementis – nicht etwas spät wäre. Mit freundlichen Wünschen, Hermann Kant.«

Knapp zwei Jahre später erscheinen Hermann Kants Erinnerungen »Abspann«. Darin beschreibt er auf Seite 420 jene Szene: »Zwanzig Jahre nach Erscheinen des Buches ... brachte die Interviewerin von der Hamburger Illustrierten *Stern* einen Lichtbildner mit, der sogleich energisch zu erfahren wünschte, von wem ich die Geschichte im »Impressum« habe, die schließlich seine, wenn auch von mir entstellte, Geschichte sei. Hätte er mich mit seiner Kamera erschlagen statt porträtiert, wäre ich in die Nähe Ödon von Horvaths gelangt, der, wie wir alle wissen, just so tödlich wie seine Bühnenfigur unter einen stürzenden Baum geriet ... Und was die Bilder betrifft, die der Mensch von mir fertigte, hätte er mir ebensogut gleich die Nikon über den Schädel ziehen können.«

Ich selbst tauche im »Abspann« als »Dame vom *Stern*« auf, die den hohen Funktionär der DDR gleich zu Beginn des Gesprächs »fragen darf, ob er eine Waffe im Hause habe«. Für die »Dame« signiert er auf der Frankfurter Buchmesse '91 ein Exemplar seiner Weißwaschung. Unterzeichnet vom »Marsmenschen« Hermann Kant.

»*Die Zeit ist aus den Fugen*«

Heiner Müller probt Hamlet

Heiner Müller ist die Wende in den Shakespeare geraten. Mitten im »Hamlet« kippt die Mauer weg. Welch eine Zeit. Angstzeit, Hoffnungszeit, Endzeit. Zeit der Stürze und der Höhenflüge. Wer ist der Geist in Shakespeares Stück? fragt Heiner Müller. Stalin oder die Deutsche Bank?

Die Zeit ist aus den Fugen – spricht Ulrich Mühes Hamlet, der Hochbegabte, den Heiner Müller von Karl-Marx-Stadt nach Berlin geholt hat. Nein, er spricht ihn nicht, den Satz, der Mühe, er singt ihn, weint ihn fast und wirkt dabei so fremd, als wäre er der Geist vom Hamlet des großen Josef Kainz. Und Müllers Freundin aus dem Westen, Margarethe Broich, geistert als bleiche Ophelia durch die Stoffwände der Probebühne. Und Rosenkranz und Güldenstern, die königstreuen Verräter, mauscheln mit Schlapphut und Kleppermantel durch den Text, als wären sie Mielkes getreue Stasibrut.

Wir essen in der Kantine des Deutschen Theaters. Es gibt Erbsensuppe für Ostmark. Wer mit den federleichten Aluminium-Löffeln an die Zähne kommt, spürt seine Plomben im Großhirn. Wie denkt der Grenzgänger Müller über die Maueröffnung?

Er löffelt lustlos ein paar Erbsen und sagt: Ich werde so viele Nägel in die deutsch-deutsche Suppe werfen, daß sie ungenießbar wird.

Und das klingt keineswegs böse. Eher nach einem Selbst-rettungsversuch. Denn ein wichtiger Müller-Satz heißt nun mal: Für einen Dramatiker ist Diktatur interessanter als Demokratie. Gilt der Satz noch?

Natürlich, sagt Müller. Shakespeare ist in einer Demokratie nicht denkbar. Und wenn Hitler nicht gekommen wäre, wär' aus Brecht nicht viel geworden. Der wäre einfach untergegangen im

Kommerztheater mit »Dreigroschenoper« und »Mahagonny« und so. Aber Gott sei Dank, sagt Müller, kam Hitler. Da hatte Brecht Zeit. Zeit für sich.

Auch Müller hatte Zeit. Vom Tag des Mauerbaus an ist er für zwei Jahre tabu. Danach verboten.

Und nie in den Westen geschielt?

Nee, sagt er. Am Westen haben ihn schon früher nur Kino und Zigaretten gereizt. Es war auch nie sein Problem, daß die DDR ein verlorenes Unternehmen war. Nie, sagt er. Interessant für ihn sei an diesem Staatsgebilde immer nur das Irreale gewesen. Das war die Anziehungskraft. Also: Mein Reich ist nicht von dieser Welt, wenn ich Schriftsteller bin. Deshalb, sagt Müller, kann ich mit einem irrealen Staat besser umgehen als mit einer realen Situation.

Er steht auf, geht durch die verrauchte Kantine, holt sich einen Whisky, steckt sich eine Zigarre an und sieht nun aus, wie Heiner Müller aussehen muß: dunkle Haare, dunkle Brille, dunkle Kluft, ein freundlicher Blick, ein ungewisses Lächeln – eingehüllt in Rauchzeichen.

Er sei eben aufgewachsen in einer Diktatur. Und sei dann gleich hineingewachsen in die nächste, die ja zuerst, so sagt er, eine Gegendiktatur war. Rot gegen braun. Er habe sich auch zunächst damit identifizieren können. Und dann erschreckt er einen wieder mit so einem Satz: Ich konnte mich auch mit Stalin identifizieren. Wie bitte?

Wieso nicht? fragt Müller auf seine unnachahmlich ruhige, fast nölig-schläfrige Art, die hellwache Sätze nachzieht. Stalin habe doch Hitler gekillt. Und die Spannung, die in einer Diktatur zwischen Sagen und Denken entsteht, zwischen Reden und Schweigen, die im Dritten Reich da war und später auch in der DDR, diese Spannung, sagt Müller, war für die Kunst Dünger. Denn Kunst, sagt er, habe nun mal nichts mit Moral zu tun.

Offenbar, sage ich. Sonst hätten wohl nicht so viele Künstler Westreisen und Westautos akzeptiert.

Das war Absicht der Politik, sagt Müller. Durch diese Privilegien haben sich die Intellektuellen von den Arbeitern getrennt.

»Ich werde so viele Nägel in die deutsch-deutsche Suppe werfen, daß sie ungenießbar wird«, sagt der Dramatiker Heiner Müller, hier bei einer Probe zu »Hamlet«.

Das heiße aber nicht, daß es den Arbeitern nun besser gehen werde. Auch der Kapitalismus hat keine Lösung, sagt er.

Mit der Politik sei es wohl so, wie Karl Kraus mal gesagt hat: Man macht eine Hühneraugenoperation an einem Krebskranken. Es gibt Probleme, sagt er, die sind gar nicht mehr zu lösen. Deshalb brauchen wir von Politikern eine Liste mit Fragen, auf die wir keine Antwort haben. Und die, sagt er, muß man veröffentlichen. Aber das wagt natürlich keiner. Sie schmoren lieber weiter in ihrem eigenen Saft. Kennen Sie die Geschichte vom gekochten Frosch? fragt er vergnügt.

Nein. Erzählen Sie.

Also: wenn man einen Frosch vom kalten in kochendes Wasser wirft, will er rausspringen. Wenn man ihn aber langsam kocht – merkt er es nicht.

Dennoch wird der Kapitalismus erst einmal alle kriegen, sagt er. Es wird eine ökonomische Unterwerfung geben. Ach, und dann diese westliche Herrschaftsgeste uns Schuldigern gegenüber! Schon deshalb könne man gar nicht genug Nägel in die Ost-West-Suppe werfen.

Wir gehen über den Vorplatz des Deutschen Theaters zurück auf die Probebühne, wo Ulrich Mühes Hamlet ins Gigantische wächst, ins Schizophrene. Ich kann ihn jetzt gar nicht anders spielen, sagt Mühe. Es ist doch alles um mich herum schizophren. Auf der Straße ist es laut. Im Theater leer. Und jeder rennt rum und macht und guckt und tut. Da ist so ein Hamlet plötzlich absurd. Total absurd.

Und Mühe stellt sich hin und schreit einen gewaltigen Schrei, einen Geburtsschrei, einen Endzeitschrei. Und irrt dann weiter über die Bretter als Hamlet, der nicht leben kann mit Lüge, Liebesleid und Meuchelmord. Die Zeit ist aus den Fugen, sagt er singend und kriecht am Ende vergiftet in den Tod.

»*Ich will keine Vergebung*«

Der Lyriker Reiner Kunze und
sein Spitzel Ibrahim Böhme

Kurz vor Weihnachten 1990 fahre ich zu Reiner Kunze ins tiefverschneite Passau. Wir essen im »Edelhof« und laufen satt und wohlgelaunt bei wildem Schneetreiben durch die Nacht von Obernzell. Der verschmuste Kater vom Gasthaus trottet bis zur Landstraße mit. Dann wird's eng. Ich lasse Reiner Kunze und seine Frau vorangehen. Trabe hinterdrein. Albere rum. Also bitte, nicht, daß er sich von mir beschattet fühle. Aber jetzt, sage ich, begreife ich endlich, was eine »Vorgangsperson« sei. Der Kalauer ist so gnadenlos, daß selbst der ernste Kunze lachen muß.

Am nächsten Morgen besuche ich die ehemalige »Vorgangsperson« zu Hause. So nämlich wurde der Lyriker von der Staatssicherheit genannt. »Alle weiteren Maßnahmen zur Verunsicherung der Vorgangsperson sind vorzunehmen.« Manchmal hieß er auch nur K Punkt. »Im Wohngebiet ist K. als Einzelgänger bekannt.« Das ist Kafka. Das ist K., der Ausgestoßene, der ins Räderwerk des Apparats gerät.

Reiner Kunze ist der erste Prominente, der seine geheime Stasi-Akte gelesen hat. Zwölf Bände. 3491 Blatt mit Draht versiegelt, damit keine Information einfach mal so verschwinden konnte. Und so viele haben mitgemacht. Bekannte, Freunde, Nachbarn. Sie haben gehorcht, geschnüffelt, weitergegeben. Und das alles ohne Not, sagt Reiner Kunze.

Wir sitzen im Wohnzimmer bei Kaffee, Klöben und Kerzenschein. Draußen schneit es noch immer. Der Blick geht über ein romantisches Knie der Donau. Drüben ist Österreich. Ein paar Kilometer hinterm Haus fängt die Tschechoslowakei an, die Heimat seiner Frau.

Reiner Kunze sitzt auf dem Sofa und erzählt. So schmal, so

müde habe ich ihn noch nie gesehen. Mir reicht die Kraft kaum bis zum Abend, sagt er. Und die Blicke, mit denen er sonst die Sätze so herrlich theatralisch erleuchtet, sind verschleiert, fast stumpf.

Tag und Nacht hat er gelesen. Hat kaum geschlafen. Und wenn er schlief, hat er vom Gelesenen geträumt. Und von Böhme. Ibrahim heute. Damals noch Manfred. Böhme ist der wahre Schrecken dieser Akte. Denn Böhme war ein Freund.

So einer, mit dem man abends gemütlich beim Rotwein zusammen saß?

Kunze guckt mich entgeistert an. Nein, sagt er. So einer nicht. Gemütliche Abende, wie ich sie mir vorstelle, gab's nicht, damals in den Siebzigern. Damals war man froh, wenn man jemandem vertrauen konnte.

Hat Böhme sich nach dem Fall der Mauer mal bei ihm gemeldet?

Nein, sagt Kunze.

Und sonst einer?

Nein, auch sonst keiner.

Am 22. August '68, einen Tag nachdem die Panzer in Prag eingerollt waren, hatte der Dichter sein Parteibuch zurückgegeben. Ein unerhörter Vorgang. Von da an druckte kein DDR-Verlag mehr etwas von ihm. Im Herbst '76 wurde Kunze aus dem Schriftstellerverband geworfen. Er hatte gegen Wolf Biermanns Ausbürgerung protestiert. Am 13. April '77 ekelte der Staat seinen Lyriker schließlich aus dem Land.

Hatte er an den Sozialismus geglaubt?

Natürlich, sagte er. Noch während meines Studiums habe ich fest daran geglaubt, für das Beste einzutreten.

Und wann gezweifelt?

Gezweifelt hat er dann und wann. Aber sachte. Hat auch mit zwanzig ein Gedicht geschrieben. Das ging so: »Genossen, Freunde, Folgendes. Die Sache, die ist die. Da sie gezeugt und also nicht mehr überzeugen will ...«

Aber sonst? Treugläubig, sagt er. Ohne alle Skepsis. Und nun liest er in der Akte, daß die Genossen das wohl anders gesehen haben. Beim Einmarsch in Ungarn notieren sie: Kunze fühlt sich von der Partei »betrogen und belogen«. Und Radio London höre er. Na bitte. Da muß man doch beobachten. Erwägt auch Maßnahmen. »K. ist sofort unter operative Kontrolle zu nehmen.« Zwei Spitzel werden angesetzt. Der weibliche soll »den K. in seiner Wohnung aufsuchen«, um »dessen Vertrauen zu erringen«. Harmlose Anfänge, sagt er.

Was dann kommt, habe ihn allerdings um Jahre älter gemacht. Die Möglichkeit, denunziert zu werden, sagt Kunze, die habe er immer in Betracht gezogen. Aber die Lügen, diese Mischung aus Dichtung und Wahrheit, die haben ihn getroffen. Und Ibrahim Böhme war Kunzes Schatten.

Böhme ist damals Kreissekretär des Kulturbundes in Greiz. Kunze mag ihn, diesen theatralischen Manfred, der immer so reingeweht kam, immer den Schal so umgeworfen. Wie ein russischer Sozialrevolutionär. Böhme, das war eine Mischung aus Dostojewskij und Operette. Er hatte eine Aura, sagt Kunze. Hat vielen jungen Leuten das Gefühl gegeben: Ich bin euer Förderer. Er hat sicher Ungerechtigkeiten beseitigt. Vielleicht, sagt Kunze, hat er es ja sogar genossen, mit der Maßgabe, uns auszuhorchen, auch zu helfen. Wer weiß. Nur, was er angerichtet hat – verheerend.

Aber beste Manieren. Schreibt nie K Punkt. Schreibt immer den vollen Namen. Und immer höflich, immer geheimnisvoll, macht nur Andeutungen, nein, darüber könne er nicht sprechen. Und sagt sich bei Frau Kunze in der Praxis an. Sie ist Kieferorthopädin, aber Danilo Dostojewskij kommt angeweht und läßt sich nur mal eben die Zähne reinigen. Und küß die Hand, Madame.

In den Akten dann der eiskalte Engel. Böhme, sagt Reiner Kunze, war ein Hochstapler. Er hat eine 105 Seiten lange Analyse über ihn angefertigt. Er will der Stasi zeigen, welchen Fisch er an der Angel hat. Dafür muß er natürlich was liefern. Und weil Kunze ihm so wenig liefert, erfindet Böhme eben, erfindet, verfälscht, verdreht, verkürzt und lügt.

Nach dieser Lektüre, sagt Kunze, war mir zum Erbrechen übel. Und welche Namen da auftauchen! Nie hat er die gehört.

»Natürlich habe ich mal an den Sozialismus geglaubt, war treugläubig,«
sagt der Lyriker Reiner Kunze zu Birgit Lahann in seinem verschneiten
Garten über der Donau.

Nein, Kunze war sich über Böhmes Rolle nicht immer im klaren. Einmal kam der an und sagte: In der Bezirksleitung der Partei sei gesagt worden, daß man erwägt, sie auszubürgern. Kunze ist ihm dankbar für diesen Hinweis. Sieht darin einen Freundschaftsdienst. Er erschrickt aber auch wieder und fragt sich: Wieso weiß der Böhme das?

Wir brauchen Luft. Wir gehen in den Schnee und atmen durch. Besichtigen seinen Wald am Haus, der steil abfällt zur Donau hinunter. Damals, als er ihn kaufte, hat er die kaputten Bäume gefällt und in Schwerarbeit allein hochgenüsert. Hat ihn fast die Knie gekostet. Und einmal kam er hoch zu seiner Frau, sagte: Fahr mich ins Krankenhaus. Da hatte er sich einen Finger durchgesägt. Und seine Frau, die Ärztin, sei beinahe in Ohnmacht gefallen.

3 491 Blatt Bespitzelung hat Reiner Kunze nun gelesen. Was hat es ihm außer schlaflosen Nächten gebracht? Ich bin der Wahrheit ein Stück näher gekommen, sagt er. So viele Lügen. So viele Verletzungen. Meine Vermutung, sagt er, hat nie diese Dimension gehabt.

Und wird das Folgen haben? Sicher, sagt Kunze. Ich werde Menschen anders begegnen. Mein naives Vertrauen ist weg. Das ist wirklich schlimm.

Hat er Haß empfunden beim Lesen? Nein. Was er haßt, das ist die militante Arroganz der Mächtigen, die andere demütigen. Aber wenn es heißt, er sein eine »Vorgangsperson«, in Wahrheit ja nur ein Vorgang, dann kommt eher Stolz auf. Stolz – als konstruktiver Haß.

Was würde er tun, wenn Ibrahim Böhme morgen vor seiner Tür stünde und sagte: Reiner, ich muß mit Dir reden?
Ich würde ihn reinbitten und mit ihm reden, sagt Kunze. Aber ich würde ihm nicht die Hand geben.

Es dauert, bis ich zum erstenmal mit Böhme spreche. Nach Reiner Kunzes Buch »Deckname Lyrik« ist er abgetaucht, weg, verschwunden. Der Paradiesvogel der SPD, der Ostenkel von

Willy Brandt, war nur für ein paar Monate Medienstar. Ein Phönix, auferstanden aus Ruinen. Ibrahim for president. Nun ist der Vogel aufgeflogen.

Ich signalisiere seinem Freund meinen Wunsch, ihn zu sprechen. Nein, läßt er ausrichten, er wolle nicht reden. Mit niemandem. Ich lasse ausrichten, ich hätte Zeit. So geht das über Wochen. Irgendwann, nach einem Vierteljahr etwa, läßt er sagen: Sie kann kommen. Soll aber zweimal lang, einmal kurz und einmal lang klingeln. Aha, denke ich, die alte Konspiration.

Ich steige Stiegen hoch im dunklen Treppenhaus. Mürber Jungendstil blättert von den Wänden. Ich klingle an der Tür mit dem anderen Namen, zweimal lang und zweimal kurz. Und da steht er auch schon.

Sie haben falsch geklingelt, sagte er.

Und warum haben Sie geöffnet?

Also kommen Sie rein, sagt er. Und geht voran in Filzpantoffeln.

Der Tisch ist gedeckt. Er schenkt Kaffee ein, bietet Kekse an und sagt mit Süffisanz: Ich werde Ihnen nachher jemanden vorstellen.

Wen?

Meinen Führungsoffizier.

Welchen?

Also das mag er nicht. Wenn hier einer zynisch ist, dann er. Und wischt die letzten Sätze weg. Deckt sie mit Geplauder zu. Übrigens habe er noch nie so oft »Gott« gesagt wie nach der Wende. Er, der Atheist. Überhaupt, diese Westsprache. Neulich habe er tatsächlich das Wort »getürkt« benutzt. Stellen Sie sich vor, sagt er. Schrecklich.

Nein, da ist nichts mehr vom fiebrigen Helden, der kämpfend und siegend durch den deutschen Medienwald gezogen war. Der Ibrahim Böhme, den ich kennenlerne, ist blaß und müde. Und wenn er Kaffee einschenkt, zittert ihm die Hand.

Was hat er in den abgetauchten Monaten gemacht?

Geschrieben, sagt er.

Was?

»Ich mag es nicht, wenn mir einer zu nahe kommt«, sagt Ibrahim Böhme. Vor seiner Aufdeckung als Topspitzel der Staatssicherheit war der Mitbegründer der Ost-SPD Kandidat für das Amt des Minister-präsidenten und Paradiesvogel der Medien.

Meine Erinnerungen.

Und? Fertig?

Nein. Erst gestern habe er wieder große Teile zerrissen. Schwerarbeit sei das mit der Wahrheit, sagt er.

Darf ich etwas lesen?

Böhme geht ins Schlafzimmer und kommt mit einem Packen Lyrik zurück. Können Sie behalten, sagt er. Dann schiebt er ein Kapitel der Memoiren über den Tisch.

30. März 1990. Nach den ersten Vorwürfen, ein inoffizieller Mitarbeiter der Staatssicherheit gewesen zu sein, sitzt der SPD-Politiker Böhme fünf Stunden in der Normannenstraße über 800 Seiten MfS-Akten. Akten, die während seiner Haftzeit über ihn angefertigt wurden. Intimes, Abgehörtes, Telefonate, Tonbänder mit seiner Stimme, Papiere mit seiner Schrift. Ärztliche Gutachten. Böhme ist ein Psychopath, liest er. Was haben die da bloß gesammelt? Er schreibt in seinem Kapitel: »B. war so erschlagen von dem, was er in den letzten Stunden mitbekam ...es war erschreckend und bis ins Innerste verletzend zugleich.«

Warum schreibt er seine Erinnerungen in der dritten Person? Warum schreibt er nicht »ich«?

Ich mag es nicht, wenn mir einer zu nahe kommt.

Auch nicht Sie selbst?

Ich ziehe die Distanz vor, sagt er. Auch zu mir.

Haben Sie Angst vor sich?

Nein. Angst habe ich mir abgewöhnt.

Gut, sage ich. Dann können wir ja über alles reden. Auch über neue Akten, die aufgetaucht sind, in denen er unter vier Decknamen zwanzig Jahre lang Freunde verriet. Nicht nur Kunze, auch Jürgen Fuchs, Robert Havemann, die Freunde aus Greiz, die Freunde aus Berlin, Bärbel Bohley, Ulrike Poppe ...

Woher haben Sie das? fragt Böhme kühl.

Ich weiß es von Ihren Freunden. Die haben ihre Akten inzwischen gelesen.

Sie auch? fragt er. Und sieht flackernd an mir vorbei. Sagt: Ich habe niemanden verraten. Zu keinem logischen Augenblick meines Lebens habe ich wissentlich jemanden verraten.

Was heißt logisch? Was heißt wissentlich?

Er schweigt. Aber nicht ängstlich, nicht ertappt. Er schweigt voll Glut und Zorn. Da weiß ein anderer etwas, das geheim war. Zwanzig Jahre geheim. Es ist etwas Diktatorisches in seinem Ton. Etwas, das keinen Widerspruch duldet. Was ich sage, gilt! Basta. So etwa.

Und dann sitzt er wieder völlig entspannt da. Freundlich, lächelnd, aufmerksam. Als hätte ich ein Märchen erzählt. Und nun erzählt er Märchen aus seinem Leben, seiner Jugend, seiner Kindheit.

Stört ihn ein Tonband?

Nein, sagte er, warum?

Weil seine Berichte fürs MfS Tonbandabschriften sind – denke ich und sage es nicht.

Alles, was er erzählt, ist vage, geheimnisvoll und konspirativ: Vielleicht wurde er am 18. November 1944 in der Nähe von Leipzig geboren. Verbürgt ist das nicht. Es gibt keine Geburtsurkunde. Er kennt auch seine Eltern nicht. Der Vater stirbt irgendwann um '45. Die Mutter zwei Jahre später. Vielleicht. Man weiß auch das nicht so genau.

Der »Idiot« von Dostojewskij ist sein Held der frühen Jahre. Sechs-, siebenmal liest er ihn. Er liebt den Fürsten Myschkin, der ihn, wie er sagt, verfolgt, bis heute verfolgt, dieser Narr in Christus, der verrückt scheint und nicht verrückt ist. In Wahrheit ist Böhme wohl eher wie Aljoscha, Dimitri, Smerdjakov. Eine Mischung aus den dunklen Dostojewskij-Gestalten.

Er ist aber auch einer, der sich dauernd sorgt und kümmert. Nur muß er der Chef sein. Er will Jünger um sich haben, ist eifersüchtig auf jeden, der ihm ebenbürtig ist. Aber wer ihn braucht, wer ihn bewundert, für den ist er da. Auch heute in Berlin. Und so putzt er denn die Fenster der Nachbarn, steht Schlange für sie, repariert Wasserhähne, schleppt Kohlen, schmückt Geburtstagstische, pusselt, macht, tut.

Ich sage ihm, wie entsetzt die Freunde über seine Berichte sind. Vor allem, weil er, Böhme, sie animiert habe zum Protest. Ihr könnt nicht nur reden, hat er ihnen gesagt, ihr müßt auch was tun. Und was sie getan haben, das ging dann brühwarm zur Staatssicherheit.

Haben die Freunde Ihnen auch erzählt, wie ich auf der Straße von der Stasi zusammengeschlagen wurde?

Ja, sage ich, das haben sie erzählt. Aber ein *agent provocateur* läßt sich eben verprügeln, um glaubhaft zu sein für die, deren Vertrauen er braucht.

Sie halten mich für einen *agent provocateur*? fragt er und sieht kühl an mir vorbei, mal wieder so in Richtung Ewigkeit.

War er vielleicht erpreßbar?

Für die Staatssicherheit? fragt Böhme. Nein.

Vielleicht war Homosexualität ein Grund?

Nein, sagt er.

Irritiert es ihn, daß ich darüber rede?

Wieso? fragt er. In der frühen Pubertät habe er einen Schüler geliebt. Aber ohne erotischen Kontakt. Ja, es habe ihn schon beschäftigt. Er habe auch in den siebziger Jahren viel über Narzismus nachgedacht und gelesen. Habe aber auch geheiratet und eine Tochter bekommen. Er steht auf, holt ein Foto und sagt: Sehen Sie? Hat meine Zahnlücke.

Ihre Freunde sagen, Sie wollten die DDR retten. Wollten Dubček sein. Und später Gorbatschow.

Böhme sieht mich leicht verächtlich an. Sagt: Natürlich. Und Gorbatschow hat ja auch mit dem KGB zusammengearbeitet. Das wollten Sie doch sagen?

Warum nicht. Es gibt schließlich Fotos, auf denen er russischen Offizieren die Stadt Gera zeigt. Ein paar Stasitypen sind auch darauf zu sehen. Und er mitten drin, Danilo Dostojewskij.

Eitel, sagt Böhme und lächelt geschmeichelt, also eitel, ja, das war ich, das geb' ich zu. Aber bespitzelt habe er niemanden. Und ich sitze da am Tisch vor ihm mit dem Beweismaterial. Niemanden bespitzelt? frage ich und lese ihm eine Passage vor.

Da schießt er aus seinem Sessel hoch und geht im Zimmer auf und ab. Vom gelben Kachelofen zum Sessel, zum Kachelofen. Wie ein Löwe hinterm Gitter. Auf und ab. Entschuldigen Sie meine Erregung, sagt er. Und versucht, sie zu zähmen. Das geht am besten mit Zynismus. Wieso, fragt er, haben die Freunde das alles in die Öffentlichkeit posaunt? Sie sind es, die mich verraten haben, sagt er. Sitzen hier bei mir auf dem Sofa und sagen dem Vor-verurteilten: Gestehe! Dann verzeihen wir. Wie er das haßt. Sollen sie doch mit ihrer Vergangenheit selber fertig werden, sagt er.

Ich bin entsetzt. Singe das hohe Lied der Freunde, die ver-raten wurden und vergeben wollen. Ich will keine Vergebung, sagt Böhme. Dazu bin ich zu stolz. Und schweigt. Und sagt: Ich habe dieses Land geliebt. Und ich habe seine Menschen geliebt. Da kann ich sie doch nicht verraten haben. Nie!

Vielleicht könnte er das alles mit einem Analytiker auf der Couch klären?

Nein, könnte er nicht.

Aber Sie verschweigen etwas.

Natürlich.

Und Sie wissen, was?

Ja.

Und Sie können damit leben?

Gott, ist ihm das langweilig jetzt. Er dreht die Augen gen Himmel und setzt sich mit theatralischer Geste zurück in den Sessel. Ich bekomme meine Rehabilitierung, sagt er. Mit den Zeugen, die ich habe. Da brauche ich nicht mal einen Anwalt.

Aber die Akten, sage ich, werden Sie erdrücken. Warum ver-halten Sie sich noch immer konspirativ?

Und wenn Sie hundert Akten vor mir auftürmen, sagt er. Ich habe niemanden verraten. Und Tränen steigen auf.

Was ist das? Scham? Zorn? Selbstmitleid?

Ich weiß nicht mehr, was ich fragen soll. Ich weiß auch nicht mehr, wem ich hier gegenübersitze. Vielleicht benutze ich ja auch die falschen Wörter. Vielleicht heißt Verrat bei ihm ja Liebe. Dann hat er seine Freunde wirklich geliebt. Vielleicht hat er auch so verdrängt, daß Gestehen für ihn Verrat bedeutet.

Da sitzen wir nun und schweigen uns an. Und als ich gehen will, sagt er, ich möge doch bitte noch bleiben.

Dann geben Sie mir noch ein Kapitel Ihrer Memoiren.

Nein, sagt er. Das möchte er nicht.

Ich merke, daß er gar kein Kapitel mehr hat. Merke, daß er gar nicht weiß, welches seiner zwei Leben er beschreiben soll. Und wenn ich Ihr Leben aufschreiben würde? frage ich.

Ach, schön, sagt er, tun Sie das.

Und Sie werden erzählen?

Ja, sagt er.

Ein Jahr besuche ich ihn zwischen Schüben schwerster Depression. Wenn ich da bin, beantwortet er jede Frage zu Träumen und Ängsten, zu Lenin und Jessenin, zu Ehe und Aufklärung, zu Gefängnis und Vorbildern, zu Honecker und Mielke, zu Krankheiten, Alkohol und homoerotischen Begehrlichkeiten. Und ich erschrecke, als mir der Schriftsteller Jürgen Fuchs sagt: Sie waren für ihn wie ein Führungsoffizier. Wenn das Tonband lief, redete er.

»Zwischen den Politikern war ich immer nur der Narr«

Vera Oelschlegel tritt wieder auf

Er springt auf ihren Schoß und krallt sich fest. Mault und mosert und erzählt dann doch zum hundersten Mal die blöde Geschichte vom Kerl mit dem Koffer voll Reis. Und sie jubelt, sie küßt ihn, sie flötet: mein Schätzchen, was bist du begabt! Was hättest du alles werden können – Chef-Marschall, Chef-König. Du hast deine Begabung zerstört.

Was habe ich? Pause. Meine Begabung zerstört? Panik, Mama! ruft der 95jährige. Mama, wo bist du? Und es klingt, als riefe er: Marx! wo bist du? Weg ist er. Verschwunden. Ich bin eine Waise, jault der Alte mit leerem Blick. Eine Waise. Und klammert sich an sein 94jähriges Weib.

In Rudow, irgendwo am Ende von Ostberlin, proben Vera Oelschlegel und Hans-Peter Minetti in einer leergefegten Stasikaserne »Die Stühle« von Ionesco. In der DDR waren sie Scheinwerfer, zwei in die Macht verliebte, zwei lustvoll Verstrickte. Sie – Intendantin des Theaters im Palast der Republik, verheiratet mit Honeckers Kronprinz Konrad Naumann. Er – Sohn vom uralten Bernhard Minetti, Schauspieler auch, und Mitglied des Zentralkomitees der SED.

Da sitzen sie nun mit ihrer Rolle. Sitzen zwischen Plüsch und Plunder im Chaos und klagen. Früher, ja früher war alles noch anders. Da war es auch um zehn noch hell. Um zehn? Um Mitternacht. Natürlich. Und nun heulen sie über das schwarze Loch, in dem sie hausen. Über dieses große, schwarze Loch.

Vera Oelschlegel will als »Semiramis« ihr »Schätzchen« Minetti trösten. Halt, sagt der Regisseur. Halt. Lassen Sie ihn schmoren. Das ist jetzt wie ein Strafgericht. Er soll mal nachdenken über seine zerstörte Begabung.

Gut, sagt Vera Oelschlegel. Doch die Pause fällt ihr schwer. So
war das doch in der DDR, sagt sie. Wir immer mit unserem ver-
logenen Harmoniebedürfnis. In jeder Krise. Und kaum ist das
Wort »Krise« gesagt, hat sie auch für die schon wieder ein Stück
Harmonie parat. »Krise«, sagt sie, hat, glaube ich, bei den Chine-
sen dasselbe Zeichen wie »Anfang«.

Wir fahren nach der Probe zu ihr nach Hause. Ich hatte es
vorgeschlagen. Sie hat gezögert. Hat schließlich »ja« gesagt, weil
ich aus dem Westen bin. Sie werden sehen, sagt sie, daß ich ganz
normal lebe.

Was heißt normal? Für eine Intendantin im Westen? Ja. Aber
sie lebt im Osten. War eine Privilegierte. Und damit nicht normal.
War in zweiter Ehe mit Hermann Kant verheiratet, dem Präsi-
denten des DDR-Schriftstellerverbands. In dritter Ehe mit Konrad
Naumann, dem Politbüro-Mitglied und Ersten Sekretär Berlins.
Hatte ein Theater im Palast der Republik. War hochattraktiver
Kulturexport der DDR. Machte mit Margot und Erich Honecker
Urlaub auf der Krim. Erhielt den Kunstpreis und den Staatspreis.
Trug sich in goldene Bücher ein. Lachte mit Krenz und speiste mit
Schalck. Führte das ganz normale Leben eines Bonzen im deut-
schen demokratischen Feudalsozialismus.

Das alte Haus am Müggelsee ist schäbig und abgeblättert. Die
große Wohnung im zweiten Stock – hell und hoch und voll Kultur.
Bücher im Entrée bis unter die Decke. Bücher im Wohnzimmer bis
unter die Decke. Öle, Kohle und kostbares proletarisches Blei an
den Wänden. Im Wintergarten – Seeblick. Die Sauna im Bad ist
selbst im Westen nicht normal.

Vor einem halben Jahr hat Vera Oelschlegel ihre Erinnerungen publiziert. »Wenn das meine Mutter wüßte ...« Ihre
Landsleute haben sich schrecklich aufgeregt: Die Parasitin von
gestern – wieder oben. Eine Diva spielt falsch. Die Heuchlerin
sahnt ab.

Hätte sie das Buch heute anders geschrieben? Nein, sagt sie.
Die wirkliche Frage war auch immer nur: Kann ich das überhaupt
veröffentlichen? Ja, sie habe große Krisen gehabt während des

Schreibens. Ganz große Verzweiflungskrisen. Das ganze Elend und der ganze Jammer seien wieder hochgestiegen. Die Selbstvorwürfe seien so groß gewesen, daß sie mit dem Gedanken gespielt habe, aufzuhören. Alles wegzuwerfen.

Das Buch?

Nein, sagt sie. Das Leben. Sie habe an Suizid gedacht. Nicht nur einmal. Und sie sagt das ganz still mit Tränen im Blick.

Hat sie die große Abrechnung im Ost-Berliner Magazin *Extra* gelesen?

Nein, sagt sie. Ich habe mich der Kränkung nicht ausgesetzt. Schlechte Kritiken seien schon schlimm genug. Aber in einer Inszenierung, in einer Rolle, sagt sie, wird Leistung verurteilt. Und Leistung kann ich ändern. Aber hier, sagt sie, hier wird mein Leben verurteilt. Und meine Niederlagen, meine Kümmernisse, mein Leid und meine Schuld kann ich nicht mehr ändern.

Sie hat alle Verrisse in einem großen Kasten gesammelt. Irgendwann, sagt sie, wenn ich gewappnet bin, werde ich das alles einmal lesen.

Da ist sie wieder, die Mauer. Frisch aufgebaut. Immer hat Vera Oelschlegel mit Mauern gelebt. Hinter der Mauer der DDR, dem Schutzwall gegen den Imperialismus. Vor der Mauer der DDR, als treue Muse des Regimes. Dafür hat sie auch brav Protokolle geschrieben. Was hat der Zöllner gefragt? Wurde der Koffer visitiert? Besondere Kontaktaufnahmen? Besondere Erkenntnisse, Gespräche, Erlebnisse?

Warum hat sie das mitgemacht?

Weil ich wieder rauswollte, sagt sie. Da schrieb man dann eben seinen Scheißbericht. Natürlich. So kam eins zum anderen, sagt sie. Man machte mit.

Und versteckt sich hinter der Mauer des Theaters. Macht Vogel-Strauß-Politik. Ja, sagt sie, ich habe die Welt ausgeschaltet. Aber so ganz ohne politische Erkenntnis möchte sie auch nicht dastehen. Auf der Bühne, sagt sie, kann ich im Schrei der Hekuba auch meinen Schmerzensschrei mit unterbringen.

Sicher. Aber wer hat den erkannt?

»Mit Honecker über Politik reden? Undenkbar! Das wäre ein Skandal für meinen Mann gewesen«, sagt Vera Oelschlegel in ihrer Wohnung am Müggelsee im Osten von Berlin.

Und sie versteckt sich hinter der abendlich beleuchteten Mauer von Wandlitz, dem spießigen Luxus-Getto der SED-Bonzen. »Volvograd« hieß die Insel der Unseligen im Volksmund, wo es Büstenhalter aus Paris gab, statt volkseigener Nahkampfpanzer. Wo Rehbraten plus Tischwäsche für 4 Mark 20 frei Haus kam. Und eben jeder seinen Volvo fuhr. Sie sagt: Erst kommt das Fressen und dann die Moral. Ja, sie kennt ihren Brecht. Aber manchmal stimmt der auch nicht, sage ich. Manchmal kommt erst das Fressen und dann scheißt man auf die Moral.

Im Westen wurde Vera Oelschlegel nach ihren Memoiren mit Leni Riefenstahl verglichen, der Hitler-Muse aus dem Dritten Reich. Auch die habe Kunst gemacht und keine Politik. Aber ist das keine Politik, wenn Vera Oelschlegel 1976 im *Neuen Deutschland* schreibt: »Mit unserer Kunst wollen wir im Sozialismus für den Sozialismus wirken – mit dem ganzen Sinn und Gewicht der Worte, die dazu auf dem IX. Parteitag geäußert wurden«? Liegt der Vorwurf mit Leni Riefenstahl auch ungelesen im großen Kasten?

Nein, sagt Vera Oelschlegel, den habe ich gelesen. Und dann schweigt sie. Schweigt und knetet die Hände. Sagt nach einer langen Weile sehr beklommen: Ja, den muß ich wohl annehmen, diesen Vorwurf.

Natürlich habe sie sich gefragt, ob es nach einer solchen Zeit eine Menschenpflicht gebe, zu schweigen, den Stift wegzulegen, die Bühne zu verlassen, den Mund zu halten. Aber das hätte für sie bedeutet, sich aufzugeben. Denn jeder Tag, den sie nicht Theater spiele, sei ein verlorener Tag. Und ihr Theater war immer voll. Das habe sie auch bestätigt, weiterzumachen. Schließlich seien die Leute ja nicht ins »Tip« getrieben worden. Die sind freiwillig gekommen, haben Schlange gestanden.

Natürlich. Es gab ja was zu sehen. Sie war ja eine Zuverlässige. Und eine zuverlässige Künstlerin darf schon mal einen unzuverlässigen Künstler aus dem Westen laden. Rolf Hochhuth oder Günter Grass oder Erich Fried oder Rosa von Praunheim. Und daß sie dann, wie sie sagt, »Blut und Wasser« geschwitzt hat am Abend, ob die auch das ›Richtige‹ lesen, zeigt doch die Betonschere im Kopf. Natürlich, sagt sie. Ich wollte doch nicht, daß das nächste Projekt kaputt geht.

Ein unzuverlässiger Künstler aus dem Osten war für Vera Oelschlegel »künstlerisch und politisch ein Schlüsselerlebnis«: Wolf Biermann. Nie wird sie den Abend vergessen im Auditorium Maximum der Ost-Berliner Humboldt-Universität. Da lasen Volker Braun, Günter Kunert, Sarah Kirsch. Und sie sang ein Liedchen. Und dann kam Biermann mit der Gitarre. Der ging bis an die Grenze, sagt sie. Der mutete zu. »Und aus dieser Zumutung«, schreibt sie in ihrem Buch, »entstand bei vielen der Mut zu sich und gegen geistige und politische Verdummung«.

Biermann darf 1976 im Westen ein Konzert geben. Und kaum ist er draußen, wird sein Land dicht gemacht. Mauer zu, Biermann weg. Die Bonzen jubeln. Es ist der Startschuß zur Künstlerhatz. Ja, sagt sie, das war ein Menetekel. Die Künstler sollten zur Raison gebracht werden.

Und Vera Oelschlegel hat es gutgeheißen. Hat den »nützlichen Beschluß« mitgetragen. Der Bote des schlimmen Schriftstücks war Hans-Peter Minetti. Der kam mit dem offenen Brief zu ihr. »...in Erwägung, daß die widerliche antikommunistische Hetze nach dem Beschluß den Bundesgenossen den Blick für seine Nützlichkeit öffnen wird, erklären wir unsere Unterstützung für den Beschluß unserer Regierung«.

Erinnert sie noch den Moment des Unterzeichnens?

Nein, sagt sie. Weiß auch gar nicht mehr, ob sie überhaupt etwas unterzeichnet oder nur gesagt hat: Ja, ich trage das mit.

Was wäre ihr passiert, wenn sie nicht »mitgetragen« hätte?

Nichts, sagt sie.

Hat sie mit Biermann je darüber geredet?

Nein, sagt sie. Sie habe ihn nie wieder gesehen. Habe sich auch furchtbar geschämt. Nie hätte sie ihn anrufen können. Jedes Wort wäre ihr im Halse stecken geblieben.

Weiß sie überhaupt, warum sie unterschrieben hat?

Ich glaube, sagt sie, ich wollte mir meine Illusionen nicht kaputt machen lassen.

Aber jede Illusion geht doch flöten, sage ich, wenn ein Mensch dabei kaputt geht.

Sie sitzt da und weint. Und sagt: Ich bin ja nicht einfach ein politischer Mensch. Ich lebe ja auch. Und schweigt. Und sagt: Vielleicht wäre ich mutiger gewesen, wenn es mir schlechter gegangen wäre. Wenn ich in existentielle Nöte gekommen wäre. Wie ein Tier, das in die Enge getrieben wird. Aber es war ja so, sagte sie, daß man versuchte, die Künstler einzukaufen.

Mit Privilegien. Mit Westreisen, Auto, Wohnung, Telefon. Und je weiter man geht, heißt es in Ionescos Stück »Die Stühle«, je tiefer gerät man in den Sumpf. Und die Herren vom Sumpf waren mißtrauisch. Hatten natürlich auch ihre Spitzel im Parkett. Ihre Horcher am Telefon. Da mußte man schon die Sklavensprache beherrschen, sagt Vera Oelschlegel.

Sklavensprache?

Na, man sagte halt keine Namen am Telefon. Sagte: M. Oder: der, mit dem ich mich gestern getroffen habe. Den Tyrannen überlisten, sagt sie, das hatten wir schon in der Schule gelernt. Doppelzüngigkeit war ein ungeschriebenes Fach. Und wenn sie Beckett spielen wollte, sagte sie nicht: Ich möchte Beckett spielen, weil der wichtig und modern ist, dann machte sie den Dichter um der Sache willen – klein. Sagte: Beckett muß gespielt werden, weil er den Imperialismus entlarvt. Und lobte gleich hinterdrein die Partei, die doch alles so großartig mache – mit der Kunst und der Kultur. Und am Ende denkt man sogar, daß man ja schrecklich mutig ist, den Beckett durchgesetzt zu haben. Und merkt nicht mehr, daß man sich verbiegt.

Sie schreibt, die SED-Sprache habe sie tyrannisiert. Wie ist das möglich, frage ich. Sie habe doch mit Sprache zu tun, mit Schiller und mit Shakespeare. Sie mußte doch nicht so verquast reden.

Manchmal schon. Das war die »Reichssprache«, sagt sie. Die war übergestülpt. Im ZK sprachen die natürlich ganz anders. Na ja, und dann gewöhnte man sich auch an all die sozialistischen Formeln. Weil sie Karriere machen sollte?

Wenn ich rausgegangen wäre, sagt Vera Oelschlegel, hätte ich auch Karriere gemacht.

Aber sie ist in der DDR geblieben.

Ja, sagt sie. Doch nicht, weil ich hier meine politische Heimat hatte. Ich hing einfach einer Utopie nach, einer großen Idee.

Aber die ist mit dem Einmarsch in Prag doch endgültig pervertiert worden, sage ich.

Prag. Ja. Das konnte sie überhaupt nicht verstehen, damals. Dubček machte doch das, war wir alle wollten, sagt sie.

Und warum kramt sie nach 1968 die alten Illusionen wieder aus der Klamottenkiste?

Weil sie nicht ertragen konnte, wie Leute im Westen über ihre kleine DDR herzogen: Ihr mit eurem Scheiß-Pankow-Staat. Und so. Das hat sie gekränkt. Und so verteidigte sie denn die DDR.

Die Verteidigung nach außen, sage ich, kann ich noch verstehen. Aber sie wußte doch mehr als die meisten, war mit Konrad Naumann verheiratet ...

Sie unterbricht mich. Nie hätte sie mit Naumann über all das reden können. Niemals. Das hätte den schlimmsten Ehekrach gegeben. Er hatte auch einen Haß auf alle Intellektuellen. Sagte immer: Die machen da rum, und wir machen die Arbeit!

Und Honecker? Naumann und sie waren mit Honeckers im Urlaub auf der Krim. Haben im Pool zusammen geschwommen. Da wird sie doch am Abend beim Essen ein paar Wahrheiten gewagt haben?

Vera Oelschlegel sieht mich entgeistert an. Mit Honecker über Politik reden? Vielleicht noch über Biermann oder Prag? Undenkbar. Das wäre ein Skandal für meinen Mann gewesen, sagt sie.

Am Grad ihrer Fassungslosigkeit erahne ich das Märchenhafte meiner Frage.

Beim Essen, sagt sie, redete Honecker über die Wichtigkeit einer antifaschistischen Erziehung.

Und Naumann?

Der nickte folgsam, sagt sie. Und dann griff Honecker zur

Polaroidkamera und begann, Gäste und Speisen zu knipsen. Das war sein Schönstes. Obst, Oelschlegel, Kaviar, Konrad, Stör.
Und die anderen?
Klatschten Beifall und sagten »wunderbar« und »großartig«.

Hat Vera Oelschlegel neulich im Fernsehen das Interview mit Margot und Erich Honecker in Moskau gesehen?
Ja.
Und was dachte sie?
Ich konnte gar nicht denken, sagt sie. Ich war nur Emotion. Es war so erbärmlich. Ein Klops saß da. Ein lebender Leichnam, physisch und psychisch kaputt. Da habe ich Mitleid bekommen.
Soll Honecker zur Rechenschaft gezogen werden?
Er sei genug bestraft, sagt sie. Er habe doch, wie ein getriebenes Tier, nicht einmal mehr Unterschlupf finden können. Da müsse man erstmal über den Sinn von Strafe nachdenken. Ein Mörder, ja, der müsse isoliert werden, aber...
Honecker ist ein Mörder, sage ich. Ein Schreibtischmörder. Er hat den Schießbefehl an der Mauer gegeben. Und die freie Meinung hat er auch gemordet.

Ich glaube, Vera Oelschlegel ist entsetzt über das, was ich sage. Aber sie schweigt. Schweigt lange. Und sagt schließlich: Wenn ich an die Verkrüppelung der Kinder durch die Schule denke, an die Erziehung zur Zweizüngigkeit, an den Raub von kreativem Leben – ja.

Was ist der Kommunismus heute für sie?
Eine Lehre, sagt sie, die man tief vergraben sollte. In einem Kästchen vergraben, sagt sie. Damit sie nicht verloren geht. Vielleicht kann sie noch einmal gebraucht werden.
Warum hat sie sich nicht mehr getraut? Warum hat sie nicht einmal bei der letzten Wahl »nein« gesagt?
Ich steige nur da in den Ring, wo ich gewinne.
Vielleicht hätte sie ja gewonnen. Ihr Freund Gregor Edelmann jedenfalls, sage ich, hat Sie deswegen eine Opportunistin genannt.
Gregor Edelmann, sagt sie, hatte auch nicht die Chance, im Thea-

ter zu wirken wie ich. Und nicht nur ich hätte meine Privilegien verloren, sagt sie. Ich hätte sie für mein Publikum verloren. Natürlich, sage ich. Man wollte Schlimmeres verhindern. Hundertmal gehabt. Und nichts haben wir gelernt.

Aber was zählt schon eine Stimme, sagt sie. Nichts. Gar nichts. Einige haben sogar heftig für ihr »nein« bezahlt.

Bezahlt hat nun auch Vera Oelschlegel. Ihr Theater ist weg. Ihr Publikum auch. Nichts hat sie gebracht, die brave Ja-Stimme. So ist das, wenn man sich den Mut hat abkaufen lassen. Sie weiß das und sagt: Da sitze ich nun und weiß nicht, wen ich verletzt, wen ich gekränkt und wem ich geschadet habe. Sagt: Man wird ja gar nicht fertig damit.

Nein, Vera Oelschlegel ist nicht die Heroine der Macht gewesen. Sie hat sich der Macht untergeordnet. Hat »Ja« gesagt ohne »aber«. Hat den Spieß und die Schande geschluckt, um Theater spielen zu können. Ungestört. Theater unter der Käseglocke. Und Stasi-Chef Mielke hört sie auf einer Fete zu einem sagen, der sich untertänigst einen Scherz erlaubt: »Vorsicht, sonst verlierste die Zähne nachher« – also bloß schweigen.

Und Naumann, der Gatte, pinkelt in Paris nackt und besoffen in den feinen Hotel-Lift. Bloß nichts sagen. Saubermachen. Und Honecker verlangte von Vera Oelschlegel die Liebesbriefe, die Naumann ihrer Tochter geschrieben hat. Es ist die größte Verletzung ihres Lebens. Aber bloß keinen Fehler machen. Sie gibt die Briefe aus der Hand. Danach willigt Honecker in die Scheidung ein. »Aber nichts in die Öffentlichkeit«, droht er. »Ich erwarte von dir Parteidisziplin«. Da hat sie das Schweigen längst gelernt.

Vera Oelschlegel hatte keine Zivilcourage. Und wie so viele Mitmacher glaubte sie: Die DDR bleibt ewig. Also blieb auch sie – schwach. Das war schon anstrengend genug. Übernahm auch schon mal Attitüden der Bonzen. Nannte sich Prinzipalin. Spielte die Neuberin der DDR. War wohl auch ungerecht. Schmiß wohl auch raus. Die Rausgeschmissenen sagen: Sie konnte nicht ertragen, wenn einer besser war als sie. Möglich. Die Schwäche ist verbreitet. Aber in all ihrer Schwäche machte sie bestes Theater. Das sagen auch ihre Feinde. Und sie wußte mehr, als sie wissen wollte. Kannte auch die Witze, die in ihrem Land über ihr Land kursierten. »Wenn in der DDR alle Wanzen leuchten würden, sähe es aus wie in Las Vegas.«

Es ist dunkel geworden. Der See ist nicht mehr zu sehen. Wir wollten essen, haben aber keinen Hunger mehr. Sind erschöpft. Zwischen den Politikern, sagt Vera Oelschlegel, war ich immer nur der Gaukler, der Narr. Aber kein Hofnarr, sage ich, der sich traute, die Wahrheit zu sagen.

Am nächsten Tag wird wieder geprobt. Ich frage Hans-Peter Minetti, wie er die Erinnerungen von Vera Oelschlegel findet. Er sagt, er habe sie nicht gelesen. Ich glaube ihm nicht. Und er lächelt dazu.

Wird er selbst denn etwas schreiben?

Nein, sagt er. Er sei ein vielbeschäftigter Mann. Dazu habe er keine Zeit.

Schade, sage ich und frage, ob denn »Die Stühle« etwas mit seiner Vergangenheit zu tun hätten? Oder mit seiner Gegenwart?

Nein, sagt er und fragt, warum wir Westler in allem gleich Politik wittern müßten. Das sei ja schrecklich.

Für Ekkehardt Emig, den jungen Regisseur aus Weimar, hat dieser Ionesco selbstverständlich etwas mit dem Ende der DDR zu tun. Auch mit Vera Oelschlegel und Hans-Peter Minetti. Natürlich. Zwei Alte, die sich jahrelang zugeschüttet haben mit Worthülsen und Ritualen. Zwei Alte, die der Welt verkünden wollen, wie sie zu retten sei. Zwei Alte, die sich im Bewußtsein, das Heil über die Menschheit auszukippen, lustvoll in den Tod stürzen.

Doch der Redner, der ihre Botschaft vortragen soll – ist taubstumm.

»Den Heiner nimmt uns keiner«

Heinrich Fink will Rektor bleiben

»Lieber Bruder Fink«, schreibt ein promovierter Christ dem Rektor, »was kann der Empörung über das Ihnen Geschehene überhaupt Ausdruck verleihen?« Ein Physiker aus Göttingen ist »erschüttert« über des Professors Entlassung. Einen solchen Mann, schreibt er, beurteilt man »nicht nach den Akten der Staatssicherheit«, sondern nach »den Ergebnissen seiner Arbeit«.

Ein Theologe der Humboldt-Universität sieht das »gnadenlose Verhalten« des CDU-Wissenschaftssenators, der den Rektor fristlos feuerte, wie Lessings »Nathan«, 4. Akt, 2. Auftritt: »Tut nichts, der Jude wird verbrannt!«

Seine »hohe moralische Integrität« ist einem Doktor aus der Wandlitzstraße stets »Vorbild und Ansporn« gewesen. Und ein Kaplan aus Basel fühlt sich an 1951 erinnert, als »ganz Amerika vom McCarthyimus-Fieber geschüttelt« wurde. Deutschland, so ruft er am Ende seines Briefes aus, »Deutschland darf nicht in die Barbarei der Menschenjagd zurückfallen.«

Es ist die hohe Zeit der Tauben und der Stummen. Und täglich werden neue Spitzel enttarnt. Listen liegen öffentlich aus. Decknamen werden entschlüsselt. Sie nannten sich »Carmen«, weil sie für ihr Leben gern einmal nach Spanien gefahren wären. Nannten sich »König« oder »Chef«, »Eule« oder »Hamlet«, »Hans« und »Pudel« und »Schiller« und »Schulze« und »Geyer« und »Goethe«.

Und einer hieß »Heiner«. Hinter ihm verbarg sich Theologie-Professor Heinrich Fink, Rektor der Ostberliner Humboldt-Universität. Nach Stasi-Dokumenten ein Spitzel. Das wird dem Senator 1991 von der Gauck-Behörde mitgeteilt. Der kündigt dem

Rektor. Doch Fink bleibt im Amt, getragen auf einer Welle der Sypmathie.

Wer sind seine Jäger? Sie sind seit Wochen ausgemacht. Allen voran Joachim Gauck, Wolf Biermann, Jürgen Fuchs. Biermann ist der »Großinquisitor«. So hat ihn Günter Grass genannt. Der böse Wolf schmettert ins Horn, was der strenge Fuchs ihm sagt. Der Sänger und der Dichter. Sie singen nicht, sie dichten nicht, sie decken auf. Pfui Teufel. »Wenn die Opfer über die Täter richten«, schreibt der Strafverteidiger Gerhard Strate, »beginnt die Barbarei.«

Wer hat die Barbarei erkannt? Die Intellektuellen natürlich. Die großen Schweiger der letzten Jahre haben große Worte ge-

»Ich habe nie Geld genommen«, sagt der entlassene Rektor Fink zu den Vorwürfen, Ost- und Westmark von der Stasi erhalten zu haben.

spuckt. Der Dramatiker Christoph Hein vermutet, daß Rektor Fink am Ende wohl eher »ein bespitzeltes Opfer« ist. Für den Philosophen Rudolf Bahro ist der Fall »eine ordinäre politische Maßnahme«. Der Schriftsteller Stefan Heym findet die Inquisition humaner, weil ein Opfer, das die Folter überlebte, begnadigt wurde. Fink dagegen nicht. Heyms Kollege Stephan Hermlin vergleicht die ganze Stasi-Debatte mit Denunziation während der Nazizeit. Und die Schriftstellerin Christa Wolf sagt: »Für mich ist der Eid von einem Menschen wie Professor Fink ... schwerwiegender als eine geschwärzte ... Zahl auf einer verschwundenen Akte.«

Aber was sind sie wert, die Eide, die geleistet wurden? Der Bürgerrechtler Knut Wollenberger schwor beim Leben seiner Kinder, nie für die Staatssicherheit gearbeitet zu haben. Warum sollte er nicht schwören? Er hatte schließlich seine Akte zusammen mit seinem Führungsoffizier vernichtet. Und dann kam es doch heraus. Er hatte seine eigene Frau bespitzelt. »Lieber hätte ich jahrelangen Stasi-Knast auf mich genommen«, sagt Vera Wollenberger, »als das erleben zu müssen.«

Der Liberale Wolfgang Schnur schwor auch. Und dann hat er im Krankenhaus den Zufall verflucht, den seine Akte überleben ließ. Der Sozialdemokrat Ibrahim Böhme schwor. Und hat doch seine besten Freunde verraten. Und Sascha Anderson, die Kultfigur vom Prenzlauer Berg? Angebrüllt hat er Wolf Biermann, der ihn in seiner Büchner-Rede Sascha-Arschloch nannte. Hat ihm vor laufender Kamera gesagt: »Im Knast habe ich wegen Ihnen gesessen! Aber davon haben Sie ja keine Ahnung!« Nein, wirklich, Anderson sagt, er sei kein »Arschkriecher« gewesen. Richtig. Er war mehr. Er war ein mieser Spitzel, der jahrelang Berichte schrieb. So ist das. Sie schwören und sie lügen. Warum? Weil sie mit ihrer Begabung spielten, weil sie Geld brauchten, weil sie eine Hybris hatten und weil sie ja gar nicht die Täter sind. Die Täter sind ihr Alter ego. Sascha Anderson? Nein. »David Menzer«, »Fritz Müller« und »Peters« haben die Schmutzarbeit gemacht. Das waren seine Decknamen. Dr. Jekyll und Mr. Hyde.

Knut Wollenberger? Nein. Deckname »Donald« verriet seine

Frau. Wolfgang Schnur? Nicht er, Deckname »Torsten« infor-
mierte die Stasi. Ibrahim Böhme? Die Verräter heißen »August
Dremker«, »Paul Bonkarz« und »Maximilian«. Schizophren? »Ich
bin nicht schizophren«, sagt Sascha Anderson. »Ich bin einer, der
Schizophrenie als Mittel zur Verfügung hat.«

Und nun Heinrich Fink? Fünf europäische Menschen-
rechtler aus Frankreich, Schweden, Belgien, der Schweiz und
den Niederlanden sind Anfang des Jahres nach Berlin gekommen. Sie haben zwei Tage lang Gespräche geführt, mit dem Senator, mit den Anwälten des Rektors, mit einem ehemaligen
Professor der Charité, der ebenfalls für die Stasi gearbeitet haben
soll. Ihr Fazit: Die Beweise reichen nicht aus. Die Entlassung, so
spekulieren die Herren, war wohl »eine Art Quittung« für Finks
»Erfolge«.

Der Rektor hörte zu und schwieg. Schwieg nicht zu den Vorwürfen, er habe Geld von der Staatssicherheit erhalten. 1 450 Mark
Ost für einen Flug nach Finnland samt 50 Mark fürs Visum. Eine
»operative Zuwendung« für den IM »Heiner«.

Als Heinrich Fink hört, daß ich eine Geschichte geschrieben
habe, ruft er in der Redaktion an. Sehr liebenswürdig. Sehr freundlich. Warum ich denn nicht zu ihm gekommen sei? Er hätte mir
gerne alles erklärt. Ich sage ihm, daß ich ein paarmal im Rektorat
gewesen sei, nach ihm gefragt habe, um einen Termin bat – nichts.
Der Herr Dekan sei für niemanden zu sprechen, hieß es. Für niemanden! Es ginge ihm nicht gut. Er müsse geschützt werden.

Schade, sagt Professor Fink. Er habe nichts davon gewußt.
Möchte aber doch wenigstens darauf hinweisen dürfen, daß er nie
– und das wiederholt er – also nie Geld genommen habe.

Die fünf unheimlichen Richter, die sich da in Berlin getroffen
haben, sind entsetzt über die »vergiftete« Stimmung. Sie sehen in
der ganzen Affäre eine »Hetze auf die Intellektuellen«. Und in der
Eingangshalle der Humboldt-Universität hängt am Schwarzen
Brett des Rektors langer Schwur zur weißen Weste.

Finks Akte ist hilfreich vernichtet worden, sagt Joachim
Gauck. Man werde sehen, ob das tatsächlich so hilfreich war. Seine

Einstufung jedenfalls, sagt der Stasi-Aufklärer, ist eindeutig. Ist deutlich erkennbare Konspiration.

Jürgen Fuchs erinnert sich noch genau, wie er Anfang der achtziger Jahre versucht, im Auftrag der »Friedens- und Menschenrechts«-Gruppen an Dorothee Sölle heranzukommen. Das gelingt nur mit unendlicher Mühe. Und dann lernt die Theologin Bärbel Bohley, Katja Havemann und Irina Kukutz kennen. Und da sagt sie in einem Gespräch: Nun sitze ich hier also mit den Staatsfeinden zusammen.

Staatsfeinden?

Sicher. Man habe sie sehr aktiv vor ihnen gewarnt. Die Familie Fink habe sie da immer sehr gut beraten.

Und Fuchs erinnert sich auch noch an die siebziger Jahre in Jena, damals, als er observiert, verfolgt, abgehört und verboten war. Als er nicht lesen durfte und alle Freunde, die ihn besuchten, von der Staatssicherheit fotografiert wurden. Damals, sagt er, kamen die Angriffe gegen ihn weniger von der SED als von den Vasallen und Lakaien der CDU. Und das heißt: von der »Sektion Theologie« der Friedrich-Schiller-Universität, an der Fuchs studierte. Theologen lamentierten: Fuchs halte sich in kirchlichen Räumen auf, mache illegale Lesungen, stürze Jugendliche der Jungen Gemeinde ins Unglück.

Und Fuchs erinnert sich an eine Tagung der Böll-Stiftung in Weimar. 1990 war das. Es ging um Demokratie-Entwicklung und die neue Situation. Und Fink – damals schon Rektor – sagte vor dem Auditorium, daß er nun der erste von der Basis nach oben getragene Rektor sei. Und das fanden alle ganz wunderbar. Und in diesen demokratischen Jubel hinein sagte der Fuchs: Herr Fink, sprechen Sie doch über sich und über die Humboldt-Universität und die Geschichte der Theologischen Sektion.

Das fanden einige sehr unpassend und ungezogen. Herr Fink aber drehte sich um zu ihm und sagte: Der Jürgen Fuchs hat vollkommen recht. Und ich bin bereit, über die Vergangenheit zu sprechen. Das ist eine sehr, sehr wichtige Debatte.

Und plötzlich, sagt Fuchs, befindet er sich in einer unheimlichen Nähe zu dem Mann, den er attackieren will. Ich wurde also wieder unterlaufen, sagt er. Ungeheuerlich sei diese Flexibilität, auf die man ja gar nichts mehr sagen könne. Und nun? Stellt sich heraus, daß dieser Mann ein IMB war, also ein qualifizierter Mitarbeiter, der das volle Vertrauen des Geheimdienstes hatte.

Und was tut Fink? Er schwört und schweigt. Schweigt über die Gespräche, die ja alle immer zugeben. Natürlich, sprechen mußten wir doch mit denen. Aber wir haben nie etwas gesagt, was einem schaden konnte! Woher wissen sie das? Alles schadete, was der Staatssicherheit erzählt wurde. Aber sie sagen nichts über die Treffs und wie sie stattgefunden haben und wann eine Legende erfunden wurde oder eine besondere Art der Konspiration. Nichts. Schweigen. Tun, als hätten sie alles gesagt. Fink, Schnur, Böhme, de Maizière, Anderson. Alle. Hängen noch immer am Tropf der Stasi-Offiziere und tun, als gäbe es keine Betroffenen, keine Menschen, die gelitten haben. Die Täter, sagt Fuchs, denken die Betroffenen einfach weg. Löschen sie aus.

Und weil so wenig gesagt und dieses wenige auch noch so fest und treu mit Schwüren verschnürt wird, glauben so viele, daß die Täter Opfer sind. Ganz einfach. Basta. Die sind ja auch so freundlich. So liebenswürdig. Sagen, sie würden ja so gerne alles sagen, wenn es nur was zum sagen gäbe. Gibt's aber nicht. Also her mit dem Transparent: »Den Heiner nimmt uns keiner«.

Und die Intellektuellen der DDR trauern und verkriechen sich in die Trümmer des Sozialismus. »Künstler und Schriftsteller«, schreibt Freya Klier schon 1986 in ihr Tagebuch, »haben wir einigermaßen abgeschrieben. Hier sind die Furchtlosesten längst im Westen.« Die Zurückgebliebenen, schreibt sie, sagen »keinen Piep« mehr, werden dafür aber »immer häufiger auf dem Kudamm gesichtet«. Dafür haben sie in den letzten Jahren der DDR geschwiegen. Wer wollte schon auf seine Privilegien verzichten? Schließlich hat man nur ein Leben. Und die DDR sollte viele Leben lang dauern. Natürlich hat mal einer geklagt, auch mal einen Brief an Honecker geschrieben, aber bitte: keine Öffentlichkeit! Vor Entscheidungen wurde man gerne krank. Einen Mann wie Havemann ließ man lieber draußen vor der Tür. Gibt doch nur Ärger. Dafür schreibt man dann dies und das zwischen den Zeilen – gedämpft.

Wie oft haben Friedensbewegte versucht, eine Unterschrift zu bekommen. Von Günter de Bruyn, von Christa Wolf, von Christoph Hein, von Stefan Heym. Nein, haben die gesagt, unsere Aufgabe ist es zu schreiben. Nicht zu unterschreiben. Und nun legen sie ihre Hand ins Feuer für den Rektor, der wenigstens versucht hat, ein wenig aus der DDR herüberzuretten. Aber alle haben natürlich den kleinen Flucht-Satz auf den Lippen: Wenn sie stimmen, die Vorwürfe, kann er selbstverständlich kein Rektor mehr sein. Klar.

Das ist so defensiv vorgetragen, sagt Jürgen Fuchs. Da ist keine Empörung gegen eine menschenverachtende Macht-Wirtschaft. Eher eine apathische Stimmung der Nicht-Empörung und der Empörung gegen Veränderungen.

So ziehen denn die Schriftsteller, wie Reiner Kunze sagt, Anker in das sich senkende ideologische Haus ein. Möchten das Experiment Sozialismus weiterführen. Die vielen Millionen geopferter Menschenleben, Versuchsmenschenleben, wie der Lyriker sagt, schrecken sie nicht ab. Sie halten am Verlustschmerz als letzter Einheit fest.

Und wehe, es wühlt einer im Müll. Wehe, es wagt einer, ihre traurigen Helden zu enttarnen. Oder Arschloch zu sagen zu einem, den sie so geliebt. Richtig, daß der Biermann das Wort zurückgenommen hat. Es war zu liebenswürdig für einen Lügner und Verräter, sagt er. Und richtig, daß er die Namen der Stasi-Wichte ausposaunt, der Trompeter von Altona. Sie selber tun es ja nicht.

Und was tun die Intellektuellen am wohltemperierten Schreibtisch des Westens? Packen Knallfrösche in Wörter ein und schießen wochenlang auf den Liedermacher, der es wagt zu sagen, was sie hätten recherchieren können. Erheben den Zeigefinger und fuchteln vor Fuchs herum, der es wagt, über ein »Auschwitz der Seelen« zu sprechen. Monströs sei das.

Ja, er ist monströs, der Vorgang, den Jürgen Fuchs damit beschreibt. Und er kann ihn so beschreiben, weil er die Kenntnis hat, weil er selbst neun Monate im Gefängnis saß, weil er weiß, wie Seelen zerbrochen wurden. Ganz langsam nämlich. Über Jahre. Kein Abitur, kein Studium, Beschattungen, Wanzen im Bett und Wanzen in der ganzen Wohnung, nächtliche Schritte vor Eingangstüren, Verfolger im Aufzug, Drohbriefe, Zersetzungsmaßnahmen, die Ankündigung eines Unfalls, Festnahme im Morgengrauen, Hausdurchsuchung. Nein, Sie dürfen nicht allein aufs Klo, Verhöre, Versuchungen, Demütigungen, Drogen im Kaffee, Viren im Essen, und hier verschwindet ein Mensch in der Psychiatrie, dort begeht einer Selbstmord, ein Auto überschlägt sich. Und die Herren vom Feuilleton diskutieren über Stilfragen.

Inzwischen aber hebt sich der Vorhang Stück für Stück. 28 Theologie-Studenten der Humboldt-Universität lesen einen Artikel, den der Theologe Heinrich Fink 1975 geschrieben hat. Darin heißt es, »daß nur in einem sozialistischen Staat Grunderfahrungen wie soziale Gerechtigkeit, Frieden und Menschenwürde erlebbar« sind.

Die Studenten schreiben einen Brief an ihren Rektor. Sie teilen dem »Apologeten des real existierenden Sozialismus in der DDR« mit, daß sie ihm nicht zutrauen, »die Humboldt-Universität zu einer demokratischen Institution zu befördern«.

Fink traut es sich zu. Er sitzt noch immer auf seinem Stuhl. Hat gerade Wissenschaftler, Künstler und Politiker aus zwölf Ländern »herzlich« zu einem Kongreß geladen: »Wohin zieht der anachronistische Zug?«

PS.: Als Rektor Fink nicht mehr auf seinem Stuhl sitzt, klagt er. Im Juli 1997 bestätigt das Bundesverfassungsgericht die fristlose Kündigung. Wegen der herausgehobenen Stellung als Rektor der alten Berliner Universität sei es richtig, besonders strenge Maßstäbe anzulegen. Das sei bitter für ihn. Aber von »Siegerjustiz«, wie Fink das Urteil nannte, könne keine Rede sein.

»*Ich mag nichts Süßes und keine Operette*«

Eine Reise mit Friedrich Schorlemmer

Er sitzt im Chaos. Sitzt zwischen Kisten und Kästen und verrückten Möbeln und ausgeräumten Schränken, sitzt zwischen Zeitungstürmen, Büchersäulen, Aktenbergen, und dann klingelt auch noch das Telefon.

Ja, Schorlemmer. Wie bitte? Aufschwung im Osten? Nee. Hier schwingt nichts auf. Hier zerreißt eher was. Menschenseelen. Ja. Nein, wirklich, sagt er, er habe keine Zeit. Er ziehe um.

Seit Monaten geht das nun so. Bitten zu Talkshows, Interviews, Diskussionen, Vorträgen, Disputen, Statements. Er komme sich schon wie ein Entertainer vor, sagt er.

Und der ist er natürlich auch, der Pfarrer Schorlemmer, der so gerne redet und so gut erzählt und die Friedensbewegung ermutigte, als er 1983 nachts da unten im Lutherhof von Wittenberg ein Schwert zur Pflugschar umschmieden ließ und 1988 dem evangelischen Kirchentag in Halle regimekritische »20 Wittenberger Thesen« in die Debatte um Vergangenheitsbewältigung warf. Wer will ihn also nicht, den Kämpfer mit Charisma, der für volle Säle sorgt?

Nun will er ein »Forum«. Das soll am 22. März '92 in Leipzig gegründet werden. Täter und Opfer an einen Tisch. Das ist der Weg. Das Ziel soll innerer Frieden sein, sagt Schorlemmer, nicht Gesinnungsjustiz, nicht wöchentliche Trompetenstöße zur Verurteilung eines neuen Opfers. Schrecklich finde er das inzwischen.

So, und nun müsse er erst mal was essen. Er geht in die Küche, setzt Wasser auf, schmiert Brot, schneidet Wurst, kocht Kaffee, drückt mir eine Stulle in die Hand und erzählt von der neuen Wohnung in der Lutherstraße. Und weiter.

Dreizehn Uhr. Stadtverordneten-Versammlung im Rathaus.

Der Vorsitzende der SPD-Fraktion, Friedrich Schorlemmer, kommt auf dem Fahrrad. Erzählt, daß er da neulich am Luther-Denkmal fotografiert wurde. Nun fragen die Leute schon: Wann stellt sich denn der Pfarrer seinen Sockel zwischen Luther und Melanchthon auf? Er versteht nicht, warum Menschen so denken.

Hast du seine Aktentasche gesehen? fragte eine Frau ihren Mann, als Schorlemmer im Rathaus verschwindet. Völlig abgewetzt. Sollte sich mal eine neue kaufen. Ich richte es dem Herrn Pfarrer aus. Der lacht sich weg. Diese Tasche weggeben? Nie. Was die schon alles getragen hat. Also ich sage Ihnen: So eine Tasche kann treuer sein als ein Mensch.

Die Debatte dauert sechs Stunden. Schorlemmer hört, Schorlemmer spricht, reicht was nach hinten, schiebt was nach vorne, flüstert zur Seite, putzt Briefe weg, stützt den Kopf in die Hände, scheint nicht müde zu werden beim rhetorischen Schnick-Schnack zu schwerpunktmäßigen Vorgängen und zweckgebundenen Einnahmen beim Nachtrag zum Haushalt.

Pause. Danach Bürger-Fragestunde. Kein Bürger fragt. Also, Bürger-Fragestunde beendet. Dann das Procedere zur Stasi-Überprüfung durch die Gauck-Behörde. Schorlemmer sagt: Ich bin für Offenlegung, die nicht zur Erniedrigung von Menschen führt.

Am nächsten Morgen fahren wir im Auto nach Würzburg. Die ganze Hektik vom Tag zuvor ist von ihm abgefallen. Er ist frisch und wach. Mag er auch schon reden? Klar, sagt er. Er mag auch Autofahren. Darf er? Er habe noch nie einen Audi 100 gefahren. Also rechts ran und die Sitze getauscht. Er fährt forsch in Richtung Leipzig.

Wird er jetzt, wo es möglich ist, seine eigene Akte lesen wollen? Ich bin hin- und hergerissen, sagt er. Weiß nicht, ob ich mich dem Sog entziehen kann, habe aber auch Angst vor Erschütterungen. Wie verkraftet man, die »geschützten Quellen« plötzlich mit Namen zu kennen? Wie macht man das, Menschen, die konspirativ seine Biographie geschrieben haben, ins Auge zu sehen? Er weiß es nicht.

Vor einem Jahr, sage ich, waren Sie noch dafür, alles zu vernichten.

Ja, sagte er. Aber das geht natürlich nicht. Die Leute, die sich haben verführen lassen, sollen wissen: Einmal fliegt das auf. Und dann mußt du dich stellen.

Ist schon jemand zu ihm gekommen und hat gesagt: Mir ist ganz elend, aber ich hab's getan?

Keiner, sagt Schorlemmer. Scheinen alles vergessen zu haben, die Leute. Alles verdrängt. Aber wer durch das Feuer der Scham gegangen ist, dem soll verziehen werden. Harry Tisch ist bereit zu reden, sagt er. Find' ich gut. Und Schabowski kann man integrieren.

Ja. Wie sollen wir denn sonst leben.

Seit er vierzehn ist, wird er von der Stasi bespitzelt. Sippenhaft ist das. Weil sein Vater Pfarrer ist. Und er sagt ja auch schon, was

»Manchmal wünsche ich mir schon einen schönen Käse zum trockenen Wein«, sagt Friedrich Schorlemmer und holt für Gäste ein paar Flaschen aus dem Keller seiner neuen Wohnung.

er denkt, der junge Internatsschüler Friedrich. Also wird ihm ein Aufpasser ins Nebenbett gelegt.

Er hat keine Chance in der Schule. Er will weg. Raus aus dem zugeschnürten Land. Da sagt die Mutter: Keiner oder alle. Die Familie wird nicht auseinandergerissen. Also bleibt er. Und sagt in der Schule, was er denkt. Und wenn er das tut, dröhnt ihm die Schlagader zum Zerspringen. Und sein Mund ist trocken, und er kann kaum sprechen. Es war ja so schwer, sagt er. Und ich bin ja kein Held. Die Meßlatte lag hoch in der Diktatur. Wer darüber sprang, wurde bewundert. Und dann ging man auf Distanz.

Und warum wird er nun schon wieder angegriffen und bedroht? Also das war so: Am 20. Oktober spricht er in einer Predigt über »Feindesliebe«. Und weil Honecker in Moskau gerade sein schreckliches Interview gegeben hat, will Schorlemmer das Problem an diesem Mann erklären. Was heißt denn Liebe? fragt er von der Kanzel. Und sagt, daß es eine andere Liebe gibt, als die Liebe zur Schwester, zur Frau, zur Tochter. Liebe heißt auch: Mich ent-feinden, damit ich dem Feind ermögliche, nicht mehr mein Feind zu sein. Das haben die Leute verstanden und haben ihm gedankt.

Dann kommt jemand vom *Halleschen Express*. Schorlemmer wird gefragt, ob er Honecker, wenn der dem Volkszorn ausgeliefert wäre, aufnehmen würde. Da habe er »ja« gesagt, auch, wenn ihn das viel Kraft kosten würde. Das sei eine Frage der Ethik und der Christenpflicht. Und was steht im Blatt? Schorlemmer biete Honecker sein Haus an.

Da bricht der Zorn los. Er bekommt Drohanrufe und wüste Briefe. Feige und anonym. Schreiben auch »wir«. Das werden »wir« nicht zulassen! So. Ich wundere mich, sagt er, daß meine Ängste nicht größer sind.

Wir schweigen und fahren. Und dann sagt Schorlemmer: Mir wird immer klarer, warum Christus gekreuzigt wurde. Einen solchen Mann konnte die Welt des Augustus, des Herodes, des Pilatus nicht ertragen. Auch die Intellektuellen nicht. Auch das Volk nicht. Zuerst ist der Jubel groß. Schön, daß du kommst. Und bitte

räum' mit unseren Feinden auf. Aber nicht mit uns! Und was
macht er? Er geht zum Zöllner essen. So einer kann ja nur gekreuzigt werden.

Und erzählt zwischen Leipzig und Jena von Petrus, diesem
wunderbar Mutigen, der auch eine Memme war. Und Jesus sagt:
Auf dir will ich meine Kirche bauen. Erzählt von Jeremia, den sie
wegen Wehrkraftzersetzung in eine Zisterne warfen. Da ist doch
alles, was ich erlebt habe, ein Kinderspiel, sagt Schorlemmer. Und
erzählt von Johannes, diesem mutigen Mann, der öffentlich bei
Hof Kritik übt und von Herodes zum Schweigen gebracht wird –
mit dem Schwert. Johannes, der Täufer, den von allen liebt er. Und
der schreibt: »Auch wir sind Zeugen, und du weißt, daß unser
Zeugnis wahr ist.«

Am Abend liest er aus seinem neuen Buch. Applaus, Diskussion, Autogramme. Und ein Absacker im Hotel. Es gibt doch
nichts Schlimmeres als Saturiertheit, sagt Schorlemmer. Führt
doch geradewegs zum Zynismus. Moment mal, hat er denn gar
keine Sehnsucht nach der kleinen Harmonie? Doch, sagt er.
Manchmal wünsche ich mir schon den wohltemperierten Raum,
wo ich bei Quadrophonie einen wunderbaren Käse zum trockenen Wein essen kann. Ich biete braune Kuchen an. Nee, sagt er und
lacht. Ich mag nichts Süßes und keine Operette.

Am nächsten Morgen geht's weiter nach Berlin. Er ißt zum
erstenmal im Leben Tintenfische und ist entzückt. Liest zum
Nachtisch den Entwurf für die nächste Rede vor. Hat letzte Nacht,
wie er sagt, in einem schrecklichen Bett geschlafen, in das er lieber
gleich mit Rückenschmerzen hätte steigen sollen. Diskutiert am
Morgen darauf im Schloßtheater von Sanssouci. Parliert am Abend
mit Walter Momper in der »Möwe« von Berlin. Wahrheiten sagt er
strahlend ins Gesicht: Ich bin nicht in die Politik gegangen. Ich will
ja meinen Kopf noch benutzen. Nein, Walter, sagt er und lacht,
wirklich, ich wollte nicht sagen, daß du ...

Schorlemmer ist der Orden, den sich jeder an die Brust heften
will. Und wenn er eine Rede hält, möchte man manchmal »halt!«
rufen. Halt. Nicht so schnell. Denn er spielt mit Sätzen, jongliert

mit Zitaten, predigt auch, ganz unsentimental, ganz sinnlich – der Lust-Redner.

Und da sitzen sie, vor allem die Frauen, sitzen da und strahlen. Ich glaube, sie sehen einen Siegfried in ihm. Und denken: Der macht uns den Drachen kaputt. Der ist aber kein Siegfried. Schon gar nicht mit diesem ironischen Lächeln. Auch, wenn er dies Helle, Heuhafte hat und den leuchtenden Blick. Der täuscht. Der Blick ist kein Sieger-Blick, sondern ein fordernder: Geht in euch, sagt endlich, wie es war.

Aber wer tut das schon. Hermann Kant, sagt er, ist ein begabter Schriftsteller, aber er war auch ein Vertreibungsideologe. Nun schreibt er sich mit dem »Abspann« die Weste weiß. Das ist intellektuelle Unerträglichkeit.

Auch deshalb will Schorlemmer dieses »Forum«. Täter dürfen sich nicht zu Opfern stilisieren. Und Boulevardblätter dürfen nicht Woche für Woche kostengünstig Menschenleid mit Füßen treten. Wie jetzt im Fall des Mauerschützen, der den jungen Chris Gueffroy erschoß. Da schreiben sie: Frau Gueffroy, seien Sie nicht herzlos. Mein Sohn will leben. Er mußte doch schießen. Nein, sagt Friedrich Schorlemmer. Das mußte er nicht. Die Mütter hätten ihren Söhnen verbieten sollen, Dienst an der Mauer zu tun. Was, dann hätte der Junge die Kfz-Lehre nicht machen können? Gut. Dann eben nicht. Doch nicht um diesen Preis!

Honecker, sage ich, würde sich nie einem »Forum« stellen. Für ihn hätte ich eine Variante. Sprechstunde von 9 bis 12 und von 15 bis 18 Uhr. Da soll er sich die Geschichten der Mütter anhören, die ihre Söhne an der Mauer verloren haben. Die sollen von ihren Ängsten erzählen, von ihrem Leid, von ihren Alpträumen. Das soll er sich anhören.

Gut, sagt Schorlemmer. Aber wie soll das gehen? Vor laufender Kamera? Und wer soll zuhören? Und was machen wir mit diesem hier: Da sitzt nämlich einer in Wittenberg und bekommt eine gute Rente. War für Paß- und Meldewesen zuständig. Ist verantwortlich für so viele zerbrochene Seelen.

Und dessen Chef trägt heute Colt und schwarze Uniform

und verdient prächtig bei einer Wach- und Schließgesellschaft. Die Leute haben eine ohnmächtige Wut, daß dieser gefährliche Kleinbürger davonzukommen scheint, dieser Apparatschik, der einst Woche für Woche mit der Staatssicherheit beriet, wie man Menschen kaputt machen kann. Der wußte auch, wie das Problem Schorlemmer zu lösen sei. Im Straßenverkehr nämlich. Das habe ihm '91 ein Polizist erzählt. Autounfall und aus. Sehen Sie sich vor, wenn Sie morgen wegfahren! Sowas kam durchs Telefon, sagt Schorlemmer. So wollten sie mich zerstören. Und das hätten sie auch, sagt er, sie wußten, wo ich verletzbar bin. Also wir waren nicht zu naiv, sagt er. Die waren zu infam! Also nicht nur Honecker. Auch diese hier sollen sich das anhören. Und endlich still sein. Und das Volk soll auch zuhören. Ja, das wäre eine Möglichkeit.

Und dann sitzen wir bis in die Nacht bei Wein und Wasser, und er erzählt, wie das war am 4. November '89 bei der Demonstration in Berlin. Da hat er sich alle Transparent-Sprüche in ein rotes Büchlein geschrieben und gedacht: So ein kluges Volk. Und du gehörst dazu. An diesem Vormittag, sagt er, war ich glücklich. Und als er dann am 9. November auf der Mauer stand und niemand mehr schießen durfte. All diese Gefühle, sagt er, die sind ja noch gar nicht verkraftet.

Stört ihn die Fahne?

Ja, die Fahne. Die ist uns ja tonnenweise rübergereicht worden. Die Fahne wurde das Lösungswort. Ja, hat gestört.

Und das Deutschlandlied?

Ist auch auf kaltem Wege rübergeraten. Hätte aber schlimmer kommen können. Nur, wenn's nach ihm ginge, würde er die zweite Strophe singen lassen. Ist so schön menschlich, so skurril: Deutsche Frauen, deutscher Sang... Der ganze Horizont des Kleinbürgers. Schön. Ja. Auch ein Lösungswort. Aber in komplizierten Zeiten, sagt er, hat das Einfache Hochkonjunktur. Das Buch ist weg, das Auto ist da. Wir sind abgelenkt mit Leichtkost. Deutschland den Deutschen. Im Fremdenhaß, sagt er, sind wir vereint.

Hat Schorlemmer in all den Jahren mal am Glauben gezweifelt? Aber immer wieder, sagt er. Er sei auch durch die großen
Zweifler erst zum Glauben gekommen. Durch Gottfried Benn
zum Beispiel. Wer Benn nicht aushält, sagt er, ist nicht für den
Glauben gefeit. Ich gehe durch das Feuer seiner Fragen, sagt er.
Und zitiert das Gedicht vom ersoffenen Bierfahrer, der seziert
wird:

»Als ich von der Brust aus
unter der Haut
mit meinem langen Messer
Zunge und Gaumen herausschnitt ...«

Wenn ich das ertrage, sagt er, weiß ich, was Tod ist.

Und all die kleinen Tode sind unvergessene Vergangenheit.
Frühjahr '89. Er darf nach Köln fahren. An der Grenze: Stop. Raus
aus dem Zug. Alle Pakete öffnen. Das sind doch Kindergeschenke,
das sehen Sie doch. Runter mit dem Papier. Und was ist das für ein
Brief? Der Grenzer liest ihn frech. Und sie nehmen sein Tagebuch.
Was steht darin?

Wortgewordener Seelenschmerz. Sein Innerstes in ihren Klauen.
Welch eine Demütigung. Und der Zug fährt ohne ihn ab. Darf er
anrufen in Köln? Er wird doch erwartet. Nein. Er darf nicht anrufen.

Wir fahren zurück nach Wittenberg. Fahren in eine blutrote
Abendsonne. Ein weißer Sichelmond klebt am Himmel. Weiß
Friedrich Schorlemmer eigentlich, unter welchem Namen die
Staatssicherheit ihn bespitzelte? Weiß er, ja. Und das, sagt er, zeigt,
wie gut die Firma ihn gekannt hat, den Pfarrer Schorlemmer und
seinen Lieblingsapostel. Sein Deckname war »Johannes«.

»*Schreiben ist mir wichtiger als Moral*«

Zu Hause bei Heiner Müller

Berlin Friedrichshain, verrottetes Neubaugebiet am Tiergarten Ost, DDR-Plattenbau, vierzehn Stockwerke voll Waben mit Ausblick. Müller sagt: Fickzellen mit Fernheizung. Er sagt auch: Ich habe immer in Höhlen gelebt. Da habe ich mich einfach so reingesetzt. Ein Bett, ein Tisch, das reicht. Da kann ich arbeiten.

Seine Höhle hat sechs Zellen. Kochzelle mit Wasser für Whisky, Klozelle mit Zeitungstürmen, Bücherzellen, Papierzellen, in denen Möbelstücke nicht zu erkennen sind, weil Manuskripte, Hefte, Fotos, Zigarrenschachteln, Vogelfedern, Papierrosen, Krimis und Magazine in sie eingewachsen sind. An der Wand eine Mexiko-Maske, an der Decke ein Loch, im Loch die nackte Birne, die schon mal durchknallt, wenn die Stelle feucht wird. Und auf dem Balkon sollten nicht mehr als drei Leute stehen, sagt er. Doch, drei hält der noch. Aber irgendwann bricht er ab.

Und da sitzt er nun im Korbstuhl, kerzengerade wie auf einem Thron: Heiner Müller, ein Bild von einem Denkmal, hochstilisiert, weißer Kopf auf schwarzem Shirt, Brille mit schwarzer Fassung, Blick aus starken Augen, Lippen wie mit dem Haarpinsel getuscht, die Hände liegen auf der Lehne, rechts hält er den Whisky, links die Zigarre. Und wenn er spricht, spricht er leise und auf einem Ton, dazu schiebt er die Wörter für spartanische, kulinarische, barocke, kesse und kluge Sätze durch den schmalen Schlitz des Mundes.

Nein, nie wäre er auf die Idee gekommen, sein Leben aufzuschreiben. Dazu interessiere er sich zu wenig für sich und das, was er erlebt. Es war die Idee des Verlages. Man hat Fragen gestellt, und er hat geantwortet. Ein paar Wochen lang. Dann hat er gestrichen

und redigiert. Und zum Glück hab ich das jetzt vom Hals, sagt er.
Und es ist ja doch auch keine Literatur.

   Es ist hochvergnügliche Unterhaltung, sein Buch »Krieg
ohne Schlacht«. Frech, dialektisch, geistreich und analytisch legt
er sein Leben auf den Tisch. Und alles sieht er quer, und alles
bürstet er gegen den Strich. In seiner Autobiographie wird er zum
Krisen- und Kriegsbeschauer. Und sein erster Krieg ist die Geburt. Er will einfach nicht raus aus der Mutter. Und die Mutter
will lieber sterben als den Brocken noch länger drinnen zu haben.
Schließlich muß er dann raus aus der Höhle. Das ist am 9. Januar

»Hier ist ein Staat untergegangen«, sagt Heiner Müller. »Und nun kann man in die Akten sehen.« Findet er gut. Aber gegen die CIA sei die Stasi ein Kegelverein gewesen. Er warte nun auf den Untergang Amerikas.

1929 um 9 Uhr abends, 9 Pfund ist er schwer.

Der Anfang liest sich wie Kroetz aus dem Sachsenwald. Der Vater von Müllers Vater ist ein Fummler vor dem Herrn. Der Großmutter muß er auf die Bibel schwören, während des Ersten Weltkriegs keine Frauen gehabt und keine Kinder gezeugt zu haben. Er schwört einen Meineid. Für die Großmutter ist das damit erledigt. Später ist sie von Hitler begeistert. Was für ein Mann! Auch Schiller ist ein Mann. Goethe mag sie nicht. Goethe ist ein Hurenbock.

Die Familie von Müllers Mutter ist berühmt für ihre Brandstifter. Aus Haß und Versicherungsbetrug zünden sie gegenseitig ihre Höfe an. Und dann und wann erhängt sich einer auf dem Dachboden.

Müllers Vater ist der erste in der Familie, der durch Intelligenz auffällt. Eine Beamtenwitwe bringt dem jungen Aufsteiger Manieren bei. Das sind Erziehungsschocks, wenn man Erbsen nicht mehr mit dem Messer essen darf.

Das erste Kind mußte Müllers Mutter abtreiben lassen, weil das junge Paar im sächsischen Eppendorf einfach keine Wohnung findet. Müller wird dann im Reizenhainer Wald gezeugt, wo Räuber gern die Butterfrauen der Gegend vergewaltigen.

Als Müller sechs ist, wird sein Vater verhaftet. 1934 ist das. Der Vater war damals in der SAP, heißt soviel wie nicht mehr Sozialdemokrat und noch nicht Kommunist. Dazwischen also. Er plante wohl auch etwas Bewaffnetes mit Gleichgesinnten. Einer, der die Schläge der Nazis nicht aushält, verrät ihn. Morgens um fünf wacht der junge Heiner vom Gepolter auf. Er sieht, wie sie den Vater schlagen. Und die Mutter steht dabei. Einer der Schläger war mal ein Verehrer von ihr, sagt Müller. Solche Sachen spielen ja eine große Rolle.

Der Vater kommt ins KZ. Als er wieder zu Hause ist, findet er keine Arbeit. Er hilft dem Sohn beim Aufsatz, diktiert den Satz: »Es ist gut, daß der Führer die Autobahnen baut, dann bekommt auch vielleicht mein Vater wieder Arbeit.« Dieser Satz, sagt Müller, löste bei mir den Verratsschock aus. Er war doch so klar erzogen worden: Der Feind ist draußen. Drinnen ist die Festung. Und wir vertrauen einander. Und nun dieser Satz. Der Aufsatz wird prämiert.

Verrat ist ein Müller-Thema. Auf Verrat steht die Todesstrafe in seinen Stücken.

Was sagt er jetzt zu Verrat und Stasi, zu Wollenberger, Schnur, Böhme und Sascha Anderson?

Also, das interessiert mich eigentlich nicht, sagt Heiner Müller. Hier ist ein Staat untergegangen, und man kann in die Akten sehen. Gut. Aber die CIA, sagt er, ist doch viel schlimmer. Eine richtige Verbrecherorganisation. Dagegen sei die Staatssicherheit ein Kegelverein. Man müßte also abwarten, bis Amerika untergegangen sei. Also, Stasi sei nur journalistisch interessant.

Hätte er für Vernichtung der Akten plädiert?

Das nicht, nein. Aber er hätte lieber gesehen, wenn neutrale Personen damit umgehen würden, die nicht diese tiefen Verletzungen haben wie Biermann, Fuchs, Klier und Bohley. Er verstehe die ja gut, aber sie seien eben auch Traumatisierte. Und mit Emotionen verzögere man Klärungsprozesse. Da wiederhole sich ein Vorgang, sagt Müller, der zur Zerstörung der DDR geführt habe. Damals kamen Leute aus dem Exil, aus dem KZ, aus dem Zuchthaus. Die kriegten die Macht und regierten eine feindliche Bevölkerung. Es steht ja schon bei Tacitus: Am schlimmsten sind Tyrannen, die aus der Verbannung kommen.

Hat er seine Akten gelesen? Nein, sagt er. Interessiert mich auch nicht. Zwei Leute haben mir sogar gesagt, daß sie mich bespitzelt hätten. Nicht mal das interessiert micht. Diese Akten, sagt er, haben für mich keine Realität. Für einen Roman wäre das vielleicht gutes Material. Aber sonst? Er kann sich doch vorstellen, was drinsteht: Wann er seinen Müll runtergetragen und mit wem er telefoniert hat. Wie langweilig. Und das über tausende von Seiten. Soviel Zeit habe er gar nicht. Er habe sich übrigens auch nie bespitzelt gefühlt. Nur nach der Biermann-Ausweisung. Aber da sollte man's auch merken, sagt er.

Damals, nach der Machtergreifung, als Müllers Vater ins KZ kommt, als die Mutter kein Geld hat und ein Fabrikant, ein Sozialdemokrat, anbietet, der kleine Heiner dürfe täglich bei ihnen mitessen, da wachsen in dem Jungen Haß- und Rachegelüste. Mitesser sein. Mitessen dürfen. Wie demütigend! Und ein paar der alten Freunde, Beamtenkinder, dürfen nicht mehr mit ihm spielen, weil sein Vater ein Verbrecher ist. Alles prägend, sagt Müller. Und der isolierte Junge, der anerkannt sein möchte, hilft, Schwalbennester zu steinigen, obwohl er das blöd findet.

Er ist ein guter Schüler, bekommt eine Freistelle in der Oberschule, wo er bald den Ruf eines Casanovas hat. Müller weiß alles. Woher? Weil man ihm heimlich Sex-Geschichten erzählt. Ich galt als Spezialist für Schweinereien, sagt er. Dabei hatte er überhaupt keine Erfahrungen. Deshalb will er damals auch Frauenarzt werden, denn ein Frauenarzt, denkt er, lernt nackte Frauen kennen.

Dann liest er heimlich »Casanova«. Als sein Vater das merkt, tauscht er die erotische Prachtausgabe gegen Schiller und Hebbel ein. Also liest Müller Schiller und Hebbel. Danach weiß er, was er werden will: Dramatiker. Aber erstmal schreibt er Balladen, wilde

Verse über die Hunnen und so. Und dann, 1944, wird die Schule geschlossen.

Müller ist fünfzehn und muß zum Reichsparteidienst. Werwolfausbildung, Panzerfäuste abschießen. Gottseidank schießt er schlecht. Ich sah ja nichts, sagt er. Seit Jahren konnte ich doch schon nicht mehr erkennen, was an der Tafel stand. Die Jungen werden eingeteilt in Männer und Idioten. Müller ist Idiot. Ja, und dann marschieren die Russen auch bald ein.

Das Kanonenfutter flieht. In einem verlassenen Dorf klaut Müller Dünndruckausgaben von Kant und Schopenhauer. Grundstock seiner Bibliothek. Und die Russen schießen hinter ihnen her, also nichts wie weg. Flüchtlingstrecks, umgekippte Wagen, tote Pferde, Müller findet eine Flasche Anisschnaps, hausgebrannt, der erste Schnaps seines Lebens, er steckt die Pulle ein. Ein paar Meter weiter steht der erste Ami. Der schnauzt ihn an und nimmt den Schnaps. Das habe ich nie verziehen, sagt Müller. In dem Augenblick war ich antiamerikanisch bis ins Mark.

In Waren – liegt in Mecklenburg – wird Müller nach dem Krieg ›Beamter‹. Er hat nicht viel zu tun im Landratsamt, sagt er. Ich saß bloß im Büro. Aber was er hier an Schicksalen hört, wird die Grundlage für sein Stück »Die Umsiedlerin oder das Leben auf dem Lande«. Und dieses Stück, das sein bestes und sein liebstes ist, wird Müllers Leben als Dramatiker in der DDR prägen.

Er hatte sich darin so richtig ausgekotzt, hatte allen Eiter seiner Seele rausgelassen. Das ist so mit den ersten Stücken, sagt Müller. »Räuber«, »Götz«, »Danton«, »Baal«. Da werden die Eimer ausgekippt. In seinem Stück geht es um die Schwierigkeit, den Sozialismus aufzubauen, denn der ist im besiegten Lande nicht gewollt, entspringt nicht einem revolutionären Wunsch der Massen, er ist importiert, von Militärs übergestülpt, eine Spätgeburt sozusagen, »in letzter Minute und mit fremdem Bajonett der Mutter aus dem kranken Leib geschnitten«, schreibt er.

Die Proben laufen 1961, während die Mauer gebaut wird. Zensoren schwärmen aus. Und plötzlich ist alles Verschwörung. »Kindermachen auf dem Grenzstrich ist verboten«. Das ist doch

Verschwörung. »Ich stehe in Amerika, und du stehst in Deutschland, und plötzlich ist was zwischen uns.« Das kann doch nur die Mauer sein. Was denn sonst. Die hatten nichts begriffen, sagt Müller. Daß ich das alles längst vorher geschrieben hatte, glaubte mir kein Schwein.

Auf der Premierenfeier sind plötzlich alle Studenten, die mitgespielt haben, verschwunden. Warum? Viel später wird Heiner Müller es in den Dokumenten lesen. Sie sind umgefallen. In den Selbstkritiken heißt es unisono: »Konterrevolutionär, antikommunistisch, antihumanistisch.« Und Mitglieder des berühmten Berliner Ensembles – Elisabeth Hauptmann und Hilmar Thate sind dabei – schreiben ans Kulturministerium, wie erschreckend Müller seine Begabung abgebaut habe und wie unsinnig das Stück sei, politisch wie auch künstlerisch. Sie schreiben das freiwillig und »mit sozialistischem Gruß«.

Ist damals etwas mit Müllers Farbe Rot passiert? Im Grunde, sagt er, ging mich das alles nichts an. Ich hätte nie ehrlich sagen können, ich bin Kommunist. Die Idee der kommunistischen Partei war interessant. Nicht die Realität dieser Partei. Aber mitmachen? Natürlich konnte er mitmachen. Das war auch nicht geheuchelt. Und Enteignung fand er völlig in Ordnung. Ich war ja grundsätzlich für jede Enteignung, sagt er. Das hing wohl auch mit dem Freitisch beim Fabrikanten zusammen, meint er. Und er sei ja auch ein sehr rachsüchtiger Mensch. Aber Politik, Kommunismus, Sozialismus, also im Kern blieb er von all dem unberührt.

Aus Frankenberg flieht Müller dann wegen Rosie nach Berlin. Rosie ist schwanger. Und Schwangerschaft hat Müller immer als Freiheitsberaubung angesehen. Eines Abends sitzt er versonnen auf einer Bank am Bahnhof Friedrichstraße, er hat gerade eine neue Geliebte in den Zug gesetzt, da steht Rosie vor ihm. Mit hohem Bauch. Sie habe alles vorbereitet für die Hochzeit in Kleinmachnow. Und so heiraten sie denn.

Rosie hat ein Schwestern-Zimmer in der Charité, wo sie arbeitet. Müller wohnt möbliert in Pankow. Als Rosie unerwartet auftaucht, liegt eine andere im Bett. Ich mache mal Frühstück, sagt

Rosie zu ihrem Mann. Am nächsten Tag reicht sie die Scheidung ein. Und der Richter hält Müller für ein kriminelles Element, weil er zuvor ein Paar geschieden hat, in dem Müller der Scheidungsgrund war.

Ein halbes Jahr später heiratet er Rosie ein zweites Mal. Dann lernt er in der Arbeitsgemeinschaft junger Autoren Inge Schwenkner kennen. Sie ist eine Begabung, schreibt Kinderbücher und ist mit einem Funktionär verheiratet, gehört also zu den besseren Zehntausend. Eines Tages, als sie in der Kneipe sitzen, steht der obere Knopf ihrer Bluse offen, und Müller weiß noch, wie sich da seine proletarische Gier auf die Oberschicht regt.

Er nistet sich ein im Haus seiner künftigen Frau. Ihr Mann lebt unten, die Verliebten oben. Der Mann versucht, den Rivalen per Staatssicherheit rauszudrängen. Vergebens. Inge und Heiner heiraten. Sie schreiben zusammen, es sind aufregende, hochproduktive Jahre, in denen »Die Korrektur«, »Der Lohndrücker«, »Der Bau« und »Die Umsiedlerin« entstehen.

Und die »Umsiedlerin« bringt dann den Eklat. Und den Rauswurf aus dem Schriftstellerverband.

Eines Tages ruft Brechts Witwe Helene Weigel die Unperson Müller an. Also, so ginge das nicht weiter, Anna Seghers hätte auch schon bei ihr angerufen, er müsse eine Selbstkritik schreiben, unter ihrer Führung, sie wisse, wie man das macht. Sie sagt: Du darfst nichts erklären, nichts entschuldigen. Du bist schuld, sonst hat's keinen Zweck.

Sie schickt ihn ins Turmzimmer im Theater am Schiffbauerdamm, wo auch Brecht immer gesessen hat. Und da schreibt Heiner Müller unter Anleitung von Helene Weigel eine Selbstkritik. Er schreibt:

»Ich wollte ein Stück schreiben, das dem Sozialismus nützt. Meine Absichten sind, nach dem Urteil der Partei, dem ich, nach langen Zweifeln, Kämpfen, Überlegungen aus ehrlicher Überzeugung zustimme, im Ergebnis in das Gegenteil umgeschlagen.« Er wünsche sich eine Diskussion, »die mir hilft, auf einer höheren Stufe weiterzuarbeiten«. Er habe sich von der Partei isoliert. »Ich sehe, daß ich ihre Hilfe brauche, wenn ich ihr nützen will, und nichts anderes will ich.« Er übt dann mit Helene Weigel, das richtig vorzutragen. Danach lädt sie ihn zu Kohlrouladen ein.

Und dann große Szene im Club der Kulturschaffenden. Heiner Müller tritt vor die versammelte Prominenz und die Schriftsteller und liest seine Selbstkritik vor.

War da Scham beim Schreiben des Textes?

Nein, sagt Müller. Es habe ihn keine größere Scham befallen.

Kam er sich vielleicht wie Galilei vor, der auch abschwor, daß die Welt eine Kugel sei, abschwor vielleicht auch mit Hochmut den Kleingeistern gegenüber?

Also, es ging ja um meine Existenz als Autor, sagt Müller. Und er wußte, daß der russische Regisseur Eisenstein auch immer wieder Selbstkritik geübt und so künstlerisch überlebt hatte. Und irgendwie ist ihm Schreiben denn auch wichtiger als Moral. Und Galilei?

Also, er weiß nicht, ob der so gedacht habe.

Immerhin war er im Besitz der Wahrheit.

Ja, sagt Müller. Aber er war auch katholisch. Da gibt es doch die Szene bei Brecht mit Galilei und dem kleinen Mönch, wo Galilei im Besitz der Wahrheit dem kleinen Mönch die Wahrheit sagt. Aber der gehört zur kleinen Welt und kann mit der Wahrheit nichts anfangen. Er wird sein Leben lang unterdrückt sein, wird schwer arbeiten und nichts davon haben. Was nützt ihm die Wahrheit?

Und deshalb findet Müller denn den Größenwahn der Intellektuellen heute auch so schrecklich. Diese Überheblichkeit, sagt er. Halten sich für den Nabel der Welt, glauben, im Besitz der Wahrheit zu sein. Dabei geht es doch nach wie vor um eins: Es gibt Eliten, die etwas von der Geschichte haben. Vielleicht. Aber für die Massen ist Geschichte immer nur Arbeit gewesen. Auch heute noch. Und darin liegt etwas ganz Schiefes, denn die Intellektuellen haben weder im Osten noch im Westen den Stellenwert gehabt, den sie sich jetzt beimessen. Und ein Feindbild gibt es auch nicht mehr. Da ist ein finsteres Loch. Und es ist ganz schlimm, sagt er, wenn man keinen Feind mehr hat.

Sie sagen, daß Sie all die Jahre in der DDR trotz aller Schikanen nie Angst gehabt haben. Klingt wie Müller-Siegfried.

Also nee, sagt Müller. Siegfried. Schrecklich. Aber die meisten haben ja nun nicht gelitten. Sie haben sich eingerichtet. Und nun gibt es diesen importierten Zwang, daß man gelitten haben muß. Das ist auch ganz verständlich.

Also, ein Zollbeamter vom Bahnhof Friedrichstraße hat ihm mal erzählt, daß er als Zeuge aussagen muß. Eine Rentnerin hatte im Hüfthalter Konsalik und die *Bunte* geschmuggelt. Als man sie enttarnte, habe sie ihm, dem Zollbeamten, die Sachen voller Wut an den Kopf geworfen. Er sagte, er fühle sich nicht ganz wohl, im Prozeß gegen sie aussagen zu müssen. Aber *Bunte* und Konsalik seien ja nun mal verboten.

Ein ganz deutsches Argument, sagt Müller. Man muß mit den Wölfen heulen. Und verboten ist verboten. Diese Einstellung hat die DDR so stabil gehalten.

Aber Müller ist so frei. Müller nimmt sich die absolute Freiheit. Kriegt Vorschüsse und liefert nichts dafür. Kriegt hin und wieder einen Drohbrief, der kümmert ihn nicht. Er hält auch keinen Termin ein. Und später, als er dann in den Westen reisen darf, weil seine Stücke dort inszeniert werden, hat er immer falsche Verträge gemacht, damit er im Westen Geld hat und nicht auf DDR-Kosten fahren muß.

Und als er Berichte für die Stasi liefern soll, da vergißt er das einfach. Und als er gemahnt wird, sagt er denen, das sei ihm zu blöd. Und das war ja nicht aus Widerstand, sagt Müller. Sondern weil ich eine Schlampe bin. Und als Künstler mußte man auch so große Angst nicht haben. Vor Künstlern, sagt er, hatten die auch irgendwie Respekt.

Und es sei ja auch ein Privileg, eine Biographie zu haben, in der drei Staaten untergegangen sind: Weimar, das Dritte Reich und die DDR. Das ist doch etwas Schönes, nicht? Das sagt er ganz sanft, ganz weich, fast zärtlich blutrünstig. Naja, und dann ist man verboten, sagt er. Schlimm genug. Aber besser verboten als mit Langeweile und Routine gedruckt.

Die Ehe mit Inge Müller ist von Selbstmordversuchen begleitet. Immer wieder versucht sie, sich selbst zu entkommen. Sie war
von anfang an psychopathisch, war neurotisch disponiert, sagt
Müller. Über Jahre hinweg sei seine Haupttätigkeit gewesen, ihr
den Arm abzubinden, wenn sie sich die Pulsadern aufgeschnitten
hatte, sie vom Strick abzuschneiden, ihr das Thermometer aus
dem Mund zu nehmen, weil sie Quecksilber schlucken wollte,
naja, tausend Sachen, sagt Müller. Und die Tabu-Jahre sind eine
schlimme Zeit. Ohne Geld und mit Schulden. Ihm habe es nichts
ausgemacht, isoliert und asozial zu sein. Aber sie, sagt er, sei doch
preußisch erzogen gewesen. Am 1. Juni 1966 gelingt ihr letzter
Versuch.

1968, als die sozialistischen Brüder in Prag einrollen, ist
Müller in Bulgarien. Zum Glück, sagt er. So muß ich wenigstens
nichts unterschreiben. In Bulgarien besucht er Ginka Tscholkewa,
die neue Liebe, das neue Drama mit den vielen Akten.

Ginka ist verlobt, ist zweimal vor der Hochzeit geflohen,
lernt Müller kennen, schläft mit ihm, wird schwanger, will aber
doch den Verlobten heiraten, weil ja nun schon alles zum dritten-
mal vorbereitet ist, und das Kleid sei auch so schön, und sie läßt
das Kind abtreiben, weil sie nicht schwanger an den Altar treten
will. Und als alles seine Ordnung hat, da fährt sie zu Müller nach
Berlin, der Mann kommt auch, der versucht, Müller totzuschla-
gen, und die Polizei kommt hinter alles, also: Ginka, die ja Aus-
länderin ist, muß innerhalb von 24 Stunden die DDR verlassen.
Müller versteckt sie in der geschlossenen Abteilung der Charité, in
der Psychiatrie, die Stasi findet sie und schiebt sie ab. Müller stellt
einen Heiratsantrag. Der wird abgelehnt. Müller berät sich mit
Paul Dessau, dem Komponisten. Der sagt: Da gehste zu Erich.

Honecker ist damals noch nicht Staatschef, sondern Zweiter
Sekretär, zuständig für Sicherheit. Der liest Müller aus Ginkas
Akte vor, Kontakt zu amerikanischen Studenten. Völlig läppisch,
sagt Müller. Und Honecker warnt vor einem Assistenten der
Humboldt-Universität. War offenbar ein Spitzel. Und Honecker
quasselt Müller völlig zu. Erst beim zweiten Besuch kommen sie

zur Sache. Naja, sagt Erich zu Heiner: Wenn du ohne sie nicht kannst …Und dann reden sie über die Arbeiter- und Bauernmacht, und die Sache geht in Ordnung. Und Honecker sagt dem Dessau noch: Der Müller weiß doch hoffentlich, daß seine Auslandsgespräche abgehört werden?

Für Müller bewegt sich noch immer nichts in der DDR. Der interessanteste deutsche Dramatiker gilt im eigenen Lande nichts. Seine Stücke sind verboten.

In Texas, sagt Müller, habe er in San Antonio mal eine Indianerin getroffen. Die machte für fünf Dollar Horoskope. Die sagt ihm: Its your nature to wait. Also warten. Warten sei ganz wichtig für Kunst, sagt er. Er habe ihr übrigens jedes Wort geglaubt, weil sie am Anfang einen wunderbaren Satz über ihn gesagt habe: Sie machen sowas wie Shakespeare.

Als die Bonzen ihren Dramatiker endlich anerkennen, ist die DDR so gut wie am Ende. Müller bekommt '87 den Nationalpreis Erster Klasse. Das Geld ist ja ganz schön, aber die Schande! war der berühmte Ausspruch eines Kameramannes von der DEFA. Also das fand Müller nicht. Auch, wenn statt 100 000 Ostmark nur noch die Hälfte gezahlt wird. Natürlich ist der Preis ein Friedensangebot, eine Aufforderung zum Waffenstillstand. Warum auch nicht. Es wird langsam Zeit. Und im Jahr danach ist Müller denn auch der meistgespielte Autor in der DDR. Und das war mir wichtig, sagt er, daß meine Sachen hier endlich gespielt werden. Ja, so pragmatisch habe ich das mit dem Preis gesehen.

Das Schlimmste an der Auszeichnung ist für ihn etwas anderes. Er muß eine Krawatte tragen. Und mit Schlips sehe ich so blöde aus, sagt Müller. Für Schlipse bin ich einfach nicht geeignet. Und sonst? Auffällig bei der Verleihung sei das tote Gesicht von Honecker gewesen und der weiche, restproletarische Händedruck.

Aber unsympathisch sei ihm der Staatsratsvorsitzende nicht gewesen. Typen wie er seien ihm schon von der Biographie her näher als das Personal des Bundestages. Obgleich auch Kohl für ihn keine Schreckensfigur sei. Er sei eine statische Figur, sagt er. Es

gibt doch diese Malbücher für Kinder, wo nur Umrisse einge-
zeichnet sind, die man ausmalen muß. Das ist Kohl, sagt Müller.
Und das spreche nicht gegen ihn. Aber Leute wie Rühe, also, da
müsse man ja nicht hingucken. Geißler dagegen sei schon fast ein
Charakter. Der macht sich Gedanken, egal, ob er sich irrt. Aber
Gedanken könne sich auch nur einer machen, der nicht an der
Spitze sei.

Wer an der Spitze ist, muß Probleme verdrängen, sagt Müller.
Sonst hält man den Druck nicht aus. Politiker können nur das
unmittelbar Machbare denken. Und das unmittelbar Machbare,
sagt er, ist das, was so viele Dinge in Zukunft unmachbar macht.
Und das sei etwas, was die Leute da oben nie erkennen dürften.

Künstler dürften. Die dürften auch erkennen, daß überhaupt
alles nicht mehr lösbar sei. Dürfen sogar erkennen, daß die
Katastrophe nicht mehr aufzuhalten, daß die Katastrophe überhaupt die einzige Hoffnung ist. Aber das nützt natürlich keiner
schwangeren Frau, sagt er. Und da weiß ich eben auch keine
Antwort.

Die schwangere Frau sitzt damals im Nebenzimmer. Es ist
Brigitte Mayer, die Fotografin. Sie werden heiraten, und Anna, die
Tochter, wird Müller noch fast vier Jahre, bis zu seinem Tod, ent-
zücken.

»Aus dem Haß wuchsen die Gedanken«

Die aufmüpfige Gabriele Kachold aus Erfurt

Stört es? fragt sie. Und steht da im Zimmer und zieht sich aus. Dann drückt sie Korsett und Lendenschurz aus Zeitungspapier mit Klebstoff an den nackten Körper. Das hab' ich mal in einer Performance »Meditationsraum der Frau« genannt, sagt sie. Küche als Ort, wo man Einsamkeit erlebt, wo man Freßsüchte befriedigt, wo man denkt, wie schön es wär' zu denken, und dann doch nur Geschnetzeltes denkt und fremde Gedanken aus Zeitungen saugt. Saufen und ficken, sagt sie, das konnten wir. Der Rest war Stasi.

Also, sie kann das, solche Wörter sagen. Sie geht so frech, so offen, so schnell, so lustvoll sorglos mit Sprache um: Gabriele Kachold, 39, Autorin aus Erfurt, im Knast gesessen wegen ihres Protestes gegen die Biermann-Ausweisung, verraten von Sascha Anderson, gelobt von Christa Wolf, die zerstörte Seele gesundgeschrieben.

Schreiben war ihre Rettung. Ich habe in der DDR doch nicht gelebt, sagt sie. Ich habe überlebt. Sie schreibt:
»heimat ddr
heimsuchung ddr
heimlichland ddr
wir sitzen unter der decke und werden alt«
Früher, sagt sie, hab' ich mich versteckt. Heute zeig' ich mich. Früher denkt sie auch, alle Männer sind dumm. Und Dumme kann sie nicht lieben. Sie lebt auf dem Land, geht in Gotha zur Schule. Gotha ist für sie eine Welt von Kannibalen. Sie sagt: ich saß in der Schulbank und starb vor mich hin.

Nach der Schule will sie medizinisch-technische Assistentin werden. Das klang wenigstens gut, sagt sie. War auch was anderes als Krankenschwester. Scheiße abwaschen? Nein. Scheiße analysieren? Ja. Ihr Wunsch war, wie Albert Schweitzer im Dschungel Menschen zu helfen. In Erfurt, sagt sie, traf ich den kleinen Dschungel.

Warum, frage ich, schreiben Sie in Ihrem Buch »grenzen los fremd gehen« soviel über Sezieren, über saftige Ödeme in aufgeschnittenen Körpern, über Köpfe mit quellenden Hirnen? Es war am Tag, sagt sie, als der *Sputnik* in der DDR verboten wurde, unsere Jugendzeitschrift. Da fragt sie sich: Gehst du auf die Straße? Revoltierst du? Läßt du dich wieder einsperren? Nein, antwortet sie und tut etwas anderes. Sie geht in die Pathologie. Schaut zu, wie eine Leiche aufgeschnitten wird.

Wie eine Süchtige habe sie sich das angesehen, sagt sie. Wie eine Wahnsinnige habe sie dagestanden und geglotzt, wie die Därme rausquollen. Fast hätte sie sich die Kleider dabei vom Leib gerissen. Sie schreibt:

»ich reiß mir die brust auf

ich reiß das Maul auf

ich habe immer geredet

ich bin seziert«

Sie macht das Abitur an der Abendschule. In der elften Klasse strahlen sie ein Paar Augen an. Damals braucht sie jemanden, der ihre Wohnung tapezieren kann. Er kann. Sie lieben sich, heiraten nach dem Abitur, bekommen Ehekredit, Kühlschrank, Fernseher, Auto.

Dann will sie studieren. Schon in der ersten Vorlesung fragt sie nach Sigmund Freud. Der Professor erklärt, Freud habe das Unbewußte erforscht, der Sozialismus dagegen arbeite mit dem Bewußten. Da spürt sie Zensur. Und diese erste Stunde an der Pädagogischen Hochschule in Erfurt verändert ihr Leben. Von nun an sagt sie zuviel. Und das Viele sagt sie zu deutlich. Spitzel werden auf sie angesetzt. Sie bekommt ein Verfahren. Sie läßt sich die Haare abschneiden. Sie kriegt Pickel. Sie versucht, in einem Text den Marxismus-Leninismus leicht, locker, polemisch und humorvoll darzustellen. Da wird sie exmatrikuliert.

Kurz darauf, im November 1976, darf Wolf Biermann nicht ins Land zurück. Gabriele Kachold unterschreibt einen Protestbrief: Wir protestieren gegen die Ausweisung von Wolf Biermann! Ihre Unterschrift steht an erster Stelle. Sie weiß noch, als sie den Text unterzeichnet, wird ihr schwarz vor Augen. Ein Freund fährt mit dem Zettel in Erfurt umher, sammelt Unterschriften, erzählt, daß in Berlin schon Hunderte unterschrieben haben. Aber Berlin ist die Hauptstadt, und in der Provinz geht die Angst um. Die Zeit war schlaflos, sagt sie. Wir saßen im Hexenkessel, saßen mit Ängsten in der DDR-Soße.

Als sie den Brief nach Berlin fahren will, wird sie verhaftet und verhört. Und weil sie ganz offen, ganz ungeschützt redet, wird sie als Initiatorin der »Republikhetze« festgenagelt und in Untersuchungshaft gesteckt. Sie schreibt: »ich heulte schwieg schluckte schrie bekam Anfälle...ich bin betrogen worden und bin durch gedreht hinter den mauern...meine freundinnen ließen sich von meinem mann gegen ihre männer heilen«.

In der Untersuchungshaft ist es kalt und klamm. Gabriele Kachold bekommt Nierenkoliken. Ich hab' wie ein Tier reagiert, sagt sie. Hab' gebrüllt, gekotzt, ins Klo gesprochen, Klopfzeichen gelernt, ich mußte doch überleben.

Aber dann ist nur noch Schmerz da. Sie will nicht mehr reden, auch nicht mehr leben, wiegt nur noch 42 Kilo. Sie schreibt: »ich dachte nicht konkret an tabletten an aufhängen ich hatte keine kraft...ich wollte sterben einfach so«.

Im Knastkrankenhaus bei Leipzig wird sie untersucht. Die Fehldiagnose: Bauchhöhlenschwangerschaft. Sie wird operiert. Weil die Ärzte nichts finden, werden die Eierstöcke gelockert. Sie können jetzt wunderbar Kinder bekommen, sagt man ihr. Kinder? Nein. Kinder wird sie nie wollen. Ich hab' mich auf der Welt nicht gefunden, also setz' ich keine Kinder in die Welt, sagt sie.

Nachts, wenn die Krankenschwestern mit dem Revolver im Gürtel patrouillieren, nachts denkt sie nach über ihr Leben. Da wollte ich schreiben, sagt sie. Aus dem Haß, aus der Erniedrigung wuchsen plötzlich die Gedanken. So hoch wie damals habe ich nie mehr gedacht, sagt sie. Alles Kleine wird aus ihr rausgeschwemmt. Hier erfindet sie sich auch ihre neue Grammatik, alles wird sie kleinschreiben. Ohne Punkt und Komma. So wie sie gedacht hat. Wörter im Rhythmus sind alles. Ja, nachts, wenn die Frauen um sie herum in ihren Betten stöhnten und schnarchten, da habe sie hellwach in den Sternenhimmel geschaut und gefleht: Laß mich schreibend wieder leben.

Sie wird verurteilt, sitzt ein Jahr in der »Mörderburg« Hoheneck in Karl-Marx-Stadt. Als sie wieder in Erfurt ist, lernt sie Sascha Anderson kennen, den Dichter vom Prenzlauer Berg. Sie fährt nach Berlin, hört Lesungen im Untergrund, schreibt für den Untergrund, gründet in Erfurt die »galerie im flur«, die bald darauf durch »staatliche Organe« geschlossen wird. Der Schließung gehen detaillierte Berichte eines Spitzels voraus. Der Spitzel heißt Sascha Anderson.

Sascha Anderson war damals der »blonde Engel«, sagt Gabriele Kachold. Aber er war der blonde Teufel. Ich hab's an seinem Gesicht gesehen: Der Mörder hat nach der Tat das Gesicht der Tat. Wo Sascha Anderson auftauchte, sagt sie, fielen die Galerien. Er zertrümmerte im Auftrag der Stasi. Er zertrümmerte auch Ehen. Und die Zertrümmerten waren danach frei. Und die Freien, sagt sie, scharten sich um ihn, und die Frauen schliefen mit ihm. Und weil Frauen in der DDR mit Sexualität nicht umgehen konnten, waren sie so beherrschbar.

Wenn Gabriele Kachold damals in Berlin ist, wenn sie, nur durch eine dünne Wand getrennt, neben Sascha Anderson liegt, kann sie nicht schlafen. Dann, sagt sie, onanierte ich, um nicht zu ihm zu gehen. Sexualität war doch ein Machtmittel. Damit machte man kaputt. Und Sascha Anderson, sagt sie, hatte eine dunkle Kraft.

Einmal hat sie einen Traum: Sie schläft, wacht im Schlaf auf, sieht Sascha Anderson, läuft weg. Rennt durch einen langen Flur, flieht ins letzte Zimmer, versteckt sich im Schrank, verschließt den von innen, hockt da, horcht mit klopfendem Herzen, den Schlüssel in der Hand. Es atmet vor dem Schrank. Sie spürt, er ist da. Sie schluckt den Schlüssel hinunter, weil sie nicht weiß, ob sie zu ihm gehen wird. Ich habe ihm im Sex widerstanden, sagt sie. Selbst im Traum.

Von diesem Traum hat sie Sascha Anderson erzählt. Und weil sie ahnte, wie abhängig, vielleicht auch erpreßbar man durch Sexualität wird, hat sie ihn gefragt: Sascha, du warst schön, du warst jung, warum erzählst du nicht, was dir im Knast passiert ist? Aber das wollte er nicht, sagt sie. Da hat er geschwiegen.

Und einmal sagt er zu ihr: Du hast doch alles von mir, bist alles durch mich. Da hab' ich ihm gesagt. Sascha, ich hatte eine Galerie in Erfurt. Und als du kamst, ging alles kaputt. Da hat er gelächelt.

Damals am Prenzlauer Berg in Berlin macht Gabriele Kachold Sascha Anderson und seinen Freunden einen Vorschlag: Wir schließen uns alle ein, wie die alten Sänger, und machen einen Dichterwettstreit. Jeder dichtet, und dann lesen wir uns das gegenseitig vor. Da waren sie entsetzt, sagten »nein« und »nie«, vor allem Sascha, sagt sie. Und deshalb denkt sie heute: Die konnten vielleicht gar nicht dichten, die Dichter vom Prenzlauer Berg. Das waren vielleicht alles Stasi-Kopien. Die Stasi, sagt sie, schrieb die Texte für die Spitzel. Wer weiß.

Als Gabriele Kachold 1980 anfängt zu schreiben, besucht sie Christa Wolf. Christa Wolf ist für sie ein Monument. »Kein Ort. Nirgends«, sagt sie, was für ein Buch! Jeder Satz eine Perle. Christa Wolf mußte ich kennenlernen. Sie geht hin und klingelt bei der Schriftstellerin. Und diese erste Begegung mit Gabriele Kachold, die beschreibt Christa Wolf in ihrer Erzählung »Was bleibt«. Es klingelt also. Christa Wolf schreibt: »Wer schickt die? Da sah sie mich an, und ich begann, mich zu schämen.«

Das »Mädchen«, wie sie im Buch heißt, kramt Blätter aus der Tasche, getippte Texte. Christa Wolf liest und schreibt: »Ich sagte, was sie da geschrieben habe, sei gut. Es stimmte. Jeder Satz sei wahr. Sie solle es niemandem zeigen. Diese paar Seiten könnten sie wieder ins Gefängnis bringen. Das Mädchen wurde vor Freude weich, es löste sich, begann zu reden. Ich dachte: Es ist soweit. Die Jungen schreiben es auf.«

So ist es. Was Gabriele Kachold damals erlebt, wird notiert. Erlebnisse, Gefühle, Ängste.

»ich bin nicht auf dem mond gelandet
ich lag nicht in den betten von
tausendundeinernacht
ich bin nicht die femme fatale
einer new yorker großstadtparty
ich bin doch die die hier in
erfurt durch die straßen rennt«

Alles schreibt sie auf. Wie sie Frühstück macht mit den Geliebten ihres Mannes. Wie sie einen Beschwerdebrief an Margot Honecker schickt. Wie sie Strumpfhosen im Knast näht. Wie sie sich von ihrem Mann trennt und mit einer Frauengruppe arbeitet. Und sie fotografiert, webt Teppiche, schreibt:

»ich tanze auf des messers schneide
ich falle von des messers schneide«

Sie wird Schriftstellerin.

Als die Mauer fällt, stürmt Gabriele Kachold zusammen mit einer schwangeren Freundin erst die Bürgermeistersitzung, dann das Stasi-Gebäude.

Was wollen Sie hier?

Die Staatssicherheit besetzen.

Dann nehmen wir Sie fest.

Bitte, sagt Johanna von Erfurt, und geht hinein.

Während der großen Demonstrationen am Domplatz ruft sie ins Mikrophon: Ich will, daß alle, die aus dem Land gelaufen sind, wieder reinkommen.

Jubel.

Und ich will, daß Wolf Biermann hier singt.

Jubel.

Gebt mir eure Kraft, sagt sie, ruft dreimal:

»Biermann uff'n Domplatz«!

Und hundertdreißigtausend Menschen rufen.

Da dachte ich, sagt Gabriele Kachold – die seit dem Fall der Mauer unter ihrem Mädchennamen Stötzer schreibt –, da dachte ich, mein Herz zerbricht. Aber das stimmte nicht. Mein Herz wuchs wieder zusammen. Und sie fährt nach Hamburg und bittet den Liedermacher in ihre Stadt. Und er kommt.

Wir laufen durch Erfurt. Laufen bei strömendem Regen durch mittelalterliche Straßen und Gassen. Dann steigen wir die Treppen hoch zum Dom. Sie kennt die Geschichte der Stadt. Erzählt von Bonifatius, von Luther, Napoleon und Kautsky. Und als wir zu den weinenden und den lachenden Jungfrauen gehen, kommt uns einer entgegen, guckt weg und dreht ab. Auch einer, sagt sie, der mich verraten hat.

»*Martha, aus dir wär' was geworden!*«

Mutter Koch vom Prenzlauer Berg erzählt von
Thomas Mann und ihrer Herrschaft

Im August '92 fahre ich zu Ibrahim Böhme. Er soll noch
vor der Auslieferung des Buches »Genosse Judas« ein Exemplar
haben. Ich klingle konspirativ, also ein bißchen lang und ein bißchen kurz, wie es gerade kommt.

Er öffnet nicht. Das kenne ich. Selbst bei fester Verabredung
hängt schon mal ein Zettel an der Tür: »Mußte leider verreisen.«
Die Reise, das war klar, machte er in seinem Zimmer zwischen
Schnaps und Depression. Nun schreibe ich einen Zettel: »Ihr Buch
liegt bei Mutter Koch« und schiebe ihn durch den Briefschlitz der
Wohnungstür. Ich höre, wie sich dahinter der schwere Vorhang
bewegt.

Mutter Koch – so nennen sie fast alle im Haus – ist über neun-
zig und fast blind. Seit sechs Jahren kümmert sie sich um den
Böhme der Friedenskreise, der Wende, der Medien und nun der
Stasi-Akten. Schmiert Stullen, macht Kaffee, weckt und wäscht
und rückt auch schon mal einen Schnaps raus. Und wenn in der
Vorwendezeit irgendwelche Schlapphüte vor der Tür stehen, die
wissen wollen, wer denn so zum Böhme kommen und was die da
wohl wollten, sagt sie: Meine Herren, das hatten wir doch schon
mal im Dritten Reich. Und schiebt mit einem resoluten »Ich weiß
gar nichts« die Tür ins Schloß.

Haben Sie Zeit? fragt Martha Koch und kocht uns Kaffee, holt
Kekse aus der Speisekammer, drückt mir Teller und Tassen in die
Hand. Ob ich wohl das Licht im Kühlschrank reparieren könnte?

Dann sitzen wir in der guten Stube, und sie erzählt, was in
den letzten Wochen so passiert ist, erzählt lustvoll und witzig
vom Wahnsinn ihres Katers, der ja eigentlich Böhme gehört, von
Spießern und Betrunkenen im Haus und vom leicht meschugge-

nen Neueinzug. Schon Thomas Mann war 1920 entzückt von ihrer Redeweise und hätte am liebsten was aus ihr gemacht, der hochbegabten Martha. Und das kam so:

Eines Tages liest sie in der Zeitung eine Annonce: »Junges Mädchen als Hausdame gesucht. Sollte außer Putzen auch noch andere Fähigkeiten besitzen«. Da habe sie in sich gedacht: Weißt du, Martha, da gehst du mal hin. Und so geht sie denn zu jener feinen Adresse in der Wilhelmstraße, gleich am Tiergarten nahe dem Brandenburger Tor und klingelt am Haus mit dem großen Messingschild: Justizrat & Notar, Landgericht 1,2 und 3, Joseph Gerhard.

Adele Gerhard liest die Zeugnisse des jungen Mädchens, stellt ihr ein paar Fragen und sagt: Sie sind die Richtige. Martha ist achtzehn, und ihr Revier ist fortan der Salon. Sie ist auch für das Frühstück verantwortlich, das im schönen Zimmer mit Blick in den Tiergarten serviert wird. Sie muß die Dame des Hauses wecken, ihr warmes Wasser bringen, ihr beim Ankleiden helfen.

Adele Gerhard schreibt für die *Vossische Zeitung*. Am Abend sagt sie oft: Herrgott, wenn ich bloß einen Stoff hätte! Martha hat immer Stoff. Das weiß die Hausfrau. Und deshalb läßt sie sich so gern von ihr erzählen. Wollen wir mal wieder was versuchen? fragt Frau Adele dann. Und Martha sagt: Von mir aus.

Und eines Abends, das weiß sie noch wie heute, sagt Martha Koch, sind Thomas Mann und Kurt Tucholsky mal wieder zum Tee geladen. Also kurz und gut, sagt sie, Thomas Mann wollte, daß sie was erzähle. Mädchen, sagte er, wie war das denn so bei euch zu Hause. Wenn er gut gelaunt war, sagt Mutter Koch, sagte er immer »Mädchen«. Na, da hab' ich ihm erzählt, wie wir Osterwasser geholt haben.

Osterwasser? fragt Thomas Mann.

Aber ja. Das kam aus einem Nebenarm der Netze. Und der hatte klares Quellwasser. Und da gab es die Sage: Eh' die Sonne aufgeht, mußt du das Wasser schöpfen. Aber du darfst auf dem Weg zum Fluß nicht schwatzen und dich nicht umdrehen. Zurück ja. Aber hin nicht! Jeder hatte zwei Kannen. Die waren voll noch eh' die Sonne hochkam. Und dann hüpften wir zurück und sangen:

»Lämmchen, Lämmchen fein,
hüpf in mein Kämmerlein,
hüpf hin und her,
Kaffee gibt's nachher...«
Und Großmutter wartete schon sehnsüchtig auf unsere
Milchkannen voll Wasser. Denn wenn man sich damit wusch,
wurde man schön und bekam eine klare Haut. Und deshalb rief sie:
Kinder, hüpft nicht so, sonst läuft das Wasser aus!

»Mädchen«, sagte Kurt Tucholsky zu Martha Koch, »du weißt doch noch gar
nichts von der Welt.« Das war 1920 in Berlin. Siebzig Jahre später, kurz vor
der letzten Volkskammerwahl in der DDR, kümmert sich die alte Dame um den
SPD-Kandidaten Ibrahim Böhme, bekocht ihn und sammelt seine Post.

Das hab' ich Thomas Mann erzählt, sagt Mutter Koch. Und der hat sich halb tot gelacht. Mensch, sagt er, Mädchen! Und Tucholsky meint: Martha, du machst uns ja richtig Konkurrenz. Und Adele Gerhard erzählt, daß sie einmal eine angefangene Geschichte im Salon liegengelassen hätte. Und am Morgen, als Martha dort Staub gewischt, habe die sich keß an den Sekretär gesetzt und die Sache zuende geschrieben. Da habe sie zu ihrem Mann gesagt: Joseph, das Mädel weiß genau, wie's weitergeht.

Als Thomas Mann sich an jenem Abend verabschiedet, und Martha ihm den Mantel reicht, sagt er: Was du so alles zum Besten gibst. Das sind ja die reinsten Erzählungen! Ich würde dich gerne in einem Internat erziehen lassen. Das werde wohl nicht gehen, sagt Martha da. Ihre Mutter habe nur ein kleines Gemüse- und Kohlengeschäft und sechs Kinder. Da reiche das Geld nicht für ein Internat. Und sie müsse auch mitarbeiten. Schade, sagt er da. Aus dir wär' was geworden. Also er sei ganz närrisch mit ihr gewesen, sagt sie. Aber sonst ein patenter Kerl.

Sie lacht und sitzt da in ihrem Sessel, 93 Jahre alt, im Arm Kater Joseph, im Bett nebenan ihren kranken Mann. Sitzt da und erzählt, als sei Thomas Mann gerade zur Tür entschwunden.

Und für jede Mark, die sie damals übrig hat, kauft sie Bücher. Natürlich auch Tucholsky und Thomas Mann. Die »Buddenbrooks«, sagt sie, habe sie viermal gelesen. Mindestens. Es war herrlich. Es war die schönste Zeit meines Lebens.

Und Frau Gerhard habe ihr so manches Mal einen Zehnmarkschein zugesteckt. Reden Sie nicht, Martha, stecken Sie ein, hat sie dann gesagt. Das ist alles Ihr Honorar.

Und Tucholsky? Na ja, sagt Mutter Koch. Wenn ich ihm aufmachte und nach seinem Mantel griff, sagte er: Quatsch! Ich häng mich alleine auf. Und wenn er dann abgelegt hatte und flüsterte: Fräulein Martha, wo ist denn der Schnaps? dann antwortete sie: Aber Herr Tucholsky, Sie wissen doch, in diesem Hause wird nicht getrunken. Und wenn sie ihn fragte: Warum trinken Sie bloß so gern? sagte er: ach, Mädchen, Mädchen, du weißt doch noch gar nichts von der Welt!

»*Ich habe es nicht gern, wenn man mich anspuckt!*«

Erich Mielke will die Memoiren von Walter Janka
verbieten lassen

Es war dieser wunderbare Zufall Ende November '92. Ich
hatte ein Gespräch im Rowohlt Verlag, bin fertig, will gehen, ach,
noch eine Tasse Kaffee, und Kekse sind auch noch da, und es
quatscht sich so schön da oben unterm Dach am Berliner Ein-
steinufer. Und dann klingelt es. Walter Janka. Der große Walter
Janka mit seiner Frau. Er kommt zur Strategiebesprechung wegen
Erich Mielkes einstweiliger Verfügung gegen seine Memoiren
»Spuren eines Lebens«.
Wann ist die Verhandlung?
Am 8. Dezember.
Kann ich was tun? Noch eine schnelle Geschichte schreiben?
Das wäre hilfreich.
Wann kann ich Janka besuchen?
Morgen, sagt er.
Am nächsten Morgen sitzen wir im Wohnzimmer seines
Hauses in Kleinmachnow bei Berlin, trinken Tee und essen frische
Windbeutel. Janka ist einer der wenigen mutigen, klugen, klaren
Köpfe im Land des untergegangenen Sozialismus. Welch ein
Leben! Janka, der Antifaschist, der im KZ saß, in Spanien gegen
Franco kämpfte, verwundet wurde, nach dem Sieg der Faschisten
im Internierungslager saß. Dann Flucht. Casablanca. Mexiko. Ge-
rettet.
Vorerst. Bis Janka in der DDR wieder auf Erich Mielke stoßen
wird, den er im spanischen Murcia zum erstenmal getroffen hatte,
diesen Geist aus Stalins Atem, der durch Jankas Leben spuken, ihn
denunzieren, verhaften und bis ans Ende der DDR bespitzeln lassen wird. Als Janka 1957 verhaftet wird, betritt Mielke die Bühne.
Häftling Janka wird im Keller von Hohenschönhausen ver-

hört. Erich Mielke steht am Schreibtisch. Er bohrt die Daumen in die Achselhöhlen und fragt: Sie wissen doch, warum Sie hier sind?

Janka weiß es nicht. Mielke weiß es: Janka, der Verleger, wollte Ulbricht stürzen. Das sei ja lächerlich, sagt Janka. Und drohend kommt Mielke auf ihn zu, spuckt keifend Speichel in Jankas Gesicht. Der sagt dem mächtigen Mann: Treten Sie bitte einen Schritt zurück. Ich habe es nicht gern, wenn man mich anspuckt. Und Häftling Janka weiß, daß er zu weit gegangen ist.

Der hochgerühmte Chef des Aufbau-Verlags wird zu fünf Jahren Zuchthaus verurteilt. Isolierhaft. Bautzen. Kleinste Zelle. Keine Arbeit. Kein Buch. Kaum Essen. Nur Dreck, Gestank und Atemnot.

Nein, niemand kann das Elend ahnen, wenn er es nicht selbst durchlebt hat. Und dann kommen die Alpträume, die Tagträume, und darin packt er Mielkes Faust und sagt: Vergiß nicht: Es wird eine Zeit kommen, die dich wie einen geschlagenen Hund auf den Misthaufen der Geschichte wirft!

Die Zeit ist gekommen. Erich Mielke sitzt auf dem Misthaufen der Geschichte. Sitzt er?

Ein deutscher Richter, Michael Mauck, Vorsitzender des Landgerichts Berlin, hilft dem »Minister für Staatssicherheit im Ruhestand« aus dem Dreck. Er verbietet dem Rowohlt Verlag bei Androhung eines

»Ich bin in meinem Buch mit Mielke viel zu harmlos umgegangen«, sagt Walter Janka, hier nach der Wende im Zuchthaus Bautzen, wo er in den fünfziger Jahren unschuldig saß.

Ordnungsgeldes »bis zu 500 000.-DM« die Auslieferung der Taschenbuchausgabe von Jankas Erinnerungen.

Und da die Sache »dringlich« sei, werde die Gegenseite nicht gehört. Janka habe gar zu böse Dinge über Mielke verbreitet. Während des Spanischen Bürgerkriegs soll der ein Beauftragter des Russischen Geheimdienstes NKWD gewesen sein. Nichts da. Mielke hat eine eidesstattliche Versicherung abgegeben: »...mit geheimdienstlichen Tätigkeiten hatte ich nichts zu tun.«.

Erich Mielke, wohnhaft im Berliner Untersuchungsgefängnis Moabit, ist ein ehrenwerter Mann. Und wir wissen doch seit Shakespeare:

»Was Menschen Übles tun, das überlebt sie, Das Gute wird mit ihnen oft begraben.« So sei es nicht mit Mielke. Wenigstens nicht, wenn Richter Geschichte schreiben. Denn Mielke hat vor aller Welt bekannt: »Ich liebe euch doch alle.«

Walter Janka zeigt mir einen Brief, den er an Richter Mauck geschrieben hat. Er, Janka, möchte ihn ins ehemalige Untersuchungsgefängnis Hohenschönhausen einladen. Und er möchte, daß der Richter dort am Tatort in Anwesenheit von Mielke die einstweilige Verfügung noch einmal verliest. Vor laufender Kamera.

Wissen Sie, was der Richter geantwortet hat, fragt Janka und liest: »In Sachen Mielke ...kann ich Ihrer Einladung vom 13. November 1992 leider nicht nachkommen.«

Warum nicht? Hat Mauck Angst vor der Wahrheit? Angst, außerhalb der Paragraphen-Ordnung und innerhalb von Mielkes Mord-Imperium einen Fehler eingestehen zu müssen? Angst vor der Kraft eines Janka?

Ja, die wird er fürchten müssen. Denn der 78jährige Walter Janka ist ein Kämpfer. Und er wird am 8. Dezember – so sagt er – bei der mündlichen Verhandlung fragen: Herr Richter, wenn Sie mich bei Zuwiderhandlung auf ein Ordnungsgeld von einer halben Million Mark festlegen, auf wieviel Milliarden Mark müßten Sie dann Erich Mielke einschätzen, wenn Sie all die Tränen berücksichtigen wollten, all die Leiden, Ängste, Schrecken, Schreie,

Schmerzen, und all das Blut, das durch den Chef der Staatssicherheit vergossen wurde? Wieviel Milliarden ist das wert?

Und er wird dem Richter einen Brief zeigen, den der berüchtigte Ankläger Melsheimer am 16. Juli 1957 samt Anklageschrift gegen Janka ans ZK schickte und in dem es heißt: »Sie (die Anklageschrift) hält sich eng an den Schlußbericht des Ministeriums für Staatssicherheit, der, wie mir Genosse Mielke mitteilte, vom Politbüro gutgeheißen wurde.«

Das, sagt Janka, ist ein glatter Verstoß gegen die DDR-Verfassung vom 7. Oktober 1949. Die galt auch '57 noch, als er verurteilt wurde. Sie garantierte Unabhängigkeit der Gerichte. Und Mielke? Läßt sogar das Urteil schon vom Politbüro absegnen. Diese Anklageschrift, sagt Janka, die werde ich dem Richter übergeben, wenn ihn die Rolle, die Mielke im Fall Janka gespielt hat, überhaupt interessiert.

Aber vielleicht weiß Richter Mauck ja noch gar nicht, daß Janka rehabilitiert, daß jenes Schandurteil gegen ihn am 5.1.1990 durch das Oberste Gericht der DDR aufgehoben wurde? Daß damit das Lügengebäude aus Mielkes Ministerium zusammengebrochen ist? Daß also Mielke der Lügner ist, dem von deutschen Richtern mehr geglaubt wird als einem Janka.

Der Untersuchungshäftling Mielke ist im laufenden Prozeß gegen die Polit-Mafia der DDR nicht vernehmungsfähig. Aber geschäftsfähig ist er. Putzmunter verbietet er aus dem Knast heraus eines der aufregendsten Bücher. Und putzmunter schreibt der ehemalige Stasi-Boß Protestbriefe an Redaktionen, die Janka verteidigen.

Wie soll ich mich aber mit diesem Rechtsstaat identifizieren? fragt Janka, wenn die übelsten Täter darin zu Opfern mutieren? Mutieren dürfen?

Also, wenn er sich etwas vorzuwerfen habe, sagt Janka, und das werde er dem Richter auch sagen, dann dies: Daß ich mit Mielke in meinem Buch zu harmlos umgegangen bin. Viel zu harmlos. Und noch eins. Wenn er, Janka, die Greuel eines Mielke zu verantworten hätte, würde er die einzig sinnvolle Tat seines

Lebens tun: Er würde zur Dienstpistole greifen und sich erschießen.

8. Dezember, Charlottenburg, Berliner Landgericht, 11 Uhr. Saal 143 ist viel zu klein. Nein, sie haben nicht mit diesem Andrang gerechnet. Wie bitte? Einen größeren Raum? Gibt es nicht. Walter und Charlotte Janka gehen nach vorn auf ihre Plätze. Der Beschuldigte türmt Bücher auf den kleinen Tisch, die sein Enkel im Koffer mitgeschleppt hat. Beweisstücke aus der Geschichtsliteratur. Mielke kommt nicht zur Verhandlung. Rechtsanwalt Johannes Eisenberg vertritt ihn. Der lehnt gelangweilt am Richtertisch und kratzt sich den Bauch.

Sein Kompagnon Dr. König hatte Janka in einem Brief vorgeschlagen, den Memoiren ein Erratum beizufügen, in dem »unser Mandant« Mielke die Dinge aus seiner Sicht darstellen würde. Dann werde man von der einstweiligen Verfügung Abstand nehmen.

Herr Mielke, so schreibt er weiter, sei sich seiner historischen Rolle und Verantwortung im klaren. Er könne es aber nicht hinnehmen, »daß über ihn unwahre, erfundene Schauergeschichten mit der Tendenz verbreitet würden, ihn als einen durch und durch schlechten, terroristischen Antidemokraten hinzustellen«.

Also, Eisenberg kratzt sich am Bauch, und Richter Mauck lümmelt lässig in seinem Stuhl. Da steht der 78jährige Walter Janka auf und bittet darum, eine persönliche Erklärung verlesen zu dürfen. Also gut, wenn es der Sache diene.

Es dient der Sache. Denn Janka gibt den Herren Juristen Nachhilfeunterricht in Geschichte. Beweist mit Dokumenten, wie schamlos Mielke schon 1957 mit der DDR-Verfassung umgegangen ist, zitiert aus Akten, erzählt vom Schicksal eines Bundestagsabgeordneten, der von Mielkes Schergen gekidnappt wurde und in einer Wasserzelle physisch und psychisch zusammenbrach, erzählt vom Politbüro-Mitglied Paul Merker, der in Mielkes Kellern von Hohenschönhausen als »König der Juden« drei Jahre lang gequält wurde, erzählt von seinen eigenen Schreckensjahren in Bautzen und sagt mit bebender Stimme: Er hat mir meinen

Beruf genommen. Er hat versucht, das Leben meiner Familie zu zerstören. Und er hat mich in der Haft bis an den Punkt gebracht, wo ich aufgeben wollte ...

Eisenberg räkelt sich und unterbricht. Sagt zum Richter, wenn Janka nicht langsam mal zum Casus komme, würde er solange rausgehen. Aber da lümmelt der Richter schon nicht mehr im Stuhl. Er scheint langsam zu begreifen, daß der Fall Janka wohl doch nicht nur mit einem Paragraphen Absatz 1 zu lösen sei. Endlich! Und Janka läßt sich von einem Eisenberg nicht den Mund verbieten. Nein, sie haben jetzt mal zuzuhören. Alle beide. So spricht er unbeirrt weiter. Auch wenn ihm das schwer fällt. Man hört es am Klang der Stimme. Sieht es am besorgten Blick seiner Frau.

Aber der alte Janka steht. Und der junge sitzende Richter sagt nicht: Herr Janka, setzen Sie sich doch bitte. Das wäre ja vielleicht auch zuviel verlangt, zu begreifen und dabei auch noch höflich zu sein. So sagt der Janka also zum Richter: Ich kann es nicht glauben, daß jemand, der die verfassungsmäßigen Rechte der Bürger so mit Füßen getreten hat wie Mielke, von einem rechtsstaatlichen Gericht eine höhere Glaubwürdigkeit zugesprochen erhält als ich.

Johannes Eisenberg unterbricht noch einmal, als der Beklagte ein Mielke belastendes Zitat aus einem Buch vorliest. Tja, sagt der Rechtsanwalt, es sei ja auch einfach, all das zusammenzutragen. Er, Janka, könne sich schließlich frei bewegen. Sein – nein, »armer« hat er nicht gesagt, aber zynisch im Klang der Stimme gedacht –, also sein Mandant lebe im Untersuchungsgefängnis Moabit und könne nicht in Bibliotheken herumrecherchieren. Da lachen einige im Publikum. Und der Richter wischt Eisenbergs Bemerkung mit einer Handbewegung weg.

Im Café nahe des Landgerichts warten die Jankas mit Verleger und Freunden auf das Ergebnis der Verhandlung. Sie essen, sind nervös, reden sich Mut zu. Eine knappe Stunde später kommt der reitende Bote: Janka hat gewonnen! Da bestellt der Verleger Champagner.

Fünf Tage später bekomme ich einen Brief vom Sieger. Es ist

»Die Ost-Journalisten haben sich aus Walters Prozeß mal wieder
völlig rausgehalten«, sagt Charlotte Janka, hier unter einem Bild
ihres Mannes, der im März 1994 starb.

ein fröhlicher Brief, in dem es um Engagement und die »traurige Begleiterscheinung« geht, daß sich ehemalige DDR-Journalisten mal wieder aus allem rausgehalten hätten. »Wie ein Witz«, schreibt Janka, »mutet es an, daß ein bekannter Ost-West-Autor zwei Tage nach dem Verfahren bei uns anrief und meine Frau um Auskunft über den Schneider bat, wo ich früher meine Anzüge fertigen ließ. Charlotte sagte, Walter braucht keinen Schneider mehr. Jetzt ist es doch möglich, überall passende Anzüge zu kaufen. Aber sag mal: Andere Dinge interessieren Dich wohl überhaupt nicht mehr?

Wieso? Gibt es den etwas von Interesse?

Ja, z. B. die Rücknahme der Mielke-Verfügung gegen Rowohlt und Janka.

Ach, war denn die Verhandlung schon?

Ja, am 8. Dezember unter großer Anteilnahme von Presseleuten. Aber aus dem ›Osten‹ waren nur ein paar persönliche Freunde von uns gekommen. Ihr aber habt euch wieder einmal wie in den fünfziger Jahren ausgeschwiegen...

Wir wollen den Telefondialog hier abbrechen. Er verdirbt sonst die gute Stimmung über die gerichtlich erzwungene Niederlage, die Mielke endlich einmal erleiden mußte... Ihre Charlotte und Walter Janka«.

»Hoffentlich flieht heute nacht keiner«

Ulrich Mühe erzählt in seiner neuen Küche

Ostberlin. Nicolaiviertel. Vierter Stock. Alles im Umbruch. Neue Küche. Neue Kleider. Neue Ordnung in der Bücherwand. Anna Seghers, sagt Ulrich Mühe, hat ihren alten Platz behalten.

Er wickelt sich aus dem langen schwarzen Schal, zieht den langen weiten schweren schwarzen Mantel aus und steht nun da, ganz schmal, ganz blaß. Eine Knabe fast. Und erklärt seine Schwierigkeiten mit Anna Seghers:

Damals, am 28. Oktober '89, als er im Deutschen Theater vor vielen hundert Zuhörern aus Walter Jankas Leben las, da war etwas mit ihm und ihr passiert. Da las der Mühe einem entsetzten Auditorium vor, wie feige sich die große alte Dame während Jankas Schauprozeß verhalten hatte, als es darum ging, die Wahrheit zu sagen. Anna Seghers kannte die Wahrheit und schwieg. Und verriet damit den Freund, der ohne Schuld ins Zuchthaus kam.

Sie selbst war es doch gewesen, die Janka '56 gebeten hatte, sich um Georg Lukács zu kümmern, damit der 70jährige Freund nicht ein Opfer der Aufständischen in Ungarn würde. Und nun heißt es: Lukács sei ein Konterrevolutionär. Und Janka auch. Sie wußte, wie elend erlogen die Anklage war. Aber sie schwieg. Und Ulrich Mühe liest:

»Gerade Anna Seghers hätte sich der Mitverantwortung nicht entziehen dürfen... Ein wenig Mut hätte ihrem Ruf nicht geschadet und ihre Position nicht gefährdet. Selbst Ulbricht hätte es nicht gewagt, sie verhaften oder auch nur belästigen zu lassen. Alles das wußte sie. Trotzdem blieb sie stumm.«

Damals, ein paar Tage vor dem Fall der Mauer, hatte Mühe so viel begriffen vom morschen Staat und mangelnder Zivilcourage.

Aber mit Anna Seghers hat er sich dann doch irgendwie versöhnt. Im Bücherbord wenigstens. Vielleicht, sagt er, wollte sie ja ihr Land und ihre Ideen nicht öffentlich beschädigen.

Und wo steht Hermann Kant?

In der Ecke, sagt Mühe. Aber nur noch »Die Aula«. Alles andere habe er weggeschmissen.

Aschkasten?

Ja, Aschkasten, sagt Mühe kühl.

Wir sitzen in der nagelneuen Küche und reden über die alte Zeit. Warum hat er sich früher in der Schule nicht zu sagen getraut, daß er Schauspieler werden wollte? Ich hatte Angst, aufgezogen zu werden, sagt er. Er lebte doch in Grimma, der tiefsten Provinz bei Leipzig. Die Eltern, sagt er, hatten nichts dagegen. Sein Vater wäre selbst gern Schauspieler geworden. Aber dann kam der Krieg, und er mußte Geld verdienen.

Auch Ulrich Mühe muß vor der Schauspielschule einen ›richtigen‹ Beruf lernen. Er wird Baufacharbeiter. Ein halbes Jahr Plattenbau, dann mauern und putzen. Und immer gefroren, sagt er. Immer war mir kalt.

Und neben dem Bau das Abitur in Leipzig nachgemacht. Und Christa Wolf entdeckt, und verbotene Bücher gelesen, und in die Partei wollten sie gehen und die links überholen. Eine hoffnungsträchtige Zeit, sagt Mühe, diese Zeit zwischen Ulbrichts Ende und Honeckers Anfang.

Und da sitzt er, der scheue Mühe, schwarzer Rolli, schwarze Hose, Armani-Jackett. Jetzt hat der Bohemien sich warmgeredet, jetzt ist er neugierig. Na, was nun?

Na, Ordnung zum Beispiel. Was bedeutet Ordnung für Sie? Ich habe eine sehr ordentliche Mutter, sagt er. Davon habe er ganz viel. Und immer drohte der Ordnungsfinger der Staatsdoktrin. In meinem Leben, sagt Ulrich Mühe, war dauernd diese Doppelordnung.

Konnte er in Leipzig ›West‹ fernsehen? Ja, mit einem ziemlichen Grauschleier. Welches Bild hatte er von West-Deutschland? Hängt von der Jahreszahl ab, sagt Mühe. Wie man mit der Mauer

»Ich habe natürlich auch an meine Unverwundbarkeit geglaubt«, sagt
der Schauspieler Ulrich Mühe – hier in der Rolle des Hamlet.

lebt, das hab' ich erst in Berlin erfahren. Und in der Schule, sagt er, haben wir doch anders geredet als zu Hause. Wir sind doch zweizüngig aufgewachsen.

Woran haben Sie geglaubt?

An den Antifaschismus.

Haben Sie tatsächlich gedacht, daß es bei Ihnen keine Faschisten gibt?

Ja, sagt Mühe. Später sei er entsetzt gewesen, wie viele sogar in der DDR Karriere gemacht haben.

Was denkt Mühe heute, wenn er Honecker und Mielke auf der Anklagebank sieht?

Das ist ja das Merkwürdige, sagt er. Ich erfahre so viel Schreckliches. Aber es will sich bei mir kein Haß entwickeln. Ich kann einfach nicht sagen: Alles Schweine. Stellt sie an die Wand. Kann ich nicht.

Sie finden ja auch, daß eine Diktatur von Intellektuellen schlimmer gewesen wäre, als die der Spießer, sage ich. Kant ist ein Intellektueller. Aber Heiner Müller auch. Und Müller mögen Sie doch.

Da lacht der Mühe, als wollte er die Küche zum Einsturz bringen:

Also Heiner, den möchte ich auch nicht zum Bundeskanzler haben.

Warum nicht?

Weil dann gar nichts mehr klappen würde. Überhaupt nichts.

Und worüber können Sie noch lachen?

Über klugen Zynismus, sagt Mühe.

Also wieder über Heiner Müller.

Ja, sagt Mühe.

Am 4. November '89 steht Ulrich Mühe vor einer halben Million Menschen auf dem Alexanderplatz und ruft ins Mikrophon: Der Führungsanspruch einer Partei darf nicht verordnet werden! Dann hüllt ihn brausender Applaus ein. Und Mühe steht da in schwarzer Kluft und gelbem Schal und hält sich fest am Text, den er angstvoll mutig vom Blatt liest. Lächelnd. Mein glücklichster Tag in der DDR, sagt er. Und knipst ihn an, den Augen-Blick.

Ja, es sind die Augen. Immer wieder sind es Mühes Augen, die zwischen Intelligenz und Pathos pendeln. Mit wollüstigem Haß im Blick begeht sein »Kleiner Herr Friedemann« im Fernsehspiel nach Thomas Mann Selbstmord. Mit panischer Lust im Auge mordet sein Spitzel im »Spinnennetz« von Joseph Roth. Mit mörderischer Sinnlichkeit starrt sein Spanner im »Tödlichen Auge« durchs Fernglas. Mühe setzt den Blick ein, wie es Tiger tun. Er lähmt das Opfer und – springt.

In Ihrem alten Paß steht, Ihre Augen seien ›grau grün gelb‹. Welcher DDR-Beamte hat sich getraut, das zu schreiben? Da lacht der Mühe und sagt: Der Mann war sich nicht sicher. Und bevor der einen Fehler macht, schreibt er lieber drei Farben rein.

Ulrich Mühe ist Ende der achtziger Jahre Publikumsliebling im Deutschen Theater von Ostberlin. Und die Leute jubeln, wenn er improvisiert. Im »Kaufmann von Venedig« spielt er Shylocks Diener Lanzelot, den Narren. Zweiter Aufzug, zweite Szene. Lanzelot überlegt, ob er bei seinem Herrn bleiben oder zum bösen Feind überlaufen soll. Da bin ich mit drei Ziegelsteinen aufgetreten, sagt Mühe, hab 'ne Mauer gebaut und ganz en passant erzählt, welcher Sportler oder Künstler wieder abgehauen ist – nach Westen. Er nimmt sich die Freiheit des Narren. Der Narr wird zum Intendanten bestellt. Sagen Sie mal, Mühe ... Und Mühe sagt: Ich habe natürlich auch an meine Unverwundbarkeit geglaubt.

Als er noch verwundbar ist, nach dem Abitur, geht er zur Armee. Und dann mit der Waffe an die Mauer. Ein Alptraum, sagt Mühe. Jeden Tag an einen anderen Punkt, und immer mit einem anderen Posten. Keine Chance, sich abzusprechen. Und acht Stunden zusammen.

Und kalt war's. Und man legte seine Stulle auf diese schreckliche S-Bahn-Heizung, die es in den Türmen gab. Da hat man sein Brot draufgelegt, bis es warm war. Und immer der Druck: Hoffentlich flieht keiner. Hoffentlich rennt da nicht so ein Idiot

rüber. Und dann sagt ein Posten: Also wenn da so ein Idiot rüber-
läuft, halt ich drauf. Ich laß mir doch die Zukunft nicht versauen.
Bei so einem sagt Mühe dann die ganze Nacht nichts mehr.

Und am Morgen, sagt er, gingen die Lichter an. Im Osten wie
im Westen. Und die Leute gingen zur Arbeit. Hier und dort. Und
die Vögel flogen auf die Mauer. Und plusterten sich auf: Also flieg'
ich jetzt nach Osten oder Westen?

Mühe wird krank. Ihm wächst ein Magengeschwür. Militär-
lazarett. Operation. Mühe muß nicht mehr an die Mauer.

Wie denkt er über die Mauerschützenprozesse? Ich weiß, was
für arme Hanseln das sind, sagt er. Wie wollen West-Richter das
überhaupt beurteilen? Aber dann denke ich auch: Menschenrecht
geht vor Staatenrecht. Und doch, sagt er, krieg' ich das von damals
nicht mehr aus dem Kopf. Also bei den Mauerschützen bin ich auf
der anderen Seite.

Wenn Sie heute »bei uns« sagen, auf welcher Seite sind Sie
dann? Schwierig, sagt Mühe. Eine Zeit lang habe ich vermieden,
»bei uns« zu sagen. Und nun merke ich, wie es mir verloren geht.

Und wenn er Kohl im Fernsehen sieht? Also, da geht es mir
immer noch wie früher, sagt Mühe. Ich sehe ihn immer noch als
fremden Machthaber. Nein, ich habe nicht das Gefühl, daß Kohl
mein Kanzler ist. Die sind eben eingeritten, die West-Politiker in
den Osten. Und die Ost-Politiker, sagt er, haben sich angebiedert
und wurden verschluckt. Ja, das war ihm peinlich. Und es hat ihn
depressiv gemacht.

Die Arbeit hat ihn schließlich aus der Depression gezogen.
Salzburger Festspiele '90: Thomas Langhoff inszeniert mit ihm
»Die Jüdin von Toledo«. Wiener Burgtheater '91: Mühe ist Klaus
Peymanns »Clavigo«. Es gibt Lob und Preise.

Und nun sitzt er da in seiner Luxusküche, bleich und elend,
weil er sich gestern bei einem Essen zu Ehren Gorbatschows in
Berlin den Magen verdorben hat. Und um drei Uhr muß er Anna
von der Schule abholen, seine Tochter. Ja, er sei alleinerziehender
Vater.

Daß Mühe schon zweimal verheiratet war, hatte natürlich mit

der DDR zu tun. Es wurde leicht geheiratet und leicht geschieden, sagt er. Ehepaare bekamen eben eine Wohnung. Und daß die Liebe ewig dauert, dachte er natürlich auch. Zwei Ewigkeiten hat er hinter sich. Die erste Frau war Intendantin der »Volksbühne«, die zweite Schauspielerin im »Gorki«-Theater. Die dritte wird aus dem Westen sein, Susanne Lothar. Nein, mehr möchte er nicht sagen. Aber Sie können natürlich schreiben, sagt er, daß ich die Suse liebe.

Lieber spricht er von der Komik im Herrn Mühe. Und von seiner Sehnsucht nach einer witzigen Rolle. Helmut Dietl hat das brachliegende Talent für »Schtonk« genutzt, die Sternstunde des neuen deutschen Films. Und nun? Wer traut sich nun? Er steht auf und fängt an zu steppen, der Ulrich Mühe. Pfeift sich selbst in den Rhythmus und steppt. Ich kann gar nicht steppen, sagt er. Sagt es zum Lachen tragisch. Und tanzt heiter weiter – mühelos.

»*Ich hätte auch gern mit Hitler und Stalin geredet*«

Christa Wolf, Heiner Müller und die Stasi

Ich wollte Sie für die Lesung schminken, sagt der Garderobier zu Heiner Müller. Der sitzt mit seinen Intendantenkollegen Peter Palitzsch und Matthias Langhoff bei Wasser und Bratkartoffeln in der Kantine des Theaters am Schiffbauerdamm und fragt: Warum?

Weil Sie so blaß aussehen.

Ich sehe grün aus, sagt Müller. Und so fühle er sich auch. Und das müsse man ja nicht wegschminken.

Nein, Heiner Müller versteckt sich nicht. Er schaut sich »Pericles« aus der Loge an mit Anna auf dem Schoß. Anna ist sein Töchterchen. Vor drei Monaten geboren. Schläft und brüllt. Und versteht schon viel von Kunst, sagt Müller. Heute liest er auf der Bühne Kafka. Liest: »In den Jahrtausenden wurde sein Verrat vergessen« aus »Prometheus«, dem Sterblichen, der heimlich, still und leise den Göttern das Feuer stahl, um es den Menschen zu bringen.

Heimlich, laut und listig hatte Dieter Schulze etwas in die Welt gesetzt, das auch Funken schlug. Einen Rundbrief – per Fax. Heiner Müller habe unter dem Decknamen »Heiner« für die Staatssicherheit gearbeitet.

Wer ist Dieter Schulze? Dieter Schulze ist ein junger Mann, der Gedichte schreibt. Und Prosa. Veröffentlicht sind ein paar Verse. Sonst nichts.

Ich fahre zu ihm nach Friedrichshain. Ich klingle an der Wohnungstür und höre Schließen, Stemmen, Schieben, Ruckeln. Als ich die Tür von innen sehe, denke ich: Panzerschrank. Kommen Sie rein, sagt er und setzt sich demonstrativ an den feinen Computer.

Ein Geschenk von Heiner Müller, habe ich gehört.

Richtig, sagt er knapp.

Müller, sage ich, hat Ihnen doch geholfen. Wie auch Christa Wolf. Beide haben Geld gegeben für Miete und für Manuskripte. Sie hatten doch keine Einkünfte in der DDR, keine Steuernummer. Für die Staatssicherheit waren Sie ein Asozialer.

Dieter Schulze sitzt da mit Jeanshemd und kurzgeschorenem Haupthaar und starrt durch die randlose Brille.

Wenn Heiner Müller mir geholfen hätte, sagt er, stünde das doch wohl in seiner Biographie.

Das ist es also, sage ich. Sie sind ja ein enttäuschter Liebhaber.

Schulze kichert. Ich glaube nicht, sagt er.

Aber Sie sind nicht sicher.

Doch, sagt er mit sibyllinischem Lächeln, jetzt ja.

Wie alt sind Sie eigentlich?

Ich glaube 34 oder 35.

Wieso glauben Sie?

Ich werde nicht so oft danach gefragt.

Heiner Müller hat die Passage über Schulze, diesen Pendler zwischen Geist und Wahnsinn, in seinen Erinnerungen gestrichen. Darin hieß es: »Einen hielt ich für begabt. Dieter Schulze. Er war ein Heimkind mit allen kriminellen Begleiterscheinungen... Es waren immer sehr schöne Mädchen, die er in fürchterlichster Weise zusammengeschlagen hatte.«

Vom Autor Franz Fühmann, schreibt Müller, verbrannte Schulze schon mal Manuskripte in der Badewanne. Er leerte auch Fühmanns Westkonto, zu dem Schulze Zugang hatte, als er in den Westen mußte, weil er im Osten »eine Frau halb totgeschlagen hatte...und die Alternative für Schulze Zuchthaus oder weggehen« war.

Und nun behaupten Sie, Heiner Müller tauche als IM »Heiner« in Ihren Akten auf. Was hat er denn gesagt?

Sag' ich nicht, sagt Schulze.

Hat er Texte interpretiert?

Ja. Aber mehr sag' ich nicht.

Sie denunzieren und liefern keine Beweise, sage ich. Übrigens sollen Sie einmal Müllers Tür eingetreten haben, als Sie wieder Geld brauchten.

Ach, sagt Schulze, da gibt es viel dollere Geschichten.

Bis heute sind von Heiner Müller nur Karteikarten aufgetaucht, nach denen er als IM geführt worden sein soll. Dazu gibt es keine Akte. Gefunden wurden zwei Opferakten. Das heißt: er wurde denunziert. Eine Denunziation von ihm ist nicht aktenkundig. Und mit welchem Autor hat der Dramatiker nicht geraucht, geredet und getrunken? Die meisten haben längst ihre Akten gelesen. Noch hat niemand aufgeheult.

In die Mutmaßungen über Heiner Müller platzt der Fall Christa Wolf. Sie hat von 1959 bis '62 als GI – gesellschaftlicher Informant, wie es damals noch hieß – für die Stasi gearbeitet. Sie soll ihren Decknamen selbst gewählt haben. Es ist ihr zweiter Vorname: Margarete.

Da Christa Wolf sich im fernen Santa Monica eingeigelt hat, wo sie an ihrer »Medea« schreibt, rufe ich ihren Mann in Pankow an.

Von einer GI-Akte, sagt er, haben seine Frau und er im Mai '92 durch Zufall erfahren. In ihrer 42-bändigen Opferakte mit dem Decknamen »Doppelzüngler« stießen sie auf den Vornamen »Margarete«. Und zwar im Zusammenhang mit Christa Wolfs – wie es in den Akten hieß – »verfestigter negativer Haltung« der DDR gegenüber. Da taucht der Name auf. Was in den zwei kleinen Mappen tatsächlich steht, erfahren sie jetzt aus der Presse.

Vor einem Jahr aber wollte Christa Wolf zu dieser Akte nichts sagen. Sie war noch immer getroffen vom heftigen Streit, den ihre '79 geschriebene und gleich nach der Wende '90 veröffentlichte Erzählung »Was bleibt« ausgelöst hatte.

Von Ängsten und Bespitzelung war in diesem Buch die Rede. Und die Hüter der Feuilletons sagten: Zu spät. Und spotteten über eine Autorin, die sich als Opfer aufspiele. Was sie ja tatsächlich war. 42 Bände »Operativer Vorgang«. Von '68 bis '80. Das heißt: Verschärfte Bespitzelung. Die restlichen Akten sind verschwunden.

Nach dem Literaturstreit aber, nach der aufgeheizten Schuld-
und-Sühne-Debatte, war Christa Wolf verstummt. Seit zwei Jahren heißt es: Zutritt nicht erwünscht. Stellen Sie sich vor, sagt
Gerhard Wolf, meine Frau hätte das damals gesagt. Welch ein
Gelächter hätte das gegeben. Und die Opferakte? Die hätte doch
niemand mehr interessiert.

Christa Wolf wird am 24.3.1959 geworben. Die Anwerber
berichten: »Die Kandidatin machte einen ruhigen, gefaßten Eindruck. Sie gab klare, umfassende Auskünfte.« Nur die Frage der
Konspiration und der absoluten Verschwiegenheit Dritten gegenüber »versetzte sie in eine leicht unruhige Stimmung«. Und so nehmen die Herren der Stasi denn »wegen ihrer Mentalität« Abstand
»von einer schriftlichen Verpflichtung«.

Christa Wolf ist damals 30 Jahre und bereit, mit den Herrschaften zu reden. In Berlin noch in konspirativen Wohnungen. In
Halle, sagt Gerhard Wolf, war das alles offiziell. Er selbst sei
während der Gespräche dabei gewesen. Nichts von Konspiration,
sagt er. Das war ein offizieller Auftrag.

Und Christa Wolf? Ist eine überzeugte Kommunistin. Natürlich. Wohl auch eine Staatsgläubige. Auch wohl eine ehrgeizige
junge Frau, die ihre literarische Karriere nicht an Behörden zer-
schellt sehen möchte. Und sie redet viel und sagt eher wenig.
Entschuldigt sich bei Verspätung. Sie übergibt auch schon mal
»eine Anzahl von Materialien«. Sogar ein Brief ist dabei. Den
müsse der GI »beim nächsten Treff zurückhalten«.

Sie schätzt auch Talente ein. Bei einem, der ʼ56 während
des Ungarnaufstands eine »schwankende Haltung« gezeigt, sei
vielleicht das »Bohèmeleben« Schuld. Aber sonst…sie müsse
sagen…und es gäbe gute Anzeichen… Das nervt die Herren der
Stasi bald.

Sie bemängeln ihre »überbetonte Vorsicht«, ihre »Zurück-
haltung«, mal ein bißchen mehr auszuplaudern. Sie bringt nichts,
wo man zupacken könnte. Und so schließt denn die Staatssicherheit ihre Akte am 29. November ʼ62 ab.

Es ist so schwer, das alles einzuschätzen, wenn man nicht in der DDR gelebt hat, wenn man nicht erpreßbar, nicht verführbar war, sondern Ängste und Eitelkeiten ungestraft ausleben konnte. Also frage ich Walter Janka, den Unverführbaren, diesen einst von Thomas Mann und Lion Feuchtwanger hochgerühmten Leiter des Aufbau-Verlags, der '57 von Intellektuellen verraten und von Menschenschindern nach Bautzen geschleppt wurde. Frage, wie das war mit den Intellektuellen und der Stasi. Und Walter Janka hebt an wie der Trompeter von Jericho:

Also Heiner Müller! So ein Dramatiker! Respekt. Aber zu sagen, man hätte mit den Stasi-Leuten reden können, weil die klüger waren als die Dummen im ZK. Also das sei Zynismus. Und dafür müßte Heiner Müller eins auf die Schnauze haben. Streichen sie Schnauze, sagt Janka.

Und Christa Wolf? Die große Dichterin? Die er so verehre? Er findet es schon sehr seltsam, daß sie so lange überlegen mußte, das zu veröffentlichen. Fast ein Jahr. Und warum überhaupt Gespräche mit der Stasi? Man mußte ja nicht, sagt Janka. Es sei denn, man war erpreßbar. Sonst nicht. Und er kann es beweisen.

Er gibt mir einen Brief, der gerade in der Gauck-Behörde gefunden wurde. Geschrieben im Dezember '55. Von Janka. Er beschwert sich darin beim Minister für Staatssicherheit, Wollweber, daß zwei Stasi-Leute seine Frau aufgesucht hätten, um sie als IM zu werben. Unter strengster Geheimhaltung sollte sie über Einwohner und Genossen in Kleinmachnow – wo Jankas noch heute wohnen – berichten. Für ihre Bedenken hätten die zwei Mitarbeiter kein Verständnis gezeigt. Im Gegenteil. Sie hätten gedroht, sie notfalls vorzuladen. Und in sechs Wochen würden sie seine Frau wieder besuchen. Er, Janka, bitte den Genossen Minister, »anzuweisen, daß weitere Besuche dieser Art zu unterbleiben haben«.

Diesen Brief bringt Janka damals persönlich in die Normannenstraße, damit er nicht in irgendeinem Spitzelsieb hängenbleibt. Jeder weitere Versuch einer Werbung, sagt er, blieb danach aus. Warum also Gespräche mit diesen Leuten?

Ich kann doch nun wirklich reden, mit wem ich will, sagt

Heiner Müller zu mir. Ich hätte auch gern mit Hitler und mit Stalin geredet. Die waren nur schon tot. Und wem sei er überhaupt Rechenschaft schuldig?

Und wie erklärt er sich die Angriffe von Freya Klier und Lutz Rathenow, die ihm einen »Hang zum Schäbigen« attestieren?

Ich habe mit denen nie was zu tun gehabt, sagt Müller. Das habe wohl auch was mit Neid zu tun. Ach, sagt er wegwerfend, so belanglos, das alles.

Und Heiner, sagen seine Freunde in der Theaterkantine am Schiffbauerdamm, Heiner hat doch nie einen Hehl daraus gemacht, daß er mit denen da sprach. Junge Leute mit Schwierigkeiten seien extra zu ihm gegangen, weil sie wußten, der hat einen Draht nach oben.

In einer Szene, die Heiner Müller ebenfalls in seinen Memoiren gestrichen hat, beschreibt er, wie in einer merkwürdigen Nacht der Autor Thomas Brasch plötzlich auf einen »sehr angenehmen Bekloppten« losgeht. Und der wirft dem Brasch Spaghetti ins Gesicht. Und Müller legt schon seine Brille weg. Und Scheiben gehen zu Bruch. Und der Hintergrund war, daß Brasch glaubte, der Bekloppte sei ein Spitzel.

Er selbst, so schreibt Müller, schlägt dann vor, Karten auszuteilen. »Und wer den Schwarzen Peter hat, der ist für heute Stasi.«

So war die Situation doch, sagt Heiner Müller. Sobald mehr als drei Leute zusammenhockten, war klar: Einer ist von der Stasi. Und das war nichts Besonderes. Und jeder, sagt er, hat ein Recht auf seine Feigheit. Und zehn Deutsche sind natürlich dümmer, als fünf Deutsche. Hat Müller auch mal gesagt.

Aber ein Deutscher ist auch kein Held.

»*Goethe kommt doch auch nicht mit seinem Verleger an!*«

Rolf Hochhuth und der Wirbel um
»Wessis in Weimar«

Er möchte im Hamburger »Reichshof« essen. Weil es da den besten Steinbutt gibt. Und dann ißt er Leber mit Apfelkringeln und erzählt.

Erzählt, wie die Besitzerin des Hotels im Dritten Reich unten mit den Nazis trank und oben Juden versteckt hatte. Erzählt, daß er gerade das Gründungsdokument der Treuhand von 1990 gelesen habe. Darin stehe, daß den 16 Millionen Ostdeutschen nun endlich ihr Volkseigentum gegeben werden solle. Und was sei daraus geworden? Westdeutscher Wirtschaftsdarwinismus. Also, das muß ich alles noch ins Stück reinschreiben, sagt Rolf Hochhuth.

Erzählt, daß Marcel Reich-Ranicki ihn neulich angerufen und gefragt habe: Was? Ihr Stück wird von Einar Schleef inszeniert? Na, dann werden Sie ja nichts von Ihrem Text wiedererkennen. Erzählen Sie, sagt Hochhuth zu mir. Sie haben doch Proben gesehen.

Berlin. Theater am Schiffbauerdamm. Einar Schleef probiert »Wessis in Weimar«. Ja, sagt Schleef, ich wollte das Stück machen, gleich als ich es gelesen hatte. Schade nur, daß Hochhuth nicht da ist. Er hätte hier mitarbeiten können. Das wäre toll gewesen. Das ist ja harte Arbeit hier, sagt Schleef. Aber Hochhuth sei dauernd in der Luft.

In der Eisenbahn, sage ich. Er schreibt sein Stück in der Eisenbahn zu Ende.

Dann eben Eisenbahn, sagt Schleef. Auch schlecht. Er hätte lieber im Theater sein sollen.

Die Probe beginnt. Vier Stunden höchste Konzentration.

Schleef hat Hochhuths Szenen aufgelöst. Sie sind ein einziger großer Text geworden. Sind Material für die sinnliche Wahrnehmung
von Mord, Gier, Wut, Trauer, Angst und Panik.

Hochhuths Text wird von 2, 5, 10, 20 Schauspielern gesprochen. Im Chor sozusagen. Kalt und kühn wie aus einem Mund.
Auf einem Ton. Geflüstert. Gewinselt. Und manchmal kommen
die Wörter wie geschossen.

Schleef ist ein Berserker, ein Dirigent der Sinne, der Sätze singen läßt. Er fügt auch fremde Texte ein. Verse aus Goethes »Faust«,
aus Schillers »Maria Stuart«. Unglaublich modern ist das. »Jedwe-
dem Anspruch auf dies Reich entsag' ich«, sagt Maria. Und sie
spricht aus, was die Treuhand mit der ehemaligen DDR angerichtet hat.

Und wenn die Ankläger aus dem untergegangenen Deutschland Ost an den Bühnenrand treten und ihr Leid klagen, marschieren die Täter aus dem aufgehenden Doppel-Deutschland mit
erhobenem Beil auf ihre Opfer zu. Gnadenlos marschieren sie,
die Vollzieher. Nackt sind sie unterm Militärmantel. Elementar.
Heben das Beil und – erledigt. Tot. Stört nicht mehr. Und die deutsche Frau putzt das Beil mit Ata und mit Spucke für den nächsten
Mord.

Einar Schleef sitzt nach der Probe in Schweiß gebadet da. Er
hat Hochhuths Stück beim Schopf gepackt, er hat es geschüttelt,
bis die Idee von Gewalt, von Unrecht und Verlust übrigblieb: Ein
Hohes Lied auf den Untergang. West und Ost verschlungen von
der eigenen Geschichte. Ein Requiem auf Germania.

Also, morgen um 16 Uhr machen wir weiter, sagt Hochhuth,
als wir uns kurz vor Mitternacht verabschieden.
Haben Sie eigentlich schon gesehen, daß ich völlig schief bin?
Wie bitte?
Doch, sehen Sie mich nur an, völlig schief mein Gesicht. Und
schon erzählt er, wie er nach dem Krieg als Gasthörer an der
Universität von Heidelberg im Seminar sitzt, und wie aus einem
Luftschacht ewig kalter Windhauch über sein Gesicht streicht.

Rolf, wie siehst du denn aus? sagt nach 14 Tagen ein Kommilitone.
Wieso?

Na, guck' dich mal im Spiegel an.

Tja, sagt Hochhuth. Da war mein Gesicht schief. Lähmung. Ist nie
mehr weggegangen.

Also gut, sagt er. Morgen 16 Uhr. Er sei pünktlich, sei ein
Preuße. Will signalisieren, daß auch ich rechtzeitig dazusein hätte.

Der Preuße verspätet sich um ein akademisches Viertel. Er
stürzt aus dem Taxi. Mit wehendem Mantel. Die russische
Fellmütze ist ihm in den Nacken gerutscht. Ein Amtmann als Tatar
getarnt bittet auf »den Knien meines Herzens« um Vergebung.

Lange vor der Premiere hat sein Stück »Wessis in Weimar«
einen gewaltigen Streit ausgelöst. In einer Szene, sie heißt »Der
Vollstrecker«, wird Detlef Carsten Rohwedder von einer Wirt-
schaftswissenschaftlerin gewarnt. Sie prophezeit dem Treuhand-
Chef ein gewaltsames Ende, wenn der »brutale Wirtschaftsdar-
winismus« seines west-östlichen Imperiums weitere Blüten treibe.
Am Ende der Szene wird Rohwedder durch die Scheibe seines
Arbeitszimmers erschossen.

Das war wie ein Schuß auf Bonn. Minister Blüm sprach von
»intellektuellem Schmierestehen für Mörder«, Kanzler Kohl von
einem »Freibrief für Mörder«. Und natürlich hatte niemand in
Bonn das Stück gelesen, sagt Hochhuth. Doch das Urteil stand
fest.

Seine »Satiren auf ein besetztes Land« sind harter Tobak. Wie
immer bei Hochhuth. Dafür ist er bekannt. Dafür ist er berühmt.
Seit 1963. Seit der große Erwin Piscator den großen Wurf »Der
Stellvertreter« inszenierte. Darin gibt Hochhuth Papst Pius XII.
samt dem Vatikan eine Mitschuld am Holocaust. Eine Mitschuld
durch Wissen und Schweigen. 30 Jahre später klärt Hochhuth die
Ostler über die Westler auf.

Da gibt es die Szene mit den Kirsch- und Apfelbäumen. Holzt
eure Obstbäume ab, sagt man den Bauern im Havelland. Das gibt
saftige EG-Prämien. Als Millionen Bäume gefällt sind, heißt es:
Falschmeldung. Und nun kann der Golfplatz gebaut werden.

»Kann mich hier mal jemand dem Publikum vorstellen?« In seiner
Berliner Wohnung – die gerade renoviert wird – erzählt Rolf Hochhuth
von den Schrecken seines letzten Stückes.

Da gibt es die Szene, wo ein Landschloß bei Weimar brennt. 1945 enteignet von Pankow, 1991 ein zweites Mal enteignet vom Karlsruher Verfassungsgericht. Renoviert vom Bund. Angezündet von denen, die kein Recht mehr darauf haben dürfen.

Da gibt es die Szene von Philemon und Baucis, den beiden Alten, die Land besitzen, das Goethes Faust haben möchte. Mephisto droht den beiden so sehr, bis sie entseelt daliegen. Und Faust brüllt den Satan an: »Wart ihr für meine Worte taub! Tausch wollte ich, wollte keinen Raub.«

Kurz vor der Premiere wird Hochhuth diese Szene vom geraubten Ost-Land im Theater am Schiffbauerdamm lesen. Das berühmte Brechthaus wird gerade von fünf Direktoren regiert: Matthias Langhoff, Peter Zadek, Heiner Müller, Fritz Marquardt und Peter Palitzsch. Wer führt den Hochhuth ein? Langhoff, sagt einer. Langhoff hat Dienst.

Hochhuth sitzt im Parkett auf der Erde vor der Bühne. Das Gestühl ist weggeräumt, weil Palitzsch am nächsten Abend Theater ohne Gestühl spielt. Langhoff kommt zu Hochhuth, wünscht einen schönen Abend und geht.

Halt, sagt Hochhuth, ich denke, Sie führen mich ein?

Nein, sagt Langhoff. Das macht der Schleef.

Hochhuth ist verblüfft.

Das Parkett füllt sich. Die Leute liegen, lagern, hocken, sitzen. Wollen Sie nicht anfangen? fragt ein Schauspieler den Dramatiker.

Nein, sagt der. Schleef will mich erst einführen.

Schleef? Der ist gar nicht im Haus.

Wie bitte? Wer kann dann ein paar Worte sagen?

Palitzsch vielleicht. Der ist im Saal.

Hochhuth dreht sich um, sieht den Regisseur zusammengefaltet auf der Erde sitzen. In sich blickend. Hat wohl keinen Sinn.

Und Heiner Müller? Sitzt sehr vergnügt oben in der Loge. Kann der nicht?

Nein. Der hat sein Baby dabei. Anna. Liegt im Bettchen neben ihm. Wenn er geht, dann schreit sie.

Da erhebt sich Hochhuth, geht auf die Bühne, sagt: Guten Abend, meine Name ist Rolf Hochhuth, ich lese heute hier.

Er liest die wahre Geschichte von zwei alten Ostlern, die ihr Bauernhaus bei Leipzig an Westler losgeworden sind. Sie erhängen sich am Fensterkreuz ihrer Stube.

Hochhuth liest die lange Szene schnell und nuschelig und merkwürdigerweise gerade dadurch aufregend. Die ganze Trauer, das ganze Elend, den ganzen Mief wischt er mit seiner Betonung auf einem Ton im Eiltempo weg. Als wenn sie nicht zählen, die zwei. Und Herbert sagt zu Käte: »Bring doch ein Stück nasse Seife, die rutscht dann besser, die Schlinge, wenn ich sie glattmache.«

Nach der Lesung steht Rolf Hochhuth da. Wieder alleingelassen. Nun ist gar kein Intendant mehr zu sehen. Jeder dachte wohl: bloß weg. Sind ja auch in die Jahre gekommen, die Herren. Langhoff ist das Nesthäkchen. Aber die restlichen nennen sie in der Kantine liebevoll »die Herzschrittmacher«. Und man freut sich, wenn die noch die Treppe hoch kommen. Und wenn Heiner Müller einen Kollegen trifft, fragt er gern: Lebst du noch?

Und wo ist Einar Schleef?

Noch immer nicht gesichtet worden.

Und nun?

Gehen wir doch essen, sagt Rolf Hochhuth und fängt schon wieder an zu erzählen.

Er findet es unmöglich, daß die Politiker in Bonn nach der Wende nicht die Bürgerrechtler Ost in die Ministerien geholt haben. Die haben doch ihren Kopf hingehalten, sagt er, haben Widerstand geleistet. Aber niemand will sie. Schändlich, sagt er. Er findet es auch unmöglich, wie schnell die im Westen die da im Osten verurteilen. Mitmacher, sagen sie. Und alle in der SED gewesen. Auch schändlich, sagt Hochhuth. Als Junggeselle hätte er wohl Widerstand geleistet. Aber als Familienvater? Mit drei Söhnen? Und die dürften nicht studieren, wenn er nicht in die Partei gehe? Also bitte. Ein Spitzel, sagt er, wäre er allerdings nie geworden.

Dann hängt also Zivilcourage bei ihm vom Familienstand ab?

Gott ja, sagt er. Was wollen Sie machen.

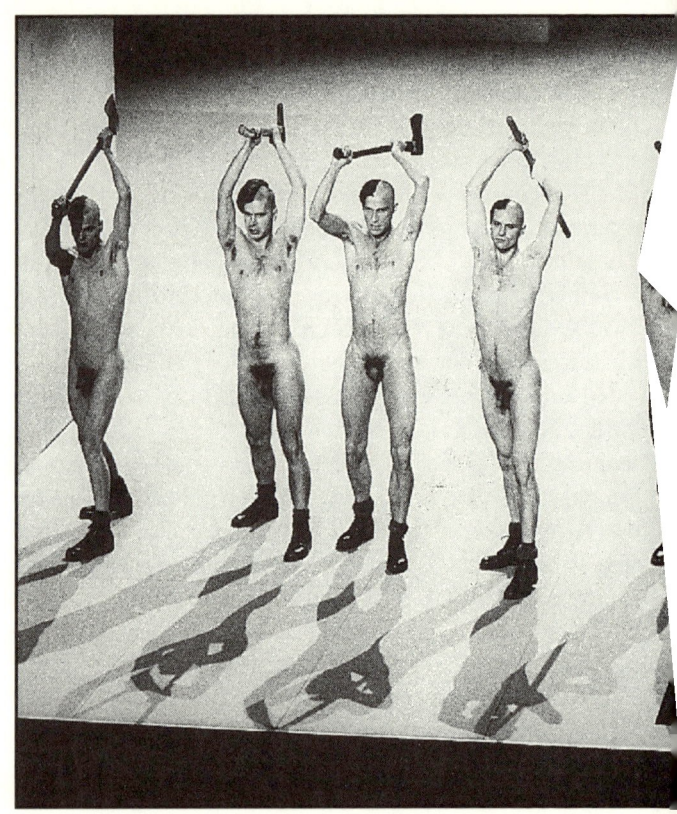

»Das ist nicht mehr mein Stück«, sagt Rolf Hochhuth, als er die Täter auf der Bühne sieht. Sie heben das Beil und – schlagen zu.

Was sagt der Dramatiker Hochhuth zu Heiner Müllers These: Ein Dramatiker sei in der Diktatur kreativer als in der Demokratie?

Totaler Quatsch, sagt Hochhuth und nennt Gerhart Hauptmann und Arthur Schnitzler.

Müller, sage ich, nennt Shakespeare und Schiller.

Und ich, sagt Hochhuth, setze Tennessee Williams und Arthur Miller dagegen. Die größten Dramatiker unserer Zeit.

Miller, sage ich, hat seine »Hexenjagd« unter dem Druck der McCarthy-Ära geschrieben.

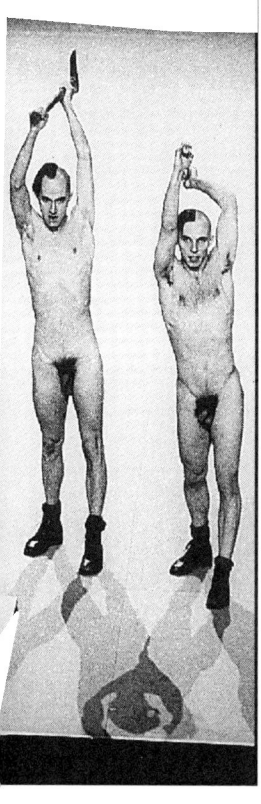

Da lacht Hochhuth sich weg und sagt: Dann hat er wohl den »Handlungsreisenden« in der Diktatur des Hochkapitalismus geschrieben, was?

Und dann denkt er wieder von Pontius zu Pilatus. Sagt:

Ich bin Widder, schreckliches Zeichen. Wer sagt denn das?

Die Leute, sagt Hochhuth betrübt. Und sein Leben lang sei er unkonzentriert gewesen. Schon in der Schule.

Und Sie reden gern von Geld.

Klar, sagt Hochhuth und fragt prompt, ob der *Stern* nicht gegen Honorar eine Szene aus seinem Stück drucken möchte. Und dann bewundert er mein Wappen am Jackett. Sagt, eigentlich sei er ja ein verkappter Monarchist. Und bestellt noch eine Runde Slibowitz.

Und erzählt von seiner neuen Wohnung in Berlin. Mit Blick aufs Brandenburger Tor. Im selben Haus wohne übrigens Birgit Breuel, die Treuhand-Chefin. Die habe ihm neulich gesagt, sie hätte die Szene von Philemon und Baucis gelesen und sei entsetzt. Herr Hochhuth, habe sie gesagt, da rufen Sie ja zu meiner Ermordung auf.

Nein, habe er gesagt, das tue ich nicht. Seine Käte sage zu ihrem Mann kurz vor dem Selbstmord: »Kannst ja eine Frau nicht totschießen!« Sagt der Mann: »Wieso, wenn die sich kaufen läßt, um Männerschurkereien fortzusetzen – und dabei in zweieinhalb Tagen soviel verdient, wie wir für alles kriegen, was wir zweieinhalb Jahrhunderte in der Familie hatten?« Das ist hart, sagt er, aber kein Mordaufruf.

Also er fände die Frau Breuel sogar ausgesprochen nett, sagt

Hochhuth. Glaube auch, daß sie integer sei. Und dann rotiert es wieder im Kopf des Aufklärers, er müsse nach Hause, ändern, umformen, neuschreiben. Und entschuldigt sich beim Abschied für den Handkuß unter vollem Mond. Rolf, habe seine Mutter immer gesagt, küß keine Hand unter freiem Himmel.

Bis zur Premiere treibt Hochhuth sein Stück in die Schlagzeilen. Nein, das sei nicht mehr sein Drama. Schleef habe etwas völlig Neues daraus gemacht. Ja, er werde das Stück verbieten lassen. Nein, es gäbe keine Premiere. Ja, natürlich habe er Proben gesehen. Ganz verheerend!

Dabei mag der Hochhuth den Schleef. Und der Schleef den Hochhuth auch. Auf einem Spaziergang über den Friedhof an der Chausseestraße hatten sie sehr privat miteinander geplaudert und diskutiert, hatten Szenen erdacht und Texte verändert, gelacht und sich auf die Arbeit gefreut.

Aber dann sieht Hochhuth die erste Probe – und ist geschockt. Hofft aber noch. Ist erneut geschockt. Hofft nun nicht mehr. Nimmt zu einer der nächsten Proben seinen Verleger Dietrich Simon mit. Soll der doch mal gucken. Im Foyer brüllen sich Schleef und Hochhuth an. Werfen sich Verrat und Verspießerung vor. Und Hochhuth schreit:

Ich habe meinen Verleger dabei! Der findet ...

Was? brüllt Schleef zurück und stottert: Goethe kommt doch auch nicht mit seinem Verleger an!

Aus. Es ist aus. Nein, er werde nicht mehr mit Schleef reden. Ja, es sei alles in der Hand seines Anwalts. Noch um 15 Uhr am Premierentag kämpft das Schlachtroß Hochhuth auf einer Pressekonferenz in der Buchhandlung Kiepert in der Friedrichstraße.

Um was? Ich glaube, um die Auflage des Buches »Wessis in Weimar«. Die ersten mit heißer Nadel zusammengenähten Exemplare liegen auf dem Pressetisch.

Sie wollen das Stück doch verbieten lassen, sagt einer.

Richtig, antwortet Hochhuth. Wird auch so kommen.

Aber heute abend ist Premiere.

Ach, Hochhuth hat in Wahrheit längst eine Lösung gefunden. Soll der Schleef das Stück doch spielen. Das Theater sei verpflichtet, ja, verdonnert worden, sein Buch – das eben jetzt bei Volk & Welt erschienen ist – ans Publikum zu verteilen. Gratis natürlich. Damit die Leute zu Hause lesen können, was sie auf der Bühne nicht sehen dürfen!

Welch ein PR-Gag.

Als der Rummel vorbei ist, die Buchhandlung sich leert, gibt Hochhuth mir seine Premierenkarte. Parkett, freie Platzwahl. Dafür, sagt er, müsse ich ihm hinterher erzählen, wie's war.

Und was machen Sie heute abend?

Ich geh' ins Schillertheater. Seh' mir Racines »Britannicus« an. Da erkenn' ich doch wenigstens ein Stück wieder.

Und wo finde ich Sie anschließend?

In der »Goldenen Gans« vom Grand Hotel.

Das Publikum im BE sieht aus wie ein Hornissenschwarm auf der Buchmesse. Schwirrt im Foyer herum mit Hochhuths druckfrischem Werk. Die Leute sind irgendwie auf Krawall gebürstet. Es müßte doch mal wieder so einen richtigen schönen Skandal geben. Und Schleef mutet zu. Der mutet immer zu. Und als es dann dunkel wird und seine berühmten Militärmäntel marschieren, links herum, drei, vier, fünf Minuten lang, immer links herum, und dann plötzlich – stehen, da ruft einer aus dem finsteren Loch Parkett:

Wat nu?

Stille.

Wo ist der Regisseur?

Gelächter.

Aber der Abend ist nicht kaputt zu kriegen. Trotz knallender Foyertüren nicht. Am Ende brüllen die Jubler die Buher zu Boden. Und als Schleef beklatscht auf der Bühne steht und sich lächelnd umdreht, trifft ihn ein Rufer im Rücken:

Bravo Hochhuth!

Da dreht der Schleef sich zum Publikum und strahlt. Ja, richtig!

sagt er. Und klatscht. Und ruft in den donnernden Applaus hinein: Bravo Hochhuth!

In der Kantine ist Schleef ganz wunderbar aufgeregt. Steht da inmitten seiner Akteure und verschlingt frisches, rohes Mett. Der Bart sprießt, die Hose ist mit Tesa-Film geflickt. Und er hat Hunger. Und lacht. Und ist happy. Es ist kurz vor Mitternacht.

Die »Goldene Gans« hat geschlossen. An der Tür steckt ein Zettel: »Bin beim Italiener an der Wilhelmstraße. H.« Die Wilhelmstraße ist lang. Aber Hochhuth sitzt gleich in der ersten Möglichkeit. Hinten rechts mit zwei Freunden. Wie immer im weißen, weiten Oberhemd. Die Krawatte hat er über die Schulter geworfen. Damit sie nicht in die Suppe fällt. Nachts gegen halb drei fällt sie dann ins Vanilleeis.

Ich erzähle vom großen Erfolg. Sage, er hätte dabeisein sollen. Er wäre gefeiert worden. Schleef habe die Idee seines Stückes zum Fanal gemacht. Sie hätten sich auf der Bühne versöhnen sollen!

Und da sitzt der ungläubige Rolf H. Er habe doch aber die Proben gesehen. Das habe doch nun wirklich nichts mehr mit ihm zu tun. Und ist ziemlich melancholisch.

Wie war Ihr ›Britannicus‹?

Ausgefallen. Nero hat Grippe.

Und was hat er gemacht am Abend?

Hat halt zu Hause gesessen, sagt er. Allein. Alle, die er kannte, waren ja im Theater. Also hat er telefoniert. Damit er nicht grübeln muß. Und von seiner Wohnung aus könne er auch noch ausgerechnet übers Brandenburger Tor aufs Theater gucken. Also gut gegangen ist es ihm nicht. Kann er wirklich nicht behaupten. Und dann fanden seine zwei Freunde den Schleef schon toll. Und ich nun auch noch. Trinken Sie einen Cognac mit! sagt er. Später nimmt er noch einen. Und den zweiten Mandelliqueur des Hauses läßt er auch nicht stehen.

Morgen, sagt er, gibt's im Schiller-Theater »Kätchen von Heilbronn«. Er möchte unbedingt, daß ich endlich mal eine richtige Inszenierung sehe.

Kommen Sie mit?
Natürlich.
Das Käthchen fällt aus. Katharina Thalbach ist krank. Deshalb ist der »Britannicus« heute gratis.
Die Vorstellung ist nicht mal halbvoll. Und Neros Mutter hat erst drei Sätze gesagt, da flüstert Hochhuth ziemlich laut: Ich hab' das mal mit Maria Becker gesehen. Also gar nicht zu vergleichen! Dann ärgert er sich über das blöde Bühnenbild. Nur schwarze Tücher. Und das für eine Römertragödie. Unglaublich, sagt er. Können die das alle nicht mehr wie früher?
Im siebten Bild lehnt er sich dann endlich befreit zurück: Auf der Bühne steht ein richtiger schöner Tempel.

Am selbigen späten Abend klingelt bei Einar Schleef zu Hause das Telefon. Am Apparat die Brecht-Erbin Barbara Brecht-Schall. Sie verbietet dem Regisseur, das Brecht-Gedicht »Wer aber ist die Partei?« als Teil der »Wessi in Weimar«-Inszenierung zu verwenden. Es mangele der Regiearbeit an künstlerischer Qualität. Hochhuth, so habe sie gehört, fände es auch schrecklich. Urheberrechtlich, so schloß die Erbin das Gespräch, sei es unbedenklich, wenn er, Schleef, das Gedicht am Abend für sich unter der Bettdecke lese.
Am nächsten Abend tritt Schleef, eingehüllt in eine Bettdecke, vor sein Publikum, erzählt die Geschichte, legt sich auf den Bühnenboden und liest im Schein der Taschenlampe »Wer aber ist die Partei?« unter dem Jubel des ausverkauften Hauses.

»Unsere Helden sind doch alle Killer«

Einar Schleef zwischen Haus und »Faust«

Jungs, sagt Einar Schleef, das ist doch eure beste Nummer. Mal los! Freude. Lust. Schnuppi hat »ja« gesagt.

Die Jungs sind acht Fäuste. Und Schnuppi ist Gretchen. Und die hat »ja« gesagt. Ja, komm in meine Kammer. Und die Jungs halbnackt, sind zum Sprung bereit – ins Bett. Acht Vergewaltiger, sagt Schleef. Faust wirbt doch nicht. Er will die »Dirne« haben. Sofort. Sonst kündigt er den Teufelspakt.

Und Gretchen? Sitzt nicht brav am Bettrand, singt auch nicht am Webstuhl. Bei Schleef nähen vierzehn Gretchen an der deutschen Fahne. Zweihundertfünfzig Meter ist die lang, fällt schwarz-rot-gold vom Himmel hoch, dem Schnürboden, herab auf die Bühne. Und aus dem nationalen Tuch steigen sie auf, die Geister des nationalen Epos »Faust«.

Halt! ruft Schleef und springt auf die Bühne des Schiller-Theaters. Das ist ja alles matschig. Was matscht ihr da auf der Fahne rum. Nein, ihm gefällt das nicht. Faust eins bis acht sollen mal die Kittel ausziehen. Zieht mal nur den schwarzen Tanga an. Jaaa! jubelt er. Das ist ein Hammer. Genauso. Und bitte, die Herrschaften, alle zusammen sprechen. Bei euch kommt immer wieder das Individuelle durch.

Das will Schleef nicht. Hat er nie gewollt. Nicht beim »Götz« von Goethe, nicht bei Hochhuths »Wessis in Weimar«. Einar Schleef ist berühmt für seine Chöre, seine Massen, seine Meute, sein Kollektiv. Er unterzieht seine Schau-Sprecher strengen Exerzitien, hämmert den Text in ihr Hirn, dirigiert die Wörter, als wären sie Noten, duldet nur höchste Konzentration. Sammlung bis zur Erschöpfung. Bis zum hysterisch-befreienden Lachen. Was ist? fragt er dann verwundert aus dem Zuschauerschlund. Was ist los da oben?

Schleefs Theater, sagt der Dramatiker Heiner Müller, ist ein Affront gegen das Theater des Voyeurismus und des Analphabetismus. Er macht das einzige Theater in Deutschland, das auf dem Primat der Literatur besteht.

Einar Schleef ist ein merk-würdiger Mensch, dem die Wörter aus dem Mund holpern und stolpern. Na klar kann er darüber reden, sagt er und lacht: Ich gehe mit Sprache um, denn ich bin sprachgestört. Es stört ihn, wie Texte, wie Sätze zum Klischee verkommen. Also knackt er sie. Knackt sie wie Nüsse, die Sätze, guckt rein, was drinsteckt, reinigt die Wörter und gibt ihnen den Sinn, den sie haben. Und wer sich einläßt auf ihn, lernt lesen und denken und verstehen. Lernt, daß Faust nicht nur Faust ist, sondern auch Mephisto. Und Mephisto auch Gretchen.

Wie bitte?

Natürlich, sagt Schleef. Die beiden treten bei Goethe nie zusammen auf. Und der Teufel ist die Verführung. Und Gretchen auch. Und die gibt der Mutter den Todestrank, damit sie mit Faust ins Bett steigen kann.

Moment! Sie glaubt, es sei ein Schlaftrunk.

Ach wo, sagt Schleef. So naiv kann sie gar nicht sein. Sie ahnt, was sie tut. Denn die Mutter ist die schwache Stelle bei Gretchen. Paßt auf wie ein Schießhund. Duldet keinen Mann in der Nähe. Da beseitigt die Tochter den Störfaktor.

Der Vater ist die schwache Stelle bei Faust. Der Alte war ein dunkler Ehrenmann, ein Arzt, der sich der Magie ergeben, der Medikamente gebraut, die dessen Sohn – also Jung-Heinrich – Fieberkranken verabreicht hat. Menschenversuche. Tausende sind krepiert. Wir haben »weit schlimmer als die Pest getobt«, gesteht Alt-Heinrich beim Osterspaziergang seinem Adlatus Wagner.

Aber der devote Wagner wischt den Massenmord beiseite. Faust habe seinen Vater halt verehrt und mitgemacht. In gutem Glauben. Nun sei er selbst ein großer Mann. Also Schwamm über Heinrich Faust, den dunklen Nationalhelden, Sproß eines Monsters. Mörder, Mitmacher, Vergewaltiger. Und hoch lebe Faust, gewaltig, grübelnd – für ewig.

»Ich gucke in den Osten und weiß, es sind nicht mehr meine Probleme«, sagt Einar Schleef in seiner Küche. Das Multitalent mit dem Akzent auf Regie stammt aus der DDR und lebt im Westen.

Das ist der Extrakt, den Schleef in unvergeßlichen Bildern auf die Bühne zwingt. Die Geburt des nackten, düsteren Helden aus der Fahne. Schwarz, Rot, Fleisch. Und Gold. Das sind die Farben. Und er bohrt in den Wunden, die Vergessen, Verdrängen, Überlesen, Übermalen heißen. Auf der Fotografie seines Vaters, sagt Schleef, wird 1945, gleich nach dem Ende des Tausendjährigen Reichs, das Parteiabzeichen wegretuschiert. Als wär' nix gewesen. Und heute? Schimmert es wieder durch, das Hakenkreuz, sprießt im Osten wie im Westen aus gutgedüngtem Boden.

Das zeigt Schleef. Subtil und brutal. Und es macht ihn krank, daß sogar Kollegen ihn mißverstehen und zum Faschisten stempeln. Doch, doch, sagt er. Tun sie. Am Schiller-Theater nenne man seine Truppe »Die kleine SS«. Und für Peter Zadek sei er ein Nazi. Der soll nach »Wessis in Weimar«, wo die Akteure nackt unter Wehrmachtsmänteln auftraten, Alpträume gehabt haben. Aber für Zadeks Alpträume, sagt Schleef, ist sein Bett verantwortlich, nicht ich.

Und viele Kritiker könnten ihn genauso wenig ertragen. »Wehrsportgruppe Schleef« haben sie über sein Ensemble geschrieben. Und überhaupt, wie er rumlaufe. Mit Löchern in der Hose. Und stottern täte er auch noch. Klang wie ein Aufruf zur Euthanasie, sagt Schleef. Und immer wieder derselbe Vorwurf: Sein Held sei der Soldat.

So ein Quatsch, sagt Schleef. Der Held der deutschen Klassik ist nun mal der Soldat, der Offizier. Schillers Ferdinand in »Kabale und Liebe«. Die »Soldaten« von Lenz. »Prinz Friedrich von Homburg«. Das sind doch unsere Helden. Killer! Büchners »Woyzeck« ist bei uns noch immer nicht stubenrein.

Zwischen zwei Proben fahren wir zu Schleef nach Hause. Hallo Gabi, ruft er. Wo bist du? Und ist schon in der Küche, einer großen alten Küche mit Blick auf Baum und Laub. Ein Gruß, ein Kuß, ein Blick in den Topf, ein Griff in die gefüllten Paprikas, er nimmt eine, teilt sie, ißt sie, lacht seine Lebensgefährtin an: Entschuldige. Was gibt's dazu? Reis.

Sieht ein bißchen versuppt aus, was?

Nein, sagt sie, al dente.

Aah, das mag er, das Knappe, Coole, Lakonische.

Beim Essen erzählt er von der Schließung des Schiller-Theaters und der Vollversammlung in der Kongreßhalle am Tag zuvor. Die Sitzung begann punkt zwölf. Zu Glockenklang. Und die Glocken dort, sagt Schleef, machen ja nicht nur bim-bam-bum, nein, das ist ein großes komponiertes Geläut. Und ich kam da auf meinem Fahrrad an und dachte: Aha. Grabgeläut. Finito.

Und so war's denn auch. Das bißchen Widerstand, sagt Schleef, wurde plattgemacht. Der Rest war Rentendiskussion. Kein Aufruhr. Kein Kampf. Nur Fragen nach der Rente. Am Ende, sagt Schleef, habe er gesagt: Ich möchte das Schiller-Theater mieten. Ja, da waren sie erst einmal baff.

Schleef will den »Faust« von Anfang an auf großer Bühne spielen. Also Schiller-Theater oder Ascheimer. Anders geht's nicht. Seine Konzeption sei groß angelegt. Die habe keinen Platz in einer Streichholzschachtel. Nein, er wird nicht aufgeben. Eher wird er krank.

Nicht schon wieder, sagt Gabi. Also Einar sei ja ein richtiger Hypochonder. Kommt nach Hause und sagt, er sei krank. Aber er ist nicht krank. Nicht krank? sagt er dann. Er habe Fieber. Ich hol' dann das Thermometer, sagt sie, und die Quecksilbersäule steigt. Fieber. Tatsächlich. Also ab ins Bett.

Zum Nachtisch zeigt Schleef, der malt und dichtet und fotografiert, Bilder, die er vor 25 Jahren in der DDR gemacht hat, am Prenzlauer Berg. Drei alte Damen im Bett. Gemälde in nebligem Schwarz-weiß. Als sie ins Altersheim kamen, sagt Schleef, da starben sie. Welkten dahin. Entwurzelt.

Gelebt, sagt Schleef, hat man ja nur bis August 1968. Bis zum Einmarsch des Warschauer Pakts in Prag. Bis dahin ging es. Auch ohne Geld. Ohne Geld wächst die Kreativität. Und man konnte Kinder bekommen. Schleef hat vier Kinder von vier Frauen. Vom Kindergeld, sagt er, konnte man leben in der DDR.

Warum hat er nicht geheiratet?

Man wollte doch den Frauen die Chance nicht verbauen, sich in den Westen abzusetzen, sagt er. Das war doch die Hoffnung. Ein Mann aus dem Westen. Eine Heirat in die Freiheit. Dafür mußte man ungebunden sein.

1968 lebt Schleef in Prag bei einer tschechischen Freundin. Sie haben ein Kind. Ein paar Tage vor dem Einmarsch fährt er in die DDR, will Batterien besorgen. Als die Panzer rollen, ist das Land für ihn zugesperrt. Mein Kopf reicht noch immer nicht aus, das zu begreifen, sagt Schleef. Danach war das Leben nicht mehr wie früher. Danach hat man auch keine Kinder mehr gemacht.

Er bleibt noch acht Jahre im zugeschnürten Land. Anfang der Siebziger wird er Meisterschüler bei Brechts Bühnenbildner Karl von Appen, inszeniert zusammen mit B.K. Tragelehn ein radikales »Fräulein Julie«, radikal auch »Frühlingserwachen« an Brechts Berliner Ensemble. Der Ärger mit den Oberen ist programmiert.

Und abends, sagt Schleef, sah man Westfernsehen. Das war ja damals noch um elf zu Ende. Und wenn der Kasten leer war, war auch bei uns irgendwie die Welt zu Ende. Um nicht durchzudrehen, ging man raus. Erst in die Kneipe, dann zu Freunden. Oder man hatte die eigene Bude voll. Immer so zehn Leute. Mindestens. Man wollte nicht allein sein. Weil man doch mit den Informationen aus dem Westen gar nicht umgehen konnte. Worüber redete man?

Was wäre wenn...und wenn wir mal sollten...ob wir dann können dürfen. Und wer wie durchkommt und von wem bespitzelt wird. Also immer dasselbe.

Es sind auch Leute durchgedreht, sagt Schleef. Es gab da vier Paare zwischen Leuna, Buna und Bitterfeld. Jeden Abend nach dem Fernsehen sind die aufgebrochen, haben sozialistisches Eigentum zertrümmert, Fenster zerschlagen, auch Leute angefallen, ausgeraubt und alle Hühner einer Farm abgeschlachtet, geviertelt und verbrannt. Über die Horrortruppe wurde damals ausführlich im Radio berichtet. Schleef hat eine Erzählung darüber geschrieben: »Die Bande«.

Er lebt damals schon mit Gabriele Gerecke zusammen. Sie sagt: Einar, wenn du hier nicht mehr sein kannst, geh', ich komme nach. Eines Tages, als er schon im Westen ist, liegt sie im Kofferraum eines Autos. Am Übergang hört sie den Grenzer: Bitte rechts ranfahren. Sie hört, wie der Wagen auseinandergenommen wird. Vielleicht eine Stunde lang. Und die Luft wird dünn. Zuletzt kommt der Kofferraum dran. Bitte öffnen! Und da liegt sie.

Sie kommt ins Gefängnis. Da hatte ich das System der DDR in Brühwürfelform, sagt sie. Da wußte ich endgültig, warum ich in diesem Land nicht mehr leben wollte. Nach eineinhalb Jahren wird sie in den Westen abgeschoben.

Auf der Zeil, Frankfurts Einkaufstraße, sieht Einar Schleef im Fernsehen die Mauer fallen. Und dann steht er nach vierzehn Jahren wieder vor seinem Elternhaus im thüringischen Sangerhausen. am Fuße des Kyffhäusers.

Ich hätte die Steine anschreien können, sagt er. Alles kaputt. Alles verlassen. Trümmerlandschaft. Er schreibt: »Und da stand ich vor unserem Haus, meine Mutter oben hinter der Gardine, ich mußte lange klingeln ... Wie du wieder aussiehst, sagt sie. Steck dein Hemd rein, so stehst du da unten vor der Haustür, wenn das einer sieht.«

Schleef hatte im Westen ein Buch über seine Mutter geschrieben. »Gertrud«, den gewaltigen Monolog einer selbstbewußten Proletarierin, das ihm wenig Geld eingebracht hat, aber die Ehre, mit James Joyce verglichen zu werden. Kopfgeburten entspringen dem Hirn der Mutter, des Sohns, machen aus banalem DDR-Alltag Welt-Leben: »Wie ich mich nur mit solchem Mist umgeben, Jahre darüber nicht nachgedacht, quillt hoch, kriege die Abortgrube gar nicht zu, bin selber Scheißhaufen, nützt kein Mond, keine Sonne ...«

Nun fährt ihn seine Mutter an. Zum Gespött habe er sie gemacht. Nicht mehr auf die Straße habe sie sich getraut. Er wisse wohl gar nicht, was er mit dem Buch angerichtet habe.

Das Buch, sagt Schleef, wurde in Sangerhausen wie auf dem Schwarzen Markt gehandelt, wurde verliehen, vermietet, verbrannt. Ja, auch verbrannt, sagt er. Es war wie ein schlimmes Video, das von Hand zu Hand ging.

Heute fühlt Schleef sich entwurzelt. Macht nicht mit im Land des Kapitals, kauft kein Auto, fährt mit kaputtem Fahrrad, gehört aber, wie er sagt, doch schmerzhaft zum Westen: Ich gucke auf den Osten und weiß, es sind nicht mehr meine Probleme. Entschuldigen Sie bitte.

Dies »Entschuldigen Sie bitte«, sagt er oft. Und es klingt immer etwas vorwurfsvoll, als wollte er sagen: Ja, begreifen Sie doch endlich.

Unruhige Probe am nächsten Tag. Die Akteure wissen nicht mehr, ob sie für den Ascheimer üben. Das Theater wird geschlossen. Das ist beschlossene Sache. Und es gibt keine Verträge, keine Sicherheit. Ruhe! sagt Schleef. Halb drei wissen wir mehr. Halb drei hat der Senat entschieden, ob wir das Theater mieten können oder nicht. Also Ruhe.

Aber Schleef ist ja selbst nicht ruhig. Kaum ansprechbar ist er noch. Sitzt da, gespannt, gereizt, als hätte man ihm die Nerven bloßgelegt.

Drei Uhr – Entwarnung. Schleef trinkt zwei Dosen Cola wie in einem Zug und atmet aus. Ja. Er kann mieten. Nein, die Miete ist nicht hoch.

Wie tief?

Er lacht und sagt: Ich muß an die Luft. Die Summe ist schnell rum. Tausend Mark im Monat. Für das Schiller-Theater.

Abendprobe von sieben bis nachts. Mit Kostümen. Ein Rausch aus Tüll und Seide. Schwarz, rot, gold, weiß, gelb, grün. Reifröcke, Roben, Königliches aus Kunstpelz.

Hat Schleef geerbt?

Nein, sagt er, geliehen. Alles geliehen. Aus Frankfurt. Aus meiner »Götz«-Inszenierung.

Und dann entstehen monströse Bilder. Männer im Hochzeitskleid. Engel. Beim Wort genommen. Der Engel: männlich, weiß, blond. So abstrus sieht das also aus. Mit Haaren im Ausschnitt.

Walpurgisnacht. Irrlichter, Sternschnuppen, Hexen, Puck und Ariel summen und surren tüllbeladen auf der Drehbühne.

Gretchen im Dom, die Mutter gemordet. Der Bruder erstochen. Das Kind im Leib. Der böse Geist im Nacken. Und von hinten kriechen sie an, die Beter und Büßer, kriechen schwankend auf Knien und singen: Dies irae, dies illa solvet saeclum in favilla ... Das ist die Bedrohung. Groß und weit und unentrinnbar.

Und Schleef ist mitten unter ihnen. Er kriecht mit ihnen, singt mit ihnen, ordnet Kostüme, zupft und macht und korrigiert. Jungs, nun trampelt doch in den Kleidern nicht so rum, als hättet ihr Uniformen an. Ihr seid auf den Blocksberg geladen. Also bitte. Nochmal. Nein, nein! Schrott. Die Jungs sind Schrott. Und die Mädchen spielen Disco. Aus. Schluß. Hat keinen Sinn.

Hochnervöse Stille. Wie angewurzelt die Akteure und Schleef sitzt da. Starr und stumm. Sieht aus wie ein Bauer, dem die Saat erfroren ist.

Bloß nicht reden jetzt. Bloß nicht husten. Und dann, als ob nichts gewesen, sagt Schleef: Die Lemuren bitte und Faust.

Die Lemuren singen den gewaltigen Choral: »Wer hat das Haus so schlecht gebaut, mit Schaufeln und mit Spaten ...?« Und da sackt er zusammen, Schleefs Nationalheld auf zwei Krücken, sackt vorm Palast zusammen, der auf Sand gebaut, auf Sumpf, auf Pump und auf Vergänglichkeit. Der Chor dröhnt. Und Schleef dirigiert im dunklen Zuschauerraum sein west-östliches Requiem für Heinrich Faust, der daliegt, nackt unterm Pelz, ein Häuflein schwarz-rot-goldenes Elend.

»*Mich kann nur Dietmar Schönherr spielen*«

Ibrahim Böhme trifft sein Alter ego

Am frühen Morgen des 11. März 1993, einem Donnerstag, hatte Ibrahim Böhme versucht, sich das Leben zu nehmen. Um sieben klingeln die Handwerker an seiner Wohnungstür, wollen den alten Ofen rausreißen und eine Heizung einbauen, aber niemand öffnet. Merkwürdig. Sie hatten sich doch am Tag zuvor angekündigt. Und von der Straße aus haben sie doch eben auch den Kater am Fenster gesehen. Ziemlich wild war der da herumgesprungen, immer ein Stück Gardine hoch und dann wieder runter.

Die Arbeiter klingeln einen Stock tiefer bei Martha Koch: Herr Böhme macht nicht auf. Aber er weiß, daß wir kommen. Die alte Dame kennt das. Wie oft haben in den letzten Monaten Freunde vor seiner Tür gestanden, waren von Greiz hochgekommen, von Tübingen, Hannover, Gera, Neustrelitz – standen da. Und er machte nicht auf.

Aber die Handwerker müssen ja nun rein. Und Martha Koch hat einen Schlüssel. Also hoch. Nochmal geklingelt, gerufen – und dann rein. Herr Böhme? Nichts. Also durch den schmalen Flur ins Wohnzimmer. Und da liegt er. Liegt mit zerschnittenen Handgelenken am Boden. In einer Blutlache. Kater Joseph schleckt vom roten Saft. Notarzt und Krankenhaus.

Ein paar Tage später bekomme ich einen Brief von ihm: »Ja, wo bleiben Sie denn? An wem soll ich denn meine wunde Seele reiben, wenn Sie sich nicht mehr sehen lassen? Glauben Sie bitte nicht, was die Zeitungen schreiben. Mir geht es soweit gut. Arbeite schon wieder täglich bis zu 6 Stunden am Schreibtisch. Mitten im Umbauschmutz.«

In jenem Monat März '93 antwortet die Bundesregierung auf eine kleine Anfrage vom Bündnis 90/Die Grünen. Es geht um

Strafermittlungsverfahren gegen ehemalige inoffizielle Mitarbeiter des Ministeriums für Staatssicherheit.

Frage 12 hieß:

»Hat die Bundesanwaltschaft eines Landes z. B. wegen der besonderen Bedeutung des Falles nach der Veröffentlichung des Buches »Genosse Jonas« im vergangenen Jahr ein Ermittlungsverfahren gegen den dort beschriebenen, vormaligen Vorsitzenden der Ost-SPD und IM des MfS, Ibrahim Böhme, und/oder gegen dessen Führungsoffizier eingeleitet?«

Antwort:

»Der Bundesregierung ist (lediglich) das Buch von Birgit Lahann »Genosse Judas« mit dem Untertitel »Die zwei Leben des Ibrahim Böhme« bekannt. Dieses Buch könnte gemeint sein, auch wenn die Namen Jonas und Judas bekanntlich mit völlig unterschiedlichen biblischen Sachverhalten verbunden sind und eine Verwechslung deshalb kaum nachvollziehbar erscheint...«

Wegen dieses Buches wollte Böhme nichts mehr mit mir zu tun haben. Alles falsch! sagt er. Alles Lüge. Er habe das Machwerk an die Wand geworfen.

Dafür, sagte ich mit Blick auf das Buch, sieht es aber noch sehr ordentlich aus.

Ich habe eben keine Kraft mehr, sagte er.

Danach war Sendepause. Sieben Monate. Bis zum Suizid-Versuch.

Das ist die Zeit, als Horst Königstein das Buch für die ARD verfilmen will. Ich besuche Böhme und erzähle vom Projekt. Der alte Ritus: Der Tisch ist gedeckt. Er kocht Kaffee, holt Kekse, zündet eine Kerze an und freut sich, daß wir wieder on speaking terms sind.

Darf ich Ihre Narben sehen?

Seien Sie nicht so neugierig, sagt er und zieht die Ärmel des Pullovers weit übers Handgelenk. Im übrigen habe er sich nicht das Leben nehmen wollen. Er sei beim Brotschneiden mit dem Messer ausgerutscht.

Ach so, sage ich. Und erzähle vom Drehbuch und einer möglichen Besetzung und merke, daß es ihm schmeichelt. Endlich mal wieder was los.

Aber mich kann nur einer spielen, sagt er.

Wer?

Dietmar Schönherr.

Der 23jährige Guntram Brattia wird Ibrahim Böhme spielen. Und der möchte vor Drehbeginn das Original kennenlernen.

Am 11. November besuchen Ute Mahler, Brattia und ich den Eingeschlossenen vom Prenzlauer Berg, der nun schon im dritten Jahr die Wohnung kaum verläßt. Als Böhme die Tür öffnet und sein Alter ego sieht, sagt er:

Sie können mich nicht spielen.

Warum nicht? fragt Brattia.

Weil Sie keinen Bart haben. Sie müssen sich einen Bart wachsen lassen.

»Ohne Bart und ohne Russisch«, sagt Ibrahim Böhme zu Guntram Brattia, »können Sie mich nicht spielen.« Dann zeigt er dem Schauspieler Fotos aus der guten alten Wendezeit – Böhme in Bonn, Paris, Berlin und Moskau.

Kann ich nicht, sagt Brattia. Ich spiele gerade den Romeo.

Wir sitzen Stunden und reden und rauchen und trinken Kaffee und Wodka. Ute Mahler fotografiert. Er kennt sie aus seinen Glanztagen. Sie war mit in Moskau, beim Wahlkampf, in Dresden, Leipzig, Berlin, immer ganz nah dran. Böhme holt ein paar dieser Fotos, zeigt sie Brattia, der nach der alten Zeit fragt. Und wie das war. Und wie er war. Und Böhme sagt:

Nein wirklich, Sie können mich nicht spielen. Im Ernst. Ich sage das ohne alle Arroganz.

Ich spiele ja nicht Sie, sagt Brattia. Ich spiele die Figur, die an Sie angelehnt ist. Aber jetzt hier sind Sie mein Vorbild. Und ich will sehen, ob ich etwas von Ihnen in mein Spiel übernehmen kann.

Wenn genügend Anekdoten im Drehbuch sind, sagt Böhme, können Sie ja einen Louis de Funès draus machen. Das ja. Aber mein Leben kann niemand spielen.

Sie finden sich im Buch also gar nicht wieder? fragt Brattia.

Die DDR finde ich wieder, sagt Böhme. Aber mich nicht. Auch, wenn Frau Lahann versucht hat, mich neo-freudianisch zu mißdeuten.

Hat Sie denn nach der Wende irgend jemand richtig beschrieben? Ja, sagt er. Maxim Biller.

Natürlich, sage ich. Der hat Ihnen gefallen, weil er auf Sie reingefallen ist. Fragt, ob Sie für die Staatssicherheit gearbeitet haben. Sie sagen »nein«. Da schaut Biller Ihnen – so schreibt er es – in die Augen und weiß, daß Sie die Wahrheit sagen. So ein sentimentaler Quatsch. Sie sind doch sonst so kühl.

Nein, sagt Böhme ruhig. Biller hatte recht. Aber Sie mit Ihrer Stasi-Theorie haben ja das Durchhaltevermögen von Hans-Jochen Vogel.

Aber Herr Böhme, sagt Brattia sanft und bestimmt, Sie hatten in der DDR doch glänzende Kontakte. Sie haben soviel erreicht, soviel durchgesetzt. Das konnte doch nicht jeder. Das ging doch nur über die ...

Also hören Sie mal, unterbricht Böhme. Was wollen Sie mir

unterstellen! Ich hätte auch Briefe nach oben geschrieben, wenn ich Reinmachefrau gewesen wäre.

Aber dann hätten Sie Ärger gekriegt, sage ich. Und im übrigen gab es keine Putzfrauen in der DDR.

Ach, hören Sie auf, sagt Böhme. Und dann sehr freundlich in Richtung Brattia: Wissen Sie, wenn ich bei der Staatssicherheit gewesen wäre, hätte ich so etwas wie einen Ordensgeist. Dann würde ich nicht darüber reden.

Richtig, sage ich. Sie reden nicht darüber, weil Sie den Ordensgeist haben.

Böhme winkt ab und fragt Brattia nach Romeo. Und was er sonst noch so spiele.

Den Ferdinand aus »Kabale und Liebe«.

Aha, sagt Böhme und erzählt, daß er selbst in der DDR Hörspiele geschrieben habe. Und Gedichte. Zitiert dies und das. Und Brattia fragt nach einem Schlager, den Böhme mal gesungen habe. »Wenn du schläfst, mein Kind, schau ich dir in die Augen...« Ja, den habe Manfred Krug populär gemacht, sagt Böhme und singt ihn mit richtig schöner Stimme fehlerfrei und textsicher. Aber das sei kein Schlager, sagt er, das sei ein Schlagerlied.

Und der lange Nachmittag verschwindet im Zigarettennebel. Und als wir gehen, fragt Böhme Brattia:

Sprechen Sie eigentlich russisch?

Nein.

Also, dann können Sie mich wirklich nicht spielen.

Ein Jahr später, am 8. Oktober '94, zeigt Horst Königstein seinen Film »Der Mann im schwarzen Mantel« in Greiz. Da hat Böhme lange gelebt. Da hat Königstein gedreht.

Das Stadttheater ist überfüllt. Fast alle Zuschauer kennen Manfred Böhme, der sich später Ibrahim nannte. Der Film rührt sie an. Ja, sagen sie, so war es. So ähnlich war es. Und Brattia! Wie der junge Böhme. Wo haben Sie nur die Bewegungen her? fragen sie ihn. Und den Blick? Also wie Böhme.

Sie feiern Brattia und Horst Königstein und erzählen die halbe Nacht hindurch im »Café Lebensart«, erzählen all die schönen, schrecklichen Geschichten von damals.

Nur eine Greizerin fühlt sich »schamlos beleidigt«. Weinend, so wird sie zehn Tage später in einem Brief an den NDR schreiben, weinend sei sie vom Theater aus nach Hause gelaufen. Im Film sei mehrmals das Zimmer des Herrn Böhme gezeigt worden. Und Böhme habe einst bei ihrer Mutter als Untermieterin gewohnt. Also könne es ja wohl nur das Zimmer sein.

Aber wie sah das aus! »Unbeschreiblich verwahrlost«, schreibt sie. »Die Tapeten schmutzig-schwarz. Die E-Leitungen hingen lose an der Wand. Tapeten waren teilweise in der Ecke über dem Bett sogar ein- bzw. abgerissen. Das Bett dunkel und abschreckend.«

Sie habe anonyme Anrufe bekommen: »So trostlos habt ihr Untermieter wohnen lassen?« Sie könne sich in der Stadt nicht mehr sehen lassen, schäme sich, habe Angst, angesprochen zu werden. Sie sei am Ende, werde klagen. Aber erst einmal würde ihr Mann weitere Einzelheiten notieren.

Das tut er in der Anlage unter dem Stichwort »Sachverhalt«. Und da steht nun, wie das Zimmer aussah. Samtgrüne Übergardinen, Eichenholz, Schiebetür, Stilmöbel, Ausziehtisch, Nußbaum, »sowie ein grüner Kachelofen mit Sitzbank, Kronleuchter aus Messing und auch an der Wand ein Ölgemälde mit verziertem Goldrahmen (96 x 76 cm) ›Alpenlandschaft mit Watzmann‹. Der sicherlich folgenden Klage werde weiteres Beweismaterial zur Verfügung gestellt.

»Die DDR ist wie eine alte Hose
von uns abgefallen«

Eine Reise durch den Osten

Wir sitzen in der »Hopfenblüte« von Zwickau, Hauptstraße,
Fußgängerzone. Die Sonne scheint, wir trinken Kaffee und gucken
Leute an.

Sieh' dir das an, sagt Ute Mahler. Wie früher. Wenn's warm wird,
holen sie ihre Windjacken raus. Einheitsschnitt in gedecktem
Grau. Damals trug man noch Blechhosen dazu.

Blechhosen?

Ja. so nannten wir diese steifen Dinger aus »Präsent 20«.

Was ist denn das?

Hosen aus »Präsent 20 Rundstrick«, sagt Ute Mahler, war ein
Geschenk der Bonzen zum 20. Jahrestag der DDR ans Volk. Halt-
bar wie Blech. Tja, sagt sie, wir hatten schon harte Strafen hier.

Wir fahren 6 000 Kilometer durch die ehemalige DDR, fahren
durch Schlaglöcher und Platanenalleen, verstopfte Städte und
Wälder, Felder, Plattenbausiedlungen und romantische Dörfer mit
Störchen auf dem Dach. Als wir durch die Schlote von Leuna und
Buna fahren, kurbeln wir wortlos die Fenster hoch. Aber der
gelbe Geschmack bleibt lange auf der Zunge. Als wir durch
Thüringen kurven, dösen Adler am Straßengraben. Unser Weg-
weiser ist der Zufall. Ist eine Notiz im Regionalblatt, ein Schild an
der Straße: »Engel, der bessere Partyservice«.

Gleich nach dem Mauerfall hat Uwe Sell zusammen mit seiner Frau den Keller im Haus ausgebaut, alles gefliest, den »Engel«
ans Auto geklebt, Telefonnummer dazu, Salate kreiert, Gerichte
kombiniert, kleine Feten ausgerichtet, Jubiläen, Hochzeiten, ge-
schuftet Tag und Nacht.

Heute hat er zwölf feste Mitarbeiter. Meisterköche sind dabei,
die arbeitslos wurden in Berliner Ost-Hotels. Er hat sie sofort ein-

gestellt. Wenn einer erst drei Jahre Frittenbude hinter sich hat, sagt Sell, traut der sich an keinen Rehrücken mehr.

Und wie kam er auf »Engel«, das Wort, das es in der offiziellen DDR nicht gab, das »Endjahresfigur« hieß?

Engel, sagt Sell, sind reinlich, flink, sauber.

»Sektfrühstück« bei Edgar und Sylvia Hinze in Hohen-Neuendorf bei Oranienburg.

Mein Mann, sagt die 40jährige, hat mir das Frühstück geschenkt, weil unser Haus abgerissen wird. In einer Woche kommt die Abrißbirne.

Und da lachen Sie?

Klar, sagt Frau Hinze. Wir bauen doch neu.

Und wo ziehen Sie solange hin?

In einen Wohnwagen. Hier auf dem Grundstück.

Und die Möbel?

Werden verschenkt. Wir wollen noch einmal ganz neu anfangen.

Bei mir, sagt Uwe Sell, bestellen nur optimistische Kunden. Dann serviert er in weißem Kittel Avocados, Kaviar-Eier und Geflügelbrüstchen auf Pfirsich. Frau Hinze seufzt beim Anblick der Köstlichkeiten, ihr Mann nimmt sie in den Arm, Cindy und Lulu treten ins Idyll, Hund und Katze, und Carreras schmettert leicht gedämpft den Alfredo von Verdi.

Nein, keine Sentimentalität. Und keine Nostalgie. Seit dem Bau der Mauer wünschten wir ihren Fall. Und nun sind wir frei. Und alles ist besser geworden. Die DDR, sagt Hinze, ist wie eine alte Hose von uns abgefallen.

Hast du die Glatze von Lenin gesehen?

Nee, den Bart von Marx.

Also Bremse und Rückwärtsgang. Dann sehen wir im zusammengekrachten Haus hinter Gittern das sozialistische Dreigestirn mit Engels in der Mitte, ein Gemälde zwischen Mauerresten. Ist von der Landstraße aus nicht zu fotografieren. Eingang suchen.

Der gehört zur Bundeswehrkaserne »Kurmark« in Storkow, Brandenburg. Früher NVA-Objekt. Fotografieren? Moment mal.

Kleiner Papierkrieg. Lange Telefonate. Der Chef möchte uns sprechen. Der sitzt zwischen DDR-Gardinen und NVA-Mobiliar locker und leger da. Wir plaudern über West-Östliches. Natürlich können wir fotografieren und mit jedem reden.

Was willst du, sage ich zu Ute Mahler. Der war doch prima. Und gar nicht verklemmt.

Der war ja auch von euch, sagt sie.

Bist du sicher?

Bombensicher.

Und woran hast du den Westler erkannt?

Am Blick, sagt sie. So selbstsicher haben wir nie geguckt.

Kaffeetrinken mit Oberstleutnant Boeck aus der Pionierbrigade 80, einem ehemaligen NVA-Offizier, der heute dem gesamtdeutschen Heer dient. Wie ist das, frage ich, wenn man plötzlich sein eigener Feind ist? Der 47jährige lacht. Also, so einfach sei das nicht. Deutsch-deutsch, das war nun mal als Schicksal da. Und er hatte auch Verwandte im Westen. Dachte auch schon mal: Wenn's Krieg gibt, muß ich auf meinen Cousin schießen.

Als die Mauer fiel, durften NVA-Soldaten nicht in den Westen. Nicht sofort. War verboten. Eines Tages kommt Boeck nach Hause, und da liegt ein Zettel in der Küche von seiner Frau: »Sind in WB. Kommen aber wieder«. In West-Berlin! Gott, hatte er einen Schrecken gekriegt. Das war an jenem Tag, als Mielke in der Volkskammer sagte: Ich liebe euch doch alle. Boecks Tochter sei ziemlich geschockt mit ihrer Mutter zurückgekommen. Papi, hat sie gefragt, warum gab's das alles nicht bei uns?

Die Zeit von Ende '89 bis Ende '90 sei schwer gewesen. Du hast 20 Jahre die Uniform der NVA getragen. Und nun? Aus. Schlimme Träume hatte er. Schwere Spannungen in der Familie. Schluß! habe seine Frau gesagt. Ich bin Friseuse, ich bring' uns schon durch. Und er dachte: Wenn die nun was finden? Wenn da Stasi-Sachen sind? Dann habe er alles Politische verdrängt. Warte ab, hat er sich gesagt, eine Zündschnur in der BRD ist auch nicht anders als eine Zündschnur in der DDR.

Wo ist seine alte Uniform? Die hab' ich aufgehoben, sagt

Boeck. Für meine Enkel. Man kann doch seine Geschichte nicht einfach so am Brandenburger Tor verkaufen.

Wir stecken mal wieder im Stau. Ein Meter pro Minute. Nach 30 Metern sind wir genervt.
Halt dich fest, sag' ich zur Fotografin und fahre bis zur nächsten Querstraße auf dem zerklüfteten Bürgersteig.
Warum sehen die mich so wütend an? fragt sie.
Weil du in einem Wagen mit Westnummer sitzt. Du bist jetzt eine von uns.

Schloß Wilkendorf über Strausberg bei Berlin. NVA-Hochburg von einst. Und Wildschweindorado für jagdwütige Bonzen. Auf 200 Hektar Land entsteht hier eine der ungewöhnlichsten Golfanlagen vom Einsteiger bis zum Profi. Ein öffentlicher und ein Championship-Platz. Direktor ist der Brite Phil Griffin. Er will, daß jeder spielen kann.

Aber es kann doch jeder bei uns spielen, haben ihm westdeutsche Golf-Direktoren versichert.
Auch Lastkraftwagenfahrer?
Also die natürlich nicht.
Bei Griffin schon. Gute Sportler, sagt er, kommen von unten. Sie müssen Hunger im Bauch haben. Deshalb trainiert er die Kinder aus dem Dorf. Gratis. Die standen hier neugierig rum, sagt er, mal gukken, was los ist. Standen barfuß da in abgerissenen Hosen. 30 hat er geprüft. Die besten hat er genommen. Die werden ausgebildet.

Wir laufen drei Löcher mit Thomas, Dirk und Stefanie. Schlagen wie Profis, die Kids. Und schwätzen zwischen Holz 5 und Eisen 7.
Meine Tante macht auch mit, sagt Stefanie. Die kriegt schon Busen.
Wußtest du, was Golf ist?
Nee, sagt sie.
Und was sagen deine Eltern?
Die arbeiten.
Was arbeiten die?
Mein Vater ist auf'm Bau. Meine Mutter Waldarbeiterin.

Nun quatsch' nicht. Du bist dran. Perfekte Annäherung. Kurzer Putt und – Par.

Jugendweihe in Beeskow zwischen Cottbus und Frankfurt an der Oder. Die Rede hält CDU-Politiker Peter Michael Diestel. Ja, er freue sich, daß man einen Juristen und keinen Pfarrer reden lasse. Wie die Pfarrer sich heute in der Politik so benehmen, das wisse man ja.

Nein, er rede hier nicht, weil er in Beeskow Abgeordneter werden wolle. Nein, er selbst habe auch keine Jugendweihe, er sei konfirmiert worden damals in der DDR, und dafür sei er schwer beschimpft worden von einem Lehrer. Der sagte: »Eines Tages werden wir den Christen die Hände abschlagen« und ließ den Diestel aufstehen.

Ja, man solle widerspenstig sein. Aber nicht in der Schule. Und allen Grauhaarigen dürfe man trauen. Redet mit ihnen über die alte Zeit, ruft der Politiker den Weihlingen zu. Dann werdet ihr ein anderes Bild bekommen. Er nämlich möchte das Verhalten der Alten in 40 Jahren DDR »als Klugheit und stillen Mut« bezeichnen. Da murmelt es im Saal »richtig« und »das stimmt«. Und den meisten Jugendlichen in der Provinz ist es eh wurscht. Die interessieren sich nicht für Politik. Sie wollen nach der Feier nur ein Autogramm vom Diestel.

Ich hab' dem Kind noch gar nicht gratuliert, sagt eine Großmutter und stolpert auf die Enkelin zu.
Laß mal, Oma. Später. Der Herr Diestel, dieser politische Lustbold, der mit Kohl und Gysi kann, signiert der 14jährigen eine der Remittenden, das er allen Kindern mitgebracht: »D wie Diestel«. Dann sagt er: Nun wähl aber auch schön die CDU.

Ute Mahler erzählt mir, wie damals bei ihr im Dorf Jugendweihe gefeiert wurde. Nach dem Polit-Akt zogen die Kinder von Tür zu Tür. Überall gab es einen Schnaps und Zigaretten. Weil die Kleinen ja nun erwachsen waren und gesiezt werden konnten. Nach einer Stunde lagen die ersten benebelt auf der Straße.
Stammtisch in Wittstock-Dosse, Richtung Rostock. Nein, das

»Beim ›Engel‹-Service bestellen nur optimistische Kunden.«
»Ich hab dem Kind noch nicht zur Jugendweihe gratuliert.«

»Gute Golfer müssen Hunger haben – wie die Dorfkinder.«
»Zur Dessous-Modenschau singen wir ›Guter Mond ...‹.«

»Hast du die Glatze von Lenin gesehen?« – »Nee, den Bart von Marx.«
Das sozialistische Dreigestirn – mit Engels – hing in der ehemaligen
NVA-Kantine, die eingerissen wird.

Obertrikotagewerk gibt es nicht mehr. Abgewickelt. Arbeitslose
gibt es. Die könnten wir besichtigen. Besichtigen sollten wir auch
die Sieger der Stadt. Immobilienhändler aus dem Westen. Haben
so gut wie alles aufgekauft.
Wer verkauft ihnen denn alles?
Na, die Stadtväter. Die vakoofen det Land für'n Appl und'n Ei.
Nee, nur für'n Ei. Appl is schon zu teuer. Kost'ne Mark.
Und bums – steht wieder 'n Autohaus. Peugeot, Fiat, Opel,
Mazda, Toyota sind schon da. BMW und Benz kommen noch.
Wer soll die Schlitten kaufen?
Die Arbeitslosen!
Warum wehrt ihr euch nicht und zieht vor's Bürgermeisteramt?
Traut sich doch keener. Angst.

Die SED-Bonzen sitzen doch wieder oben. Alle mit dicken Autos. Trabant würden die nur noch als Aschenbecher benutzen.

Und der SED Kreissekretär von Wittstock, also der ist gleich nach der Wende vor dem Pfarrer in die Knie gegangen und hat sich taufen lassen.

Dabei hatte der den Kommunismus mal erfunden. Wir kriegen keene Arbeit. Und die Wichser werden fromm und schieben sich die Posten zu.

Einen Neureichen ham wa auch.

Nee, keene Namen. War früher Bürgermeister. Heute Lord Kacke. Hat alle Grundstückspläne aus dem Katasteramt ablichten lassen. Das wissen wir. Mit Adressen druff. Na, und wenn nun 'ne Beerdigung is: klingeling und hör' zu: Die Witwe braucht Geld, klar, mit 5 000 Eiern kriegst du die weich. So wird das Land an Wessis verscherbelt. Gegen Provision.

Die Leute reden schon von Bürgerkrieg. Von Krieg zwischen Ost und West.

Und Kanzler Kohl, hat der hier eine Chance?

Bleiben Sie uns weg mit Kohl. Den kann mein Karnickel fressen. Der kann ja noch weniger als Honecker. Also Erich – allet schön und jut. Aber bei Erich hatten wir Arbeet, zu essen und zu trinken. Allet hat jestimmt.

Nee. Fünfzehn Jahre uff's Auto warten – det war Scheiße.

Aber sonst? 78 Mark Miete. Wasser und Heizung inklusive. Heut' zahl' ich 640.

Was wählen Sie?

SPD. Aber nur wegen Stolpe. Der hält wenigstens durch. Sonst wird hier PDS gewählt. Die sind auch nicht doll. Aber die sind von uns. Und dann muß endlich jemand die Hottentotten rauswerfen.

Wie bitte?

Na, die Kanaken. Hier, unser Flugblatt. Können Sie mitnehmen.

»Herr Asylbetrüger, na, wie geht's?
Oh, ganz gut, bring Deutschen Aids
Hab' Kabelfernsehen, lieg' im Bett
werd' langsam wieder dick und fett «

»Arbeitslose können Sie besichtigen, sonst nix.« Der mobile Förster vom Oderbruch ist seltsamer Ruhepol der Reise.

An der Grenze zu Polen schlagen die Ostler zu. Sie sagen noch immer »Polacken«. Aber billig ist billig. Käse, Butter, Gartenzwerge. Die ganz großen, die einem fast bis zum Hintern gehen, kosten 35 Mark.

In Leipzig erzählt eine junge Kellnerin in »Auerbach's Keller«, wie das ist, wenn man seit einem halben Jahr vergeblich um 45 000 Mark Kredit bittet für den Ausbau des kleinen Häuschens. Wer nichts hat, sagt sie, der kriegt nichts. Der Herr Schneider hatte offenbar auch nichts, aber gekriegt hat er. Ja, den habe sie so manches Mal hier bedient. All die Milliarden. Sie kann es nicht fassen. Aber irgendwie schaffen wir es schon, mein Mann und ich, sagt sie. Schlimmer kann es ja nicht werden.

Der Keller füllt sich. Alles Westler, sagt Ute Mahler.

Woran erkennst du das?

Am Gang, sagt sie. So selbstbewußt geht kein Ostler in ein Restaurant.

Die Stadt sieht aus wie ein Zoo mit Giraffen. Kräne über Kräne. Auf dem Weg nach Halle hat sich das Kapital ein Denkmal gesetzt. Da steigt ein Einkaufszentrum aus dem Acker. Gigantisch. Eine kleine Stadt. Wer soll das alles kaufen?

Sonderangebote vor den Geschäften in Chemnitz, Greiz, Magdeburg, Dessau, Neustrelitz, Erfurt. Socken und Unterhosen von Nord bis Süd. Altwaren aus dem Westen. Für den Osten gut genug. Und aus allen Ecken rieselt Musik. Aus Shops und Bars und Restaurants. Schwillt an, schwillt ab. Der Osten verwestet.

Aber noch steht auf jeder Speisekarte eine Soljanka. Und auch sonst halten sich liebe alte Gewohnheiten. Wir übernachten in Bad

Saarow am Scharmützel-See im alten SED-Gästehaus.
Telefonieren? Sagen Sie uns die Nummer, wir stellen durch.
Ich sage die Nummer und höre nichts mehr. Ich frage nach.
Es lief ein Tonband, sagt die Dame vom Empfang. Ich habe draufgesprochen, daß Sie umgehend angerufen werden möchten.
Moment mal, ich möchte nicht angerufen ...
Die Dame unterbricht: Ich habe Ihnen das abgenommen.
Klar, sagt Ute Mahler. So war das doch. Alles wurde uns abgenommen in der DDR. Von der Wiege bis zur Bahre.

Im Café der Clara-Zetkin-Gedenkstätte von Birkenwerder, Brandenburg, moderiert die Lehrerin Margit Gottschalk eine Dessous-Modenschau. Die Mannequins sind Amateure. Frühes bis spätes Mittelalter. Sonst singt noch ein Chor dazu. Singt »Alle Vögel sind schon da ...« zu Frühlingskleidern und »guter Mond ...« zur Unterwäsche.

Modehits, sagt Anita Chudalla – die aus ihrem Geschäft die Show bestückt – sind hier draußen nicht gefragt. Farben sind wichtig. Pink, Mint und Lila. Aber jetzt gibt's Naturtöne. Nee, sagen die Leute, keene Naturtöne. Naturtöne sind so tot. Sie wollen das, woran sie gewöhnt sind. DDR-Mentalität, sagt sie. Und an Pink, Mint und Lila haben sie sich nun gerade mal gewöhnt.

Nach der Modenschau Geplauder bei Kerzen, Wein und »Club« und »Karo«, den Ostzigaretten. Mode sei kein Thema. Mode sei der Spaß am Rande für die selbstbewußten Frauen.

Wie ist das Verhältnis zum Westen?

Voller Vorurteile.

Wir sagen: Ihr seid arrogant. Und ihr sagt: Wir seien doof. Reines Neandertal. Also bleiben wir unter uns.

Aber das »unter uns« sei nicht mehr wie früher. Viele stecken den Kopf in den Sand. Wollen auch nicht wählen. Und lassen sich vom Konsum terrorisieren. Früher war's doch egal, ob man ein Haus hatte oder ein Auto. Man wollte, aber man hatte nicht. Kinder hatte man. Kinder konnte jeder machen. Aber heute wird erst mal angeschafft.

Und die Jungen gehen auch so schnell an den Herd zurück. Sind völlig lethargisch.

In meinem Modeladen, sagt Anita Chudalla, merke ich das auch. Junge Frauen probieren was an. Steht ihnen. Sieht prima aus. Und dann sagen sie: Ich muß erst meinen Mann fragen. Also, dann dreh' ich durch, sagt sie.

Ich war über zwölf Monate im Krankenhaus. Keiner meiner Kollegen ist gekommen. Das wäre zu DDR-Zeiten nicht passiert. Nach einem Jahr kam jemand vorbei. Da hab' ich gesagt: Zu spät. Ja, die Freundschaften sind weggebrochen.

Freundschaften? Das waren keine Freundschaften. Wir waren eine Notgemeinschaft in der DDR. Das wird jetzt so richtig klar.
Ich möchte keine Stunde in die DDR zurück. Seit der Wende sag' ich mir jeden Morgen, wenn ich aufwache: Ja. Du kannst. Du mußt nicht. Aber du kannst.

Was? Sie wollen was wissen? Sie wissen doch alles, sagt einer, den wir in Eisenhüttenstadt nach dem Weg fragen.
Was wissen wir denn alles?
Na, daß wir faul sind, ewig jammern, bei der Stasi waren und noch immer rote Socken tragen. Was wollen Sie denn noch wissen?
Wo die Ringstraße ist.
Wie hieß die früher?
Auch so ein Thema, Straßennamen verschwinden zu lassen, sagt der alte Bildhauer Heinz Worner. Wir sitzen mit ihm und sei-

»Eine Zündschnur in der BRD ist auch nicht anders als eine Zündschnur in der DDR«, sagt Oberstleutnant Boeck, ehemaliger NVA-Offizier.

ner Frau, die noch als Sekretärin von Ernst Thälmann gearbeitet hat, bei Rotwein in Pankow. Fast alle Thälmann-Straßen – weg. Ernst Toller soll in Suhl verschwinden. Toller! Dieser Humanist und Pazifist. Rosa Luxemburg – weg. Clara Zetkin auch. Welche Unkenntnis. Und der Platz der Nation wird zum Luisenplatz. Weil die unter Napoleon gelitten haben soll. Also da kenn' ich andere, sagt Worner, die unter Napoleon gelitten haben.

Und im Westen? fragt er. Gibt's in jedem Nest 'ne Bismarck-Straße. Dabei hat der zwei Kriege riskiert. Und West-Kasernen heißen »Kübler« und »Hüttner«. Hitlertreue Nazi-Generäle waren das. Wissen die Leute das bei Ihnen nicht? Und bei uns streichen sie Marx und Engels. Na, sollen sie. Die wollten nie verherrlicht werden. Und ich muß nicht durch ihre Straßen gehen, sagt Worner, um Marxist zu bleiben.

Tee bei Vera Wollenberger in Sondershausen am Kyffhäuser. Die Bundestagsabgeordnete vom Bündnis 90/Die Grünen – die traurige Berühmtheit erlangte, als sie erfuhr, daß der eigene Ehemann sie für die Stasi bespitzelte – kommt gerade aus Bonn und atmet durch in ihrem Haus am Wald. Kurz nur. Dann hat sie Sprechstunde. Da geht's um Renten, Zwangsenteignung, Stasi-probleme. Da ist sie Therapeutin und Seelsorgerin.

Die Leute verkraften es nicht, daß die sozialen Bindungen den Bach runtergehen. Und es ärgert sie, daß die West-Medien immer wieder schreiben: Der Osten sei nur am Aufschwung interessiert. Stimmt nicht. Also hier nicht, sagt sie. Die Leute wollen mit ihrem Leben klarkommen. Daher auch die Ostalgie. Auch der Hang zur PDS. Aber da kann sie sich aufregen. Und was will der alte Stefan Heym in der Partei! Als Abgeordneter wird er nie arbeiten. Kann er gar nicht. Sie weiß doch, was Abgeordnete zu schuften haben. Also sei das Ganze unredlich. Betrug am Wähler.

Daß wieder Ostprodukte gekauft werden, findet sie gut. Tut sie auch. Kauft Greussener Salami, Bautzener Senf, Marmelade aus Göllingen, Gurken aus dem Spreewald, Pflaumenmus aus Mühlhausen. Und die Ost-Brötchen sind nun mal die besten. Die Leute, sagt sie, haben auch begriffen, daß zwischen Kaufverhalten und Arbeitsplätzen ein Zusammenhang besteht.

Dann setzt Vera Wollenberger sich für Ute Mahler mit Jakob, dem Jüngsten, vor's Haus. Ganz ruhig, ganz weg von allem. Aber das Elend der eigenen Geschichte hat sich streng in ihr Gesicht gegraben.

Goethe-Gymnasium, Reichenbach in Sachsen. Wir diskutieren mit Abiturienten. Es sind jene Schüler, die nach dem Fall der Mauer die Chance hatten, Abitur machen zu dürfen, also ohne alle Einschränkungen wie noch zur Zeit der DDR.

Deutschstunde. Wir sprechen über Anna Seghers, Christa Wolf und Hermann Kant. Die »Aula« von Kant sei all die Jahre ein »Muß« gewesen. Heute, sagt die Lehrerin, würde sie ihn nicht mehr behandeln.

Warum? Hat ihr das Buch nicht gefallen?

Doch. Aber ich lehne ihn ab. Die Freiheit hab' ich jetzt, sagt sie. Was man alles über ihn gehört habe, Stasi-Kontakte und so. Also sie lehne ihn ab als Mensch und als Persönlichkeit.

Die Abiturienten sagen nichts dazu. Sie sagen überhaupt wenig, bis auf zwei, drei.

Haben Sie ein Idol? Schweigen. Dann sagt eine: Stephen King.

War Lenin mal ein Held für euch?

Zögerndes »Ja«. Es wurde ihnen so beigebracht. Man habe ja auch dran geglaubt.

Ich nicht, sagt einer. Sein Vater habe ihm den Lenin ausgetrieben.

Kam er sich da nicht meschugge vor, zu Hause so zu denken und in der Schule anders?

Nein. So war halt unser Leben. Und ob wir im Westen in der Schule denn immer gesagt hätten, was wir dachten?

Sicher nicht, sage ich.

Ich habe mir Demokratie ganz anders vorgestellt, sagt die Lehrerin. Absolut positiv.

Was stört Sie?

Die Zwänge. Die sind noch immer da. Sind nur nicht mehr lebensgefährlich.

Es ist auch in der Demokratie besser, wenn man still ist, sagt eine Schülerin. Mundaufmachen bringe nichts.

Wer möchte nach dem Abi in eine Partei eintreten.

Niemand.

Aber heute kann man doch unter vielen Parteien wählen.

Ach nein, lieber nicht.

Demonstrieren Sie?

Auch nicht. Lesen auch wenig Zeitung. Nachrichten sehen sie schon. Manchmal.

Wie war früher euer Bild vom Westler?

Die dürfen alles, die haben alles.

Und heute?

Die wissen alles besser.

Särge werden in Lieberose seit 1957 gemacht. Särge, Durch-reichen für den Plattenbau und Betten für Ikea. Unser Chef damals, sagt Helmut Jakobitz, heute Geschäftsführer der Sarg-fabrik, hatte keine Ahnung. Dafür war er ein guter Genosse.

Nach der Wende – Zusammenbruch. Ein Sargmacher West aus Wesel hilft. Der Betrieb wird reprivatisiert. Der Dreck von dreißig Jahren weggeräumt. Zwanzig Leute neu eingestellt. Dazu drei Azubis. Alle aus dem Osten. Jetzt bauen wir nur noch Särge, sagt Jakobitz, denn Särge gehen immer.

Weiße Särge für junge Tote, Aidskranke suchen sich ihr »Erdmöbel«, wie es zu DDR-Zeiten hieß, noch selbst aus, einfache Kisten in blau, gelb oder mit Marmoreffekt. Der Nachwende-Sarg war schlicht und billig. So zwischen 300 und 1 000 Mark. Man wollte doch reisen, sagt Jakobitz, hatte sich Autos und Kleider gekauft. Da gab's für den Tod kein Geld.

Wir fahren durch Greiz, das verfallene Idyll an der Weißen Elster. Die ganze Stadt ist aufgerissen. Irgendwann wird sie wie neu sein. Wir spazieren im Staub. Die Leute müssen hier mit allem

auf einmal fertig werden, sagt der Lyriker Günter Ullmann. Sie müssen Demokratie lernen und lernen, arbeitslos zu sein, und die Vergangenheit müssen sie bewältigen und ihre Angst und ihre Akten. Alles auf einmal. Er sagt uns sein Gedicht zu Deutschland:
blaue Straße
wohin führst du
uns
in die mauern der kaufhäuser
ins ritual der ellenbögen
in das reich des vergessens
und immer von uns
weg
Wir fahren meilenweit über neuen Asphalt, fahren durch Birkenwälder und wilde Industrieruinen, fahren durch den späten Frühling und finden das Land schrecklich schön.

Im Stadtmagazin eine Anzeige: VEB – Volkseigener Betrieb – Leipzigs ultimative DDR-Kneipe. Nelken und Winkelelemente erwünscht, denn manchmal kommen sie wieder!

An einem wunderschönen Frühlingsabend sammeln sich die Sieger bei Potsdam auf Gut Seeburg und marschieren über den Champagnerberg – ins Pololand hinein. Die Pferde gestriegelt, die Herren in feinem Zwirn, die Damen reich geschmückt mit goldenen Halsbändern. Sie trinken Perlendes und talken small, sehen aneinander vorbei und sagen: Man sieht sich. Küßchen, Küßchen. Dann schreiten sie zur Eröffnung des exklusiven Poloclubs, schreiten in den renovierten Flachbau, der vor der Wende zu einer LPG gehörte. Viele hundert Schweine wurden dort gemästet. Heute steht hier das Buffet zwischen roten Schleifen und weißen Schürzen.

Und da kann ich sie nicht mehr sehen, diese Luxus-Leute, diese Bussi-Gesellschaft, diese Westler mit dem Immobilienblick. Da möcht ich zum Ostler werden.
Nee, sagt Ute Mahler. Weeßte, wir haben vierzig Jahre gebraucht, bis wir wurden, wie wir sind. So einfach kannste det nicht haben.

»*Also das hier kann mich meine Karriere kosten*«

Marianne Hoppe probt Heiner Müllers »Quartett«

Wie läuft's?

Na, wie immer.

Was heißt, wie immer?

Explosionsgefahr nicht ausgeschlossen, sagt der Bühnenarbeiter.

In der Probenpause klopfe ich an Marianne Hoppes Garderobe.

Kriegen Sie die Motten, wenn ich zuschaue?

Sie lacht einen Trompetenstoß. Die Motten? Die hab' ich doch längst.

Die große alte Dame sitzt auf der Brecht-Bühne des Theaters am Schiffbauerdamm und sagt Sätze im Zeitlupentempo: »Was sonst haben Sie gelernt, als Ihren Schwanz in ein Loch zu manövrieren ... Der Gedanke, der nicht Tat wird, vergiftet die Seele ... Ich lache über fremde Qual ...« Sätze aus Heiner Müllers »Quartett«, dieser sadistischen, inzwischen verloschenen Liebschaft zwischen der Marquise von Merteuil und dem Vicomte von Valmont.

Die Wehen der Gewalt setzen in Müllers Stück vor der Französischen Revolution ein, die Geburt endet nach dem Dritten Weltkrieg. Mit Verwüstung. Verrohung. Schlachtung des Herzens. »Haben wir ein Herz?« fragt der Vicomte die Marquise. Schon de Sade habe vor zweihundert Jahren in seinen Schriften das Herz gemordet, »diese Schwäche des Geistes«.

Heiner Müller führt Regie. Spartanisch wie immer. Marianne, bitte nicht zu Valmont drehen ... ganz kühl ins Publikum ... hier sollten Sie aufstehen ... schauen Sie in den Spiegel, ja, so ...

Einmal plaudert er in die Strenge seiner Absicht hinein. Da geht es im Text um Jagd und Schüsse. Es gab bei uns mal einen Förster, der Gedichte schrieb, sagt Müller. Die schickte er Johannes R. Becher. Ob der die mal lesen und ihm das Reimen richtig beibringen würde? Gut, schrieb Becher zurück. Aber nur, wenn der Förster ihm zeige, wie man schießt.

Und? fragt die Hoppe.

Sie sollen mit Gewehren im Wald gesichtet worden sein, sagt Müller.

Die Probe lahmt. Die Hoppe sitzt in der Loge. Sie soll dem Vicomte zuschauen, wie der eine Jungfrau frisch aus dem Kloster verspeist und erwürgt. Sie guckt eine Weile über die Brüstung. Dann legt sie sich nieder. Legt sich auf den Logenboden.

Marianne? ruft Heiner Müller. Wo sind Sie?

Der schöngefaltete Hoppe-Kopf taucht aus der Versenkung auf.

Ach, fragt sie knapp. Schon fertig da unten?

Nein, sagt Müller. Sie sollen doch zuschauen da oben.

Mir ist das zu hell hier, sagt sie. Der Scheinwerfer ist einfach zu hell. Und daß sie auch noch diese Bohnensuppe gegessen habe vorhin. Ihr brummt der Bauch und auch der Schädel. Wirklich. Sie kann nicht mehr.

Da hab' ich was, Marianne, sagt Heiner Müller.

Die Hoppe kommt zurück auf die Bühne. Müller zieht ein Fläschchen aus der Tasche.

Was ist das?

Japanisches Riechöl.

Wogegen?

Gegen alles, sagt Müller. Sie müssen sich einen Tropfen aufs Haupt schmieren. So, sagt er, ich mach's mal vor. Sie guckt und macht es nach. Und da stehen sie auf der Bühne, der Müller und die Hoppe, neigen die Häupter voreinander und reiben sich Öl ins Haar.

Also Schluß für heute. Marianne Hoppe geht in ihre Garderobe.

Was mach' ich hier eigentlich, fragt sie so in die Luft. Und das meint sie ernst und auch wieder nicht. Dann nuschelt sie Textfetzen vor sich her, als ob sie Steine mit den Füßen kickt. Ganz spielerisch macht sie das. »Willkommen in der Sünde …und was der Pöbel Selbstmord nennt, ist die Krone der Masturbation …«

Wie denkt die Preußin über diesen Müller-Text? Wie hat sie ihn gelesen? Wie gefunden? Ach, das sei doch alles ganz anders, sagt sie, das habe nicht mit Lesen zu tun. Ich zieh' einen Blitz an, sagt sie. Und dann steh' ich da. Und muß damit fertig werden. Also das hier kann mich meine Karriere kosten.

Wie bitte?

Aber sicher, sagt sie. Ich weiß jetzt schon, was die Kritiker schreiben werden.

Was denn?

In unnachahmlicher Hoppe-Manier schwappen nun Wörter aus dem Mund, Wörter, die keinen Sinn ergeben, die nur den Ton anschlagen. Und der ist vernichtend.

Aber Sie lieben doch das Experiment, sage ich. Mit 80 haben Sie bei Bob Wilson den König Lear gespielt. Mit 83 das Gretchen bei Einar Schleef. Und jetzt sind Sie Müllers Marquise. Die Hoppe schwenkt ab. Wir spielen ja auch völlig verschieden, der Martin Wuttke und ich, sagt sie.

Klar, der junge Vicomte und Sie. Das ist ja das Spannende.

Na, hoffentlich, sagt sie.

Aber heute – das war nix. Und eigentlich sei sie auch krank.

Ja, ja. Und ich schlaf' ja auch nicht.

Wieso schlafen Sie nicht?

Na, was soll man denn nachts in einem Hotelbett tun? Da schläft man doch nicht. Gestern abend sei sie übrigens mit Henry Kissinger im Aufzug hochgefahren. Sie sagt zu ihm: Da muß man also ins Hotel gehen, um so einem hohen Herrn zu begegnen. Er habe dann irgendwas gemurmelt wie: Und Sie sehen so künstlerisch aus, sind Sie Künstlerin? Ja, habe sie gesagt und sei gottseidank auf ihrem Stockwerk gewesen und konnte aussteigen.

Naja. Aber das Stück? Sie habe ihrem Sohn verboten, in die Premiere zu kommen?

Hält er sich daran?

Aber sicher, sagt sie, und schiebt sich lachend ihren Hut ins Gesicht. Das alles gehört zum Spiel. Das gibt den Kick. Der treibt nach vorn. Immer zum Abgrund hin.

Der Rest der Müller-Crew erholt sich in der Kantine. Einer am Tresen fragt:

Spielt sie noch?

Doch.

Aber?

Kopfschmerzen.

Auch das gehört zum Spiel. Ist Ritual. Gestern. Heute. Morgen.

Der Text ist schwer. Und lang. Warum spielt sie nicht mit Knopf im Ohr?

Was ist denn das?

Die drahtlose Fern-Souffleuse.

Wie schrecklich.

Wieso schrecklich? Bernhard Minetti spielt seit Jahren so.

Die Hoppe nicht. So was lehnt sie ab.

Warum hat Heiner Müller seine Marquise mit der 84jährigen Hoppe besetzt. War das Kalkül? Affront? Theatercoup?

Die Rolle, sagt Müller, hat noch nie mit jungen Frauen funktioniert. Bei jungen Frauen fehle soviel Erfahrung und soviel Biographie. Ich wollte, daß meine Marquise aus einem großen Erinnerungsraum spricht.

Was zählt, ist der Text. Nicht das Spiel. Der Text vom Ende aller Werte. Müller erzählt, was er in Los Angeles gehört. Ein 14jähriger fragt einen Gleichaltrigen: Bist du lieber lebendig oder tot? Sagt der: Das ist doch egal. Und Müller zitiert einen Brief von Engels an Marx. Da ist Engels ganz glücklich, daß die Kriminalität in Wuppertal steigt. Wenn die Kriminalität steigt, steht die Revolution bevor. So war das damals.

Und heute? Hat Müller da heute noch Hoffnung?

Wohl nicht, sagt er.

Haben die Hoppe und er über seinen Text gestritten?

Wir haben kaum über den Text geredet, sagt er.

Und wie haben Sie sie überzeugt?

Überzeugt? Ich weiß doch gar nicht, ob sie überzeugt ist.

Aber in ein paar Tagen ist Premiere.

Wer sagt Ihnen denn das? sagt Müller und lacht.

»*Traut euch doch, es sieht ja keiner*«

Gregor Gysi sorgt für 20 Prozent PDS in Sachsen-Anhalt

Also, der kleine Mann hier mit der Nickelbrille, das ist der Gysi. Nun fragt ihn mal. Nach langem Pausenloch wagt sich der erste:
Wie stehste denn zu Drogen, Gregor?
Hasch, sagt Gysi, ist nicht gefährlicher als Alkohol. Also, er sei für Legalisierung.
Letzte Woche, sagt der junge Mann, war Angela Merkel hier. Von der ham wa det Gegenteil jehört.

In der »Wurzel« von Marzahn, dem Jugend-Club im Ostberliner Plattenbauviertel, fragen halbe Linke und gewendete Rechte den PDS-Mann nach Ausländern, Alkohol, Arbeitsplatz und Nostalgie.
Und biste auch für Todesstrafe?
Nein, sagt Gysi. Und erklärt: Wenn der Aufklärungsdruck groß ist – und das ist er immer, wenn Mörder überführt werden sollen – ist die Rate der Irrtümer am größten. Er sei Strafverteidiger. Er kenne das aus der Praxis.
Aber wenn ein Kinderschänder gesteht, jehört so eener erschossen und begraben.
Nein, sagt Gysi. Und erzählt von Geständigen, die unschuldig waren.

Die jungen Leute trinken Bier und Cola, knabbern Cracker und sind zu Fragen irgendwie zu faul.
Gregor, sagt schließlich einer, erzähl doch mal aus deiner Kindheit. Da zündet Gregor Gysi sich eine Zigarette an, lehnt sich in den gewaltigen Sessel zurück und erzählt von der jüdischen Familie, den Eltern, die gegen Hitler gekämpft. Mit 9 wünscht er sich einen Matrosenanzug, mit 12 schreibt der Jungpionier sei-

ner Mutter: Bin verlobt. Mit Lilo, der Küchenfrau. Wir wollen hier noch heiraten.

Erzählt, wie er Kfz-Schlosser werden will, aber zu jung ist und statt dessen Rinderzüchter lernen muß vor dem Abitur. Und wie er da nun immer hinlatschte und Kühe molk und nicht wußte, was er wirklich werden sollte und auf Diplomat kam. Diplomat klang nach Cocktail und nach Rotem Paß, sagt Gysi. Und er hätte auch gute Chancen gehabt, weil sein Vater damals schon Kulturminister war.

Kann ich meinen Motorroller mit nach Moskau nehmen?

Nein, sagt die stramme Genossin. Er kann darüber nachdenken, was er alles lernen muß: Russisch, Französisch, Hindu vielleicht noch...

Der Spaß ist ihm verdorben.

Und wie er dann auf der Straße die Mutter seines Freundes trifft.

Studier' doch Jura, sagt sie.

Nee, schrecklich, da muß ich ja das Gesetzbuch auswendig lernen.

Ach wo, sagt die Frau. Ihr Mann habe gesagt: Jura ist ein Studium für Doofe.

So ist er Strafverteidiger geworden für Diebe, Räuber, Mörder. Später für die Oppositionellen Robert Havemann, Rudolf Bahro und Bärbel Bohley.

Na ja, mit 19 in die SED, mit 20 Heirat, mit 22 Vater seines Sohnes George, mit 26 geschieden und Alleinerzieher. Abends holt er den Jungen vom Kindergarten, kocht Spaghetti, kauft Saft und Socken. Sein Sohn, sagt er, habe ihn davor bewahrt zu verkommen. Kinder disziplinieren. Und es prägt einen schon, wenn man Abend für Abend Märchen vorliest. Märchen der Gebrüder Grimm, wo es diese merkwürdigen Mitmacher gibt, die nicht gut sind und nicht böse, sondern ängstlich und sich nicht trauen. Wie der Vater bei »Hänsel und Gretel«. Liebt die Kinder und läßt zu, daß sie vielleicht im Wald verhungern. Könntest du das auch? fragt Gysis Sohn den Vater.

Gysi erzählt das alles so locker und charmant, daß die störrischen Gesichter unter den Halbglatzen ganz verträumt aussehen.

Wir sitzen zwischen Wahlkampfterminen bei Kaffee, Kuchen und Zigaretten. Gysi putzt sich die Brille. Ohne Brille, sagt er, das ist der einzige Trick, nicht erkannt zu werden.

Hat er mal mit seinem Vater, Klaus Gysi, darüber geredet, warum der im Faschismus sein Leben aufs Spiel setzte und später als Kulturminister bei Honecker nicht den Mut fand, gegen Beton-Genossen und Generallinie zu protestieren?

Ja, sagt Gysi. Und es hat gedauert, bis ich es begriff. Im Dritten Reich konnte er mutig sein, weil er so viele Antifaschisten an seiner Seite hatte. In der DDR fehlte ihm der Mut, weil er mit ihm allein geblieben wär.

Und warum hat er selbst eine Partei übernommen, die Angst und Schrecken verbreitet und Spieß und Devotismus ausgebrütet hat? Als ich Robert Havemann verteidigte, sagt Gysi, fragte ich ihn, warum er nicht aus der Partei austrete, die er so scharf kritisiere. Da hat er gesagt: Wie kommen Sie mir denn vor! Das ist doch meine Partei. Der Honecker gehört nicht rein.

Und dann sei auch Sentimentalität im Spiel. Die Partei wurde von Rosa Luxemburg und Karl Liebknecht gegründet, sagt Gysi. Da kann ich doch nicht einfach so das Licht ausmachen. Da hängt man doch dran. Mit allen Fehlern, die es gegeben hat. Ja, da sei er voller Emotionen.

Ach, Gregor Gysi! Und die alten Geister werden Sie nun nicht mehr los. Die üblen Mitmacher, die Inkaufnehmer, Verhörer, die alten MfS-Offiziere, strammen Vopos und kühlen Kerle von der NVA. Ganz Strausberg und auch der Berliner Stadtteil Lichtenberg, wo viele der Herrschaften hausen – knallrot.

Halt! sagt Gysi. Halt. Vielleicht wählen die uns. Wenn sie überhaupt wählen. Aber die wenigsten von denen sind in der PDS. In Bonn sagen übrigens auch immer alle: Euch wählen die falschen Leute. Aber sie wollen die Stimmen haben. Es sei wirklich ungerecht, wenn man nicht endlich registriere, daß von 2,3 Millionen Mitgliedern der alten SED nur 138 000 in der PDS geblieben sind. Nein, nicht mal. 15 000 davon sind Neueintritte. Und es ist für mich auch nicht das Problem, sagt Gysi, mit Menschen umzuge-

»Es hat mich schon geprägt, daß ich meinem Sohn Abend für Abend Märchen vorgelesen habe«, sagt Gregor Gysi in seinem Schlafzimmer mit Blick auf die Immanuel-Kirche am Prenzlauer Berg. »In Märchen gibt es doch diese merkwürdigen Mitmacher, die nicht gut sind und nicht böse, sondern ängstlich und sich nicht trauen.«

hen, die sich schuldig gemacht haben. Das ist schließlich mein
Beruf.

Erich Honecker, sage ich, schreibt in seinen »Moabiter
Notizen«, die gerade erschienen sind, Sie, Modrow und Markus
Wolf hätten ihn gestürzt und die SED ruiniert.

Ach, diese Verschwörer-Theorie, sagt Gysi. Einfach Stuß. Wolf
habe ich am 4. November '89 auf dem Alexanderplatz zum erstenmal gesehen, und Modrow im Dezember. Wie hätten wir da
stürzen sollen. Also, da irrt der Herr.

Wahlkundgebung in der Plattenbausiedlung von Magdeburg.
Bravo-Rufe für den Redner. Und dreimal rote Nelken in Cello-
phan. Also, wenn Magdeburg einen PDS-Oberbürgermeister
bekäme, sagt Gysi, ihr würdet weltberühmt werden. Und wer
weltberühmt ist, der bekommt auch viel Besuch. Und es wird
investiert. Da lacht das Volk.

Gysi, sagt die grüne Politikerin Vera Wollenberger, reduziert
Politik auf Talkshow-Statements. Seine Medienauftritte verdankt
er neben seiner Schlagfertigkeit dem Irrtum, die PDS sei eine
reformierte Partei.

Also, geben Sie ihre Stimme der PDS, sagt Gysi. Auch in der
Bundestagswahl. Was hat Kohl gesagt? »Ich will's nochmal wis-
sen.« Bitte, sagt Gysi. Sorgen sie dafür, daß er's erfährt. Und der
Entertainer setzt noch eins drauf. Man werde ja zur Wahl im
Oktober nicht gleich 50 Prozent bekommen. Wenn doch, würde
er das Ergebnis erst einmal anfechten.

Ich weiß nicht, sagt Friedrich Schorlemmer, ob Gysi ein
genialer Spieler ist oder ein guter Politiker. Das macht ihn
unheimlich für mich. Ein Zyniker allerdings sei er nicht. Er halte
ihn schon für einen demokratischen Sozialisten, der den Finger auf
die Ost-Wunden lege. Aber er hat eine Partei im Rücken, die
möchte ich nicht geschenkt haben, sagt Schorlemmer. Die PDS sei
demokratisch, heißt es. Also demokratisch doch wohl in dem
Sinne: Jeder kann sagen, was er will. Aber wir haben recht.

Und Gysi spricht über teure Mieten. Und Wohnungen
müssen Sozial-Objekt sein, nicht Markt-Objekt. Und der Para-

graph 218 soll von den Frauen allein entschieden werden. Und die Tür zu Oper, Theater und Bibliotheken muß für alle offen sein. Der PDS-Star suggeriert enttäuschten Bürgern: Ihr kriegt wieder, was ihr verloren habt. Arbeit, Wohnung, billige Mieten. Unerfüllbare Sehnsüchte spiegeln sich auf den Gesichtern der Magdeburger.

Dennoch hat die Wahl der PDS weniger mit Nostalgie und Emotion zu tun als mit Ratio und Protest. Auch ohne Programm. Die PDS macht den Bonnern das Leben schwer, nicht die SPD. Nein, sagt Gysi, wir wollen nicht gleich wieder regieren. Wir haben Geschmack an der Opposition.

Und noch etwas hat die PDS. Sie schafft zum erstenmal nach dem Fall der Mauer ein neues Wir-Gefühl bei verbitterten Ostlern. Wie auf dem Wahlplakat in Magdeburg: Gysi mit verschränkten Armen. Darunter steht »Kopf hoch. Nicht die Hände.«

Und so lachen sich die Leute denn weg, wenn Gysi sagt: Traut euch doch mal. Wählt PDS. Es sieht doch keiner. Und man traut sich doch sonst nichts.

Ja, Gysi ist ein Lustpolitiker. Jede Werbefirma würde ihn glanzvoll bezahlen. Er sagt: Jeder sollte einmal im Leben PDS wählen. Tun sie's jetzt. Dann haben sie es hinter sich. Sowas fällt ihm zwischen Kaffee und Auftritt ein. Und wer hat Angst vor roten Socken? Gysi nicht. Der sagt: Rote Socken, warme Füße.

Gysi ist ein Mann von geradezu undeutscher Heiterkeit, sagt sein Hamburger Anwalt Heinrich Senfft. Mit ihm kann man sich die Bälle nur so zuwerfen. Und das ist in unserem Beruf doch wohl selten.

Eröffnung einer Ausstellung erotischer Fotos von Brigitte Mayer in Hamburg St. Pauli. Gregor Gysi hält die Rede. Aaaah, da kommt er. Umarmung der Fotografin, Umarmung ihres Mannes Heiner Müller, Nicken, Grüßen, Lachen, los.

Sie sehen hier einen typischen verklemmten Ossi vor sich, sagt er. Ach wo, er spricht nicht über die Liegenden, Lagernden, Küssenden an der Wand. Er springt gleich in die Politik. St. Pauli! Erfreuliche PDS-Quote. Ja, er komme gern hierher. Und das Frauenbild in der ehemaligen DDR? Na ja, man war nicht eben verwöhnt mit Akt und nackt. Aber die Herren in Bonn? Du liebe Güte. CDU und CSU und der Paragraph 218. Also da sei die PDS doch fortschrittlicher. Und plaudert ein viertel Stündchen vergnügt und ohne Spickzettel.

Üben Sie Ihre Reden vor dem Spiegel? fragt ihn ein junges Mädchen.

In der Badewanne halte ich Reden, sagt Gysi. Aber ich übe nicht.

Anfang '93 tritt Gysi vom PDS-Parteivorsitz zurück. Auch, weil er wieder ein Privatleben führen möchte. Auch, weil er fürchtet, nur mit Politik und ohne Kunst und Kultur seine Persönlichkeit zu verlieren – wie die meisten in Bonn. Auch den Personen-Kult möchte er bremsen, diese Ein-Mann-Show, die, wie er sagt, seinem Charakter doch so sehr entgegenkomme.

Was hat er also gelesen im letzten Jahr?

Stefan Heyms »Nachruf«, von Eco »Das Pendel« und Juristenschmöker, »Die Akte« und »Die Firma«. Ja, sagt er, auch sowas mit Unterhaltungswert.

Und das Privatleben?

Ist auf alle Fälle etwas intensiviert worden.

Wer informiert ihn nach seinen Auftritten über die Fußballergebnisse, Weltmeisterschaft?

Mein Fahrer, sagt Gysi.

Und welche Mannschaft will er siegen sehen?

Also da bin ich immer für die Schwarzen, sagt Gysi. Ist doch klar.

»Laß die lieben Kinderchen da mal raus«

Manfred Stolpe, ein Liebhaber der Macht,
im Wahlkampf

Also, der Mann hält was aus. 39 Grad im Schatten, und die Krawatte sitzt fest unterm Kinn.
Wann lockert er den Knoten?
Ab 42 Grad, sagt er.
Manfred Stolpe ist um 5 Uhr 15 aufgestanden. Tageslosung, Meditation und vierzig Liegestützen. Dann seien die Gegner des Resttags leichter zu nehmen. Die Stunde am Morgen, sagt Stolpe, brauche ich. Da kann ich keinen Menschen ertragen. Da muß ich allein sein. Gottseidank sind Frau und Tochter Spätaufsteher.
Um 9 ist der Ministerpräsident von Brandenburg im Spreewald. Wo die berühmten Gurken herkommen. Gespräche im Landratsamt. Pressekonferenz. Und weiter in die Provinz, »Zum grünen Strand der Spree«, dem edel renovierten Landgasthof, Mittagessen. Stolpe kippt in der Affenhitze tatsächlich den grünen Alkohol zur Begrüßung, fragt die Wirtsfrau, hört zu, lobt, läuft durch die Räume, setzt sich.
Die kleine Aktenmappe legt er akkurat hinter den Teller, die Armbanduhr links daneben. Aha, denke ich, der Sekretär. Sauber, ordentlich, diszipliniert. Und hat alles im Blick.
Ich möge mich doch zu ihm setzen, sagt er. Und ich sehe zum erstenmal diese fürstliche Bewegung, diese einladende Geste mit der Rechten. Aber schon im nächsten Augenblick – Distanz. Dabei weiß ich ja gar nicht, sagt er, was Sie mit mir vorhaben. Lassen Sie sich doch einfach überraschen, sage ich und merke, das mag er nicht.
Die Gurkensuppe ist so elegant mit Kräutern garniert, daß sie aussieht wie ein Kunstwerk. Das beunruhigt den Referenten. Hoffentlich ist der Rest rustikaler, sagt er.

Wieso?

Vor Wochen hat's Ärger gegeben, weil das Essen zu feudal war. Das ging Stolpe gegen den Strich. Danach haben sie dann erstmal nur noch Rouladen bürgerlich bestellt.

Den Kaffee trinkt der Ministerpräsident im Stehen. Die Zeit. Nein, sie sitzt ihm nicht im Nacken. Er hat sie voll im Griff. Er bestimmt. Er dirigiert. Er bricht auf. Ohne Hektik. Ohne Trara. Er sagt: So, meine Herren. Und führt den Troß an. Stolpe, der Feldherr.

So ist denn auch das Vokabular des früheren Kirchenjuristen eher kriegerisch als christlich. Er spricht von »nahkampfähnlicher Unternehmung«, vom »Hauptkrieg«, und daß man eine »Front« bilden müsse, eine »Linie«. Es wimmelt von Militarismen in seiner Sprache. Bei der Vertrauensfrage sagte er im Interview: Ich kämpfe bis zur letzten Patrone.

Abfahrt nach Prieros. Und Tempo. Aber nicht über 140 auf der Autobahn. Im Wagen studiert Stolpe die Landkarte. Das liebt er. Guckt, wo er gerade ist, dirigiert den Fahrer auch mal um, wenn er wohin will, wo er noch nicht war.

Dorfstraße 8. Blumen, Wasser, Butterkuchen und ökologische Reden bei gut 40 Grad. Der Knoten sitzt noch immer fest unterm Kinn. Wenn einer herumlabert, lahmt Stolpes Blick.

Und ab zum Fleischzentrum Lausitz. Hundert Schweinehälften defilieren am Ministerpräsidenten vorbei, halbgefroren, satt und sauber. 1990 ist das hochmoderne Schlachthaus gebaut worden. Aber den Leuten im Osten ist es Wurscht, woher das Kotelett kommt, wenn es nur billig ist. Lausitzer Koteletts sind teuer. Also gibt's Probleme. Also halten die Direktoren dem Landesvater die Bitthand hin. Könnte nicht vielleicht Brandenburg?

Der Diplomat verspricht nichts. Kann er gar nicht. Er zeigt auf einen Mitarbeiter. Der werde die Sache prüfen. Und da ist sie wieder, diese runde Geste mit der Rechten. Wie aus dem Machtbrevier des Zweiten Preußenkönigs Friedrich, den Stolpe so verehrt. Also, wegen der drei Taler wende er sich doch an den Kämmerer. So etwa.

Der Abend gehört dem Volk. Es wartet in Shorts und T-Shirt vor dem Landratsamt in Lübben. Ein paar Minuten sind noch frei. In die hinein fragt Stolpe sehr freundlich mit einem Schuß Mißtrauen, was ich denn über ihn wissen wolle.

Alles, sage ich. Vor allem, wie er die Zeit der Stasi-Beschuldigungen verkraftet hat.

Gefällt ihm nicht. Also wir werden mal sehen, sagt er, ob wir überhaupt noch einen Termin freihaben.

Das Volk hat Fragen. Das Volk beklagt sich. Kein Freibad für die Kinder, aber neue Möbel für's Landratsamt. Und Herr Lehmann möchte ein Hotel aufmachen, bekommt aber kein Darlehen. Stolpe notiert. Merkt sich Namen. Delegiert. Herr Landrat, an wen soll Frau Meier sich wenden? Nein, bitte gleich eine Telefonnummer. Frau Meier, haben Sie was zum Schreiben?

Er reagiert nicht. Er agiert. Ist Sieger. Immer. Und immer trägt er dieselbe Maske – liebenswürdig, jovial, gönnerhaft. Er verteilt Nähe und sichert Distanz für sich. So bleibt er unverletzbar – wie in Drachenblut getunkt.

Und immer ist er in Bewegung. Zieht Zettel aus der Tasche, und notiert mit hoher, gerader Schrift. In der Staatskanzlei werden diese Zettel dann verteilt. Es sind keine Anweisungen, sagt Stolpes Sprecher Erhard Thomas. Eher so: Kann sich mal jemand kümmern... Es gibt auch Kurzbotschaften am frühen Morgen: Wie sieht unser Tag aus?

Und immer diese Toleranz. Und immer diese Geduld. Ja, sagt Stolpe, ich habe die Geduld eines Anglers. Unsereins, sagt Thomas, würde aus dem Hemd springen. Aber Stolpe? Das ist ja ein Tücke-Bold, sagt der höchstens mal.

Doch seinen Brandenburgern gibt er schon mal Zucker. Als sich in einer Fragestunde Bürger über die Unkenntnis von Westpolitikern beschweren, sagt Stolpe: Wir haben Scharping mit dem Problem konfrontiert. Massiv. Wir glauben, daß bei ihm der Groschen gefallen ist. Wir werden ihm weiter einheizen. Das sagt er knallhart. Bravo. Dafür gibt's Beifall. So reden doch sonst nur West- über Ost-Politiker.

»Ich habe die Geduld eines Anglers«, sagt Manfred Stolpe in seiner Potsdamer Staatskanzlei. Und immer trägt er dieselbe Maske – liebenswürdig, jovial, gönnerhaft.

Aber richtig aus der Haut fahren? Gibt's nicht. Kein lautes Wort. Immer freundlich. Um wenigstens Pastor Eppelmann in der Stasi-Debatte Paroli zu bieten, haben Mitarbeiter ein Foto des Aggressors auf Stolpes Schreibtisch gestellt.

Aber einmal hat Marianne Birthler ihn doch aus der Fassung gesehen. Damals ist die Bürgerrechtlerin noch in seinem Kabinett. Wir hatten ja in unserer Fraktion zwei Abgeordnete mit Stasi-Kontakten, sagt sie. Der eine war schon weg. Dann kam der zweite Fall. Ich wußte davon. Sonst niemand. Da wird in die Kabinettssitzung hinein sein Rücktritt gereicht.

Stolpe liest. Und ich hatte ihn im Blick, sagt sie. Da zerknüllt er in einem wirklichen Wutanfall das Papier und schmeißt es über den ganzen Tisch. Nach ein paar Sekunden, sagt sie, war er wieder glatt und konnte weitermachen.

Die Bürgerrechtler, die ihm zu DDR-Zeiten vertrauten, fühlten sich nach der Wende betrogen. Stolpe, der IM »Sekretär«, habe mit der Stasi konspiriert, habe durch seine Taktik das Regime gestützt, gestärkt, verlängert.

Stolpe, sagt Werner Fischer – der nach den Rosa-Luxemburg-Demonstrationen vom Januar 1988 zusammen mit Bärbel Bohley für sechs Monate nach England reisen mußte –, Stolpe war der Mann für schwierige Fälle. Er war der Schutzpatron, der Über-vater, der Diplomat. Schlitzohrig und angenehm. Aber wenn wir gewußt hätten, der trifft sich in konspirativen Wohnungen mit der Stasi! Nein. Dann hätten wir nicht mit ihm geredet. Später, sagt Fischer, habe Stolpe dann gesagt: Wer Leute aus dem Gefängnis holen will, muß zu denen gehen, die den Schlüssel haben.

Reden wir bei Stolpe nicht von Moral, sagt die Regisseurin Freya Klier, die damals aus der DDR ausgebürgert wurde. Fragen wir lieber, was das »Ausgestalten des Spielchens« – wie Stolpe es nannte – am Ende gebracht hat. Das »Spielchen« nämlich, unbequeme Mahner aus dem Land zu schieben. Lähmung hat es gebracht, sagt sie. Und Depression für Reformwillige in der DDR. Und die Ruhe trat auch nicht ein. Im Gegenteil. Die Ausreiseanträge stiegen rasant an. Und der Versuch, die erstarrte

Gesellschaft ein wenig zu öffnen, wenigstens soweit, daß die Menschen bleiben und nicht gehen wollten, der war vertan. Verspielt.

Das Spiel mit der Macht, das Spiel mit den Mächtigen, hat ihm immer Spaß gemacht. Etwas versuchen, bewegen, nicht gegen die Herrschenden, sondern trotz der Herrschenden. Also abtrotzen. Kleine Schritte. Auch mit der Stasi. Egal. Für Revolutionäre ist das Verrat. Nicht für Diplomaten. Verrat, hatte der Diplomat Talleyrand zu Napoleon gesagt, ist nur eine Frage des Zeitpunkts. Und zu DDR-Zeiten, das hat Stolpe immer betont, ging's nicht anders. Da mußte man auch mit dem Teufel am Tisch sitzen.

Der Terminkalender ist gespickt von neun bis spät. Aber Stolpe quetscht unser Gespräch in einen frühen Morgen. Kommen Sie rein, sagt er im Vorzimmer der Potsdamer Staatskanzlei. Und da ist er wieder, dieser Handschlag, der schon im Augenblick des Drucks zurückgezogen wird. Bloß keinen ranlassen. Distanz. Er legt, wie immer, seine Uhr auf den Tisch. Ich lege meine genauso hin. Kaffee und Warmreden.

Dann frage ich ihn nach den Sündenfällen der DDR und wie Stolpe sich dazu verhalten hat. '56 Ungarn, '61 Mauer, '68 Prag, '76 Biermann. Also während des Ungarnaufstands, sagt Stolpe, habe er an einer kritischen Kirchentagung teilgenommen. Da gab's ziemlichen Trouble.

Er studiert damals in Jena. Plötzlich große Versammlung in der Uni. Und da sitzen Sie dann hinten mit Ihren Freunden, sagt Stolpe, und überlegen, ob Sie schon jetzt oder erst später Skat spielen sollen, – und mit einem Mal wird Ihr Name genannt. Es wundert ihn, daß er damals nicht rausgeworfen wird. Dafür bekommt er in Marxismus-Leninismus und politischer Ökonomie nur noch Vieren. Obwohl ich am besten Bescheid wußte, sagt er.

In Stolpes Biographie der Staatskanzlei steht: »Seit der Zeit war er den Herrschenden ein Dorn im Auge«.

Die Mauer, sagt Stolpe, das hieß 1961: Klappe zu. Die Macht greift durch. Die Panzer rollen. '68, sagt er, das war unheimlich spannend. Damals ist er schon Unterhändler der Kirche. Er erzählt von Gesprächen, von abgebrochenen Kontakten zum Staat, also eine dramatische Zeit, sagt er. Noch spannender als '56.

Es bleibt im Vagen, was die Ereignissen mit ihm gemacht haben. Mit seiner Haltung zum Sozialismus. Ganz geschickt macht er das. Tuscht so drüber weg. Nur dieses »spannend« bleibt wie eine Triebfeder im Raum. Spannend – ist ein Wort, das Stolpe liebt. Er gebraucht es oft. Und ich denke: Die DDR war ja auch schrecklich langweilig. Spannend war es nur im Dunstkreis der Täter, der Konspiration, der Macht.

Und Biermann? Also da müsse er ganz ehrlich sagen, er fand das unbedacht, wie der Biermann sich verhalten habe. Auch die Künstler damals. So unbedacht, sagt er. Es war so voraussehbar, wie das läuft.

Künstler, sage ich, sind nun mal keine Diplomaten.

Na ja, sagt Stolpe, vielleicht sei er da auch arrogant. Aber was hätte man daraus machen können!

Wir sprechen über die DDR und wie das war, wenn man abwarten, den Mund halten, sich dumm stellen mußte. »Wie Schwejk«, hatte Stolpe mal gesagt. Nur nicht so komisch. Ich frage, er habe doch sicherlich neben dem braven Soldaten auch den »Fürsten« von Machiavelli gelesen?

Ja, sagt Stolpe.

Und was haben Sie von ihm gelernt?

Direkt gelernt nichts. Aber manches gut gefunden.

Er ist ein Machiavellist, denke ich. Milde, menschlich, fromm und gut. Und bei Bedarf das Gegenteil. So, wie es der italienische Sekretär aus Florenz im 16. Jahrhundert beschrieben hat. Die Stasi-Schlacht zwischen Macht und Moral hat Stolpe jedenfalls nach einem Rezept Machiavellis überlebt: Wen Fortuna erhöhen will, dem schickt sie Feinde. Wenn er die überwindet, steht er auf der Leiter des Erfolgs.

Ich habe keine Angst, sagt Stolpe. Außer vor Gott. Und wer keine Angst hat, der traut sich alles. Also hat Stolpe sich in die Presse-Meute geworfen, auf die Feinde von Fortuna, die ihm konspirative Kontakte zur Staatssicherheit vorwarfen – und bewiesen.

Was für Kräfte sind da im Spiel, sagt der Psychotherapeut Hans-Joachim Maaz aus Halle, wenn die Last der Indizien nicht den Rückzug erzwingt, sondern den Angriff beflügelt. Da kämpft einer um seine längst schon verlorene Ehre. Und den Leuten gefällt das, sagt Maaz. Endlich einer, der bravourös vormacht, wie man Schuld lässig abschüttelt. Das möchten alle können!

Ja, er hat auch da recht, der Niccolò Machiavelli: »Ein Fürst braucht von Verschwörern nichts zu fürchten, wenn ihm das Volk gesonnen ist.« Es ist. Und Stolpes Interessen, sagt Maaz, entsprachen denen der Staatssicherheit: Ruhe und Ordnung im Land. Disziplin und Gehorsam.

Ich frage Stolpe nach den berühmten deutschen Sekundärtugenden Ordnung, Pünktlichkeit und Disziplin, für die sein politischer Fürsprecher Helmut Schmidt in den 80er Jahren von Lafontaine beschimpft wurde.

Ich habe keine Schwierigkeiten damit, sagt er. Ich brauche das als ein Stück Lebenshilfe. Dann deutet er auf meine Uhr, die so daliegt wie die seine, und sagt lakonisch: Sie sind ja auch nicht frei davon.

Meine Uhr hab' ich für Sie so gelegt. Aus Jux.

Danke, sagt er knapp. Und sackt den Punkt für sich ein.

Die Mitarbeiter der Staatskanzlei schwärmen von Stolpe. So einen Chef hätten sie noch nicht gehabt. Kennt alle Vornamen, guckt morgens mal rein ins Büro, bringt auch hin und wieder Frühstück mit, motiviert, gratuliert, belohnt, verteilt Bücher mit Widmung, sagt Danke schön. Düst nie mit Blaulicht durch Potsdam, ist nicht krank, macht kaum Urlaub, und wenn, dann am Plattensee in Ungarn. Ja, immer am selben Ort.

Duzt er? Nein. Niemanden im Amt. Das SPD-Du ist ihm schwergefallen. Inzwischen sagt er Rudolf und Gerhard zu Scharping und Schröder. Er haßt das Bonner Parteien-Denkraster. Und sein Wahlkampf ist eher ein Bürgerbesuch. Das Wort »SPD« habe ich auf keiner Veranstaltung aus seinem Mund gehört. Und reine Partei-Termine findet er gräßlich. Muß ich dahin? fragt er dann genervt.

Er ist doch Landesfürst. Könnte auch in der FDP sein. Auch in der CDU. Am besten nirgends. Seine Taktik heißt: Keinen ausgrenzen. Mit allen sprechen. Es gibt viel zu tun. Parteien zählen nicht. Wir sind doch alle Brandenburger.

Ja, er kennt sich aus, weiß, was läuft, wie man Menschen führt und verblüfft, und wo man augenzwinkernd einem Landrat, der Russensiedlungen renovieren läßt, sagt: Da müssen Sie ja dauernd Pflichtverletzungen machen. Und dabei grient er übers ganze Gesicht. Anders sei das doch gar nicht zu schaffen.

Klar. Wer weiß das besser als Stolpe. Und immer rein in die Gedanken des Gegners. Bloß keine Blößen zeigen. Bei einer Ordensverleihung in den Römischen Bädern von Sanssouci kriegt er das Verdienstkreuz irgendwie nicht ans Revers des Ausgezeichneten. Da lacht Stolpe und sagt:
Ich hab' eben keine Erfahrung mit Orden.
Richtig. Nur mit Medaillen.

Und wie er Angriffe abwehrt – glanzvoll. Bürgerstunde im Rathaus von Falkensee. Ein Mensch vom Mieterschutz tischt Klagen auf, protestiert, attackiert. So, Herr Stolpe, und nun Sie!

Und was macht Stolpe? Er packt den Kläger bei dessen Eitelkeit. Lobt ihn. Auch verbal sei das ja ein ausgezeichneter Vortrag gewesen. Und könne man das nicht vielleicht schriftlich haben ...? Aber natürlich kann man. Schon steht der Mensch vor seinem freundlichen Fürsten, übergibt Getipptes – und die Luft ist konfliktfrei.

Als Marianne Birthler seinetwegen zurücktritt, weil sie nicht mehr bereit ist, sich ihm gegenüber loyal zu verhalten, läßt Stolpe sie noch einmal zu sich rufen. Er sagt, er habe sie vorhin schon vertreten. Eine Schülergruppe sei dagewesen. Und fängt an, über Schulprobleme zu reden. Und die Ministerin a.D. rutscht auf ihrem Stuhl herum und sagt, sie habe jetzt ein Problem mit diesem Gespräch. Immerhin sei sie vor drei Stunden seinetwegen aus der Regierung gegangen. Da steht Stolpe auf, verabschiedet sich – und fertig.

Dabei waren wir allein, sagt Marianne Birthler. Also ohne

Publikum. Und ich hatte ihn doch schwer gekränkt. Wenn er sich bei den Stasi-Vorwürfen im Recht fühlte, hätte er mich doch angreifen müssen. Aber nichts.

1982 habe ich mal vermutet, daß er konspirative Kontakte hat, sagt Probst Furian, der viele Jahre mit Stolpe zusammengearbeitet hat. Da kamen mal Leute, die eindeutig zweideutig aussahen. Da hab ich ihn gefragt, sagt der Probst. Und Stolpe hat es zugegeben.

Man sollte wohl nicht alles wissen, sagt er. Wollte wohl auch nicht. Und er habe Stolpe immer vertraut – bis heute. Und er hatte ein Herz für die kleinen Leute, sagt Furian, für Alte und für Kranke. Immer hatte er Zeit für sie, hörte zu und half. Ich bin überzeugt, daß er ein gläubiger Mensch ist. Naiv-gläubig.

Das glauben auch die Referenten im Amt. Er schöpft aus dem Christentum, sagen sie. Da holt er seine Kraft her. Die Kraft der frommen Denkungsart. Wo noch tankt er auf nach seinen Gewaltmärschen durch Brandenburg?

Beim Lesen, sagt Stolpe. Er hat da eine Mappe. Steht auf, geht zum Schreibtisch, holt einen Pappumschlag, auf dem »Quick« steht. Die hab' ich immer bei mir, sagt er. Egal wo ich bin. Da ist immer was zum Lesen drin.

Sieht mehr nach Akten aus, sage ich.

Nein, das sind Dinge, die ich mir rausreiße.

Und Bücher?

Leider zu wenig, sagt Stolpe. Und auch nur kapitelweise. Und dann schlimmerweise von hinten.

Würde er heute, nach Kenntnis vom Ende der DDR, noch immer sagen, man solle in totalitären Regimen versuchen, die Macht von innen heraus zu brechen?

Ja, sagt Stolpe. Trotz alledem.

Hat er während der Stasi-Untersuchungszeit mal daran gedacht, das Handtuch zu werfen?

Nie, sagt Stolpe.

War das Trotz?

Nein, sagt er. Grundüberzeugung. Ungebrochen. Bis heute. Daß er die Jahre hindurch alles für sich behalten habe, so nach dem

Motto: Das kriegen wir schon in die Reihe, laß die lieben Kinderchen da mal raus, also da liege bei ihm sicherlich eine gewisse Hybris. Das sei wohl eine Schwachstelle bei ihm. Das tue ihm leid.

Doch, er hält auch bei diesem Thema dem Blick stand. Problemlos. Auch lange, wenn's sein muß. Er beherrscht das. Auch, wenn es ihn langweilt. Dann guckt er glatt durch einen durch. Mit interessiertem Blick.

Er ist ein Durchsteher, ist süchtig nach Politik, dopt sich mit Arbeit, schüttet sich mit Terminen zu. Er liebt die Macht. Er beherrscht sie wie das Wodkatrinken.

Welche Träume hatte er in der Zeit der Stasi-Debatte?

Ich träume nicht, sagt Stolpe.

Auch das noch. Ohne Träume, sagt Freud, wird man doch verrückt.

»*Meine Ziele habe ich zu Hause gelassen*«

Stefan Heym und Wolfgang Thierse
streiten um den Prenzlauer Berg

Wollen Sie Kaffee? fragt Stefan Heym. Und es klingt, als habe er »etwa« vergessen. Ute Mahler und ich möchten trotzdem. Da drückt Heym mir zwei Meissen-Tassen in die Hand und sagt: Vorsicht, bitte, das ist Meissen.
Seh' ich, sage ich
Und das scheint ihn zu wundern.

In der Küche schiebt er mir Nescafé und Löffel zu. Könnte ich reintragen. Das heiße Wasser brächte er mit. Und wenn wir Kuchen wollten, müßten wir uns was abschneiden auf dem Tisch. Und im übrigen hoffe er, daß ich vorbereitet sei. Und seinen »Nachruf« gelesen habe.
Ich lache und sage: Jawohl, Herr Lehrer.

Also, Heym komme mir in seinen Wahlveranstaltungen vor wie der alte Cato, der unversöhnliche Gegner Karthagos.
Aha, sagt Heym, ceterum censeo?
Ja. Und im übrigen bin ich der Meinung, daß – nicht Karthago sondern Kohl – verschwinden muß. Was finden Sie so schrecklich an ihm?
Wie er mit Menschen umgeht, sagt Heym. Er läßt sie auf böse Art ausbeuten. Und deshalb müsse das Volk ihn entlassen. Kohl habe einfach einen Mangel an Sensitivität.
Könnte man Heym auch vorwerfen mit seinem Getrommel für die PDS. Das Opfer, sage ich, tritt für die Täter ein... Heym beendet den Satz: ... und verschafft ihnen einen Persilschein. Das wollten Sie doch sagen?
Richtig. Gewährt Ablaß.

In er Tendenz sei das wohl so, sagt Heym. Aber wenn Sie sagen, mich wählen die falschen Leute, dann sage ich: Möglich.

Aber sie wählen den richtigen Mann. Und er wolle nun mal dieses Direktmandat Prenzlauer Berg/ Berlin Mitte. Punkt aus.

Wenn Sie so glimpflich mit den Tätern umgehen, sage ich, verhindern Sie eine Aufarbeitung der Vergangenheit.

Nein, unterbricht Heym. Stimmt nicht.

Aber doch. Die Betonköpfe werden sagen: Heym hat unter uns gelitten, und nun salviert er uns.

Also, wenn die mich wählen, sagt Heym, dann schlucken die eine solche Kröte, daß man das als Beginn einer Vergangenheitsbewältigung bezeichnen könnte.

Das nenne ich Überschätzung. Und was, wenn die alten Barden sich an den Stammtischen weglachen?

Kommt immer drauf an, wer zuletzt lacht, sagt Heym. Und ich habe das Gefühl, daß bei diesem Deal ich zuletzt lachen werde.

Prenzlauer Berg, eine alte, hohe Wohnung am Käthe-Kollwitz-Platz. Wolfgang Thierse weht ins Wohnzimmer und wirft sich aufs grüne Samtsofa. Liegt da mit ausgebreiteten Armen vor der vollgestopften Bücherwand, die Lesenslust verbreitet. Nein, keinen Kaffee für ihn, sagt er zu seiner Frau. Er habe heute schon sechs Tassen getrunken. Er möchte Wasser. Und dann reden wir über die Zeit der DDR, und was Heym dem Thierse damals bedeutet hat.

Seine Bücher, sagt der SPD-Politiker, habe er mit Vergnügen gelesen. Und natürlich war Heym nach dem Biermann-Rausschmiß eine wichtige Figur für uns. War widerborstig. Kritisierte den Realkommunismus aus der Position des Sozialisten. Aber, sagt Thierse, er war durch seine antifaschistische Biographie auch geschützter als andere. Hatte eine lizensierte Freiheit. Konnte mehr wagen. Hat auch mehr gewagt.

Hat Thierse den Heym deshalb beim öffentlichen Streitgespräch so relativ geschont? Immerhin wildert der Schriftsteller ja in seinem Wahlkreis.

Ich werde Heym nicht herabwürdigen, sagt Thierse. Könnte ich gar nicht. Fände ich auch unanständig. Selbst als die Debatte haarig wurde, habe er zu sich gesagt: Ganz ruhig, Thierse. Nicht draufhauen. Bei Polemik entsteht nur Mitleid. Seht an, der schlägt auf den alten Mann ein. Nein, sagt Thierse, nicht mit mir. Er habe Heym gesagt, daß der seinen Wahlkreis überhaupt nicht kenne, und die Partei, für die er kandidiere, auch nicht.

All jene, sagt Thierse, die im Staatsapparat der DDR waren, haben verloren. Ihre Privilegien, ihren Einfluß, ihre Macht. Die schmoren hier nun im Milieu von Berlin-Mitte. Sind unzufrieden, wütend. Und genau die, sagt Thierse, bedient Heym. Und er weiß das.

Als das Gerücht umging, Heym würde für die PDS in den Wahlkampf ziehen, hat Regine Hildebrandt die beiden Bewerber für den begehrten Wahlkreis zusammengebracht. Sie trifft Heym auf einer Veranstaltung und sagt: Kinder, ihr müßt doch mal reden miteinander! Und lädt die Ehepaare nach Hause ein zu Kaffee und zu Kuchen.

»Wenn die Betonköpfe in der PDS mich wählen, dann schlucken sie doch eine Kröte«, sagt Stefan Heym in seinem Haus – mit Wahlplakat.

Ja, und dann erzählen Herr und Frau Heym eine runde Stunde lang von ihren Stasi-Akten, von all den Spitzeln, die sie dort gefunden haben. Stellen Sie sich vor, selbst unsere Haushälterin war dabei! Und irgendwie bedrückt das Ganze, macht die anderen, die ohne so geballtes Schicksal dasitzen, fast verlegen.

Dann endlich geht's zum Thema. PDS und Heym. Wie geht das zusammen bei all dem, was er gerade erzählt? Die PDS, sagt Regine Hildebrandt, sei doch sowas wie eine Blackbox. Da weiß doch keiner so recht, was da rauskommt. Das sei doch ein echtes Problem, der Oppositionelle mitten in der Altlast.

Problem? Wieso?

Und Ihre Verehrer, fragt Thierse. Wissen Sie, was Sie denen antun, wenn Sie die Seite wechseln?

Aber er wechsle doch die Seite nicht.

Naja. Undsoweiter.

Nein, Heym ist nicht zimperlich im Wahlkampf. Er ist zynisch und samtweich. Er ist populistisch und bedient Ressentiments. Das DDR-Volk habe nach dem Fall der Mauer gesagt: Hier sind wir. Und die Herren mit den dicken Bäuchen haben gesagt: Wir nehmen euch. Und was haben sie dafür gegeben? Ein Linsengericht.

Da jubeln die Leute. Haben sie schon vergessen, daß Heym sie nach der Wende »eine Horde von Wütigen« genannt, die mit »kannibalischer Lust in den Grabbeltischen« des Westens wühlten?

Wenn Sie mich wählen, sagt Heym ins Publikum, kann es sein, daß Thierse nicht Minister wird. Das wäre natürlich ein schwerer Verlust für Deutschland.

Gelächter.

Aber ich habe wohl ein bißchen mehr Gewicht als Herr Thierse. Mich wird man im Bundestag nicht niederschreien. Und wenn, dann schreie ich zurück.

Klar, sowas wollen die Leute hören. Heym, der läßt sich doch nichts gefallen.

13 Bände Stasi-Akten habe er, sagt Heym. Aber Thierse geriere sich wie ein Märtyrer.

Hat Thierse nie getan. Aber was schert das die Leute, wenn ein Heym sagt, es sei so. Heym ist eine Institution. Eine moralische Potenz. Und wie mutig der war. Oder nicht? Als Robert Havemann, der Regimekritiker, sich nur noch im Schlepptau der Stasi bewegen kann, fährt er zu Heym nach Grünau.

Robert, fahr weiter, sagt Heym. Du gefährdest meine Westreisen. Ach, unser Heym, hat Havemann dann lachend zu Freunden gesagt.

Nein, nein, der Heym nimmt es mit allen auf. Sogar mit Kohl. Der Kohl, sagt Heym, hat gesagt, er wolle es nochmal wissen. Ich, sagt er nach einer Pause, will es auch nochmal wissen.

Applaus.

Heym nimmt es auch mit sich selbst auf. Die PDS, sagt er, sei tatsächlich eine neue Partei. Wieso? fragt er rhetorisch. Weil sie mich aufgestellt hat. Und er sagt auch: Hätte Honecker auf mich gehört, dann gäbe es die DDR noch.

Eine Fragerin, die sich als Frau eines West-Beamten vorstellt, möchte wissen, welche Ziele der Schriftsteller als Politiker habe. Da sagt Heym kühl: Er habe Ziele. Und die seien auch richtig. Aber er habe sie heute nicht mitgebracht.

Zwei Tage später, auf einem Kiezfest am Ahrenswalder Platz, sagt Heym, er habe sich über die Frage geärgert. Verflucht nochmal, habe er gedacht, meine Ziele sind seit 50 Jahren bekannt. Da muß ich sie nicht nochmal aufsagen. Aber heute nenne er sie nochmal: Arbeit für alle. Wohnungen für alle. Bildung für alle. Natur für alle. So. Nun könne man seine Botschaft raustragen.

Da hatte der Bundesabgeordnete Konrad Weiß vom Bündnis 90/Die Grünen schon seinen offenen Brief an Stefan Heym geschrieben. »Halten Sie die Ostdeutschen wirklich für so blöd, sich mit solchen Sprüchen abspeisen zu lassen?«

Nicht Heym, sondern Gregor Gysi antwortet auf den Brief in einer gerammelt vollen Veranstaltung im Kesselhaus der Kulturbrauerei am Prenzlauer Berg. Da viele Besucher den Weiß-Brief nicht kennen, soll der doch bitte vorgelesen werden.

Nein, sagt Heym scharf und undemokratisch, der müsse nicht vor-

»Ich werde Stefan Heym nicht herabwürdigen«, sagt der SPD-Politiker
Wolfgang Thierse in seiner Wohnung am Prenzlauer Berg. Aber der
Schriftsteller habe keine Ahnung von der PDS.

gelesen werden. Und die Beamten-Frau, die Tage zuvor jene böse Frage nach den Zielen gestellt hatte, nennt er nun »Vorhut einer Besatzungsarmee«. Dann sagt er seine Ziele noch einmal auf: Arbeit, Wohnung, Luft und Grün. Und das, sagt er, solle sich der Weiß mal hinter die Ohren schreiben.

Wieder drei Tage später, im Mon-Bijou-Park von Berlin Mitte, sagt Heym seinen PDS-Anhängern: Was fragen mich die Leute bloß für einen Unsinn. Na ja, sie wollten ihm eben an den Kragen. Seine Ziele! Er bitte sie! Ich habe 50 Jahre Bücher geschrieben, sagt er. Und die stehen bei mir zu Hause auf dem Regal. Deshalb habe er gesagt: Meine Ziele habe ich zuhause liegen.

Ich frage Heym, ob er nicht lieber gleich eine richtige Antwort auf die Frage hätte geben sollen?

Ach, sagt er, ich war müde nach zwei Stunden Diskussion. Und ich dachte: Oh Gott, die Ziele, das ist ja eine lange Liste. Und die hab ich doch nicht auswendig gelernt. Der Thierse, sagt er, hat sich hingestellt und die auswendig hergesagt.

Wie bitte?

Aber ja, wie ein Schulbub. Das konnte ich nicht, sagt Heym. Das werde ich nie können.

So wie Sie reagierten, sage ich, wirkte das aber sehr arrogant.

Ach wirklich? fragt Heym. Hat das so gewirkt? Dann war's ja richtig.

Heißt das etwa: Heym ist Heym. Den kennt man. Und den wählt man. Basta?

Richtig, sagt Heym.

Aber ihm selbst würde das doch für die Wahl eines Politikers nicht reichen.

Bei einigen ja, sagt Heym. Bei Willy Brandt Und wenn ich seine Seite eingenommen hätte, auch bei Adenauer.

Und da sitzt er, der müde Mann, der alt genug ist zu wissen, was er tut. Schleppt sich ein paarmal die Woche in Wahlzelte und sackt am Ende der Vorstellung in sich zusammen. Wie ein Duracell-Männchen, sagt eine Berlinerin. Die PDS zieht ihn auf. Und nach einer Stunde ist die Batterie verbraucht.

Kennen Sie eigentlich die Partei, für die Sie werben? frage ich. Diese Partei, sagt Heym, kenne ich noch sehr oberflächlich. Und vielleicht werde er in nächster Zukunft auch nicht unbedingt glücklich dort sein. Aber doch tolerabel leben können. Und wo's nicht geht, werde er schon das Notwendige sagen.

Geschenkt. Noch ist er sehr still gewesen. Es ist wohl auch nicht die Arbeit im Bundestag, auf die Heym sich vorbereitet. Ende '93 hatte er Egon Bahr gefragt, wieviel ein Abgeordneter denn so arbeiten müsse. Und Bahr hatte gesagt: Kommt drauf an. Ein fleißiger Abgeordneter ist in ein, zwei Ausschüssen, das kostet in der Woche soundso viele Tage. Und ein fauler brauche die Hälfte. Die Hälfte war offenbar immer noch viel, denn Heym sagte: Ach! Der Gysi habe ihm gesagt, ein, zwei Tage in der Woche reichten.

Nein, es ist etwas anderes, was den Kämpfer vom Prenzlauer Berg treibt. Es ist der Scheinwerfer. Der Applaus. Die Zuneigung. Der Hofstaat. Die Autogrammjäger. Und er wird abgeholt. Und wieder gebracht. Und begehrt. Und befragt. »Man gehört zu den Privilegierten«, schreibt Heym in seinem »Nachruf« über die Zeit der Besatzung in Berlin, »hat hilfreiche Geister..., Wagen, Sonderabteile..., Nahrung, Kleidung, Heizung, und läßt gnädig etwas abfallen davon für übertrieben dankbare örtliche Typen.«

So ist das. Und es ist angenehm. Nur Honorare für Interviews sind im Moment nicht einzutreiben. Den Zahn, sagt ein PDS-Mann, haben wir ihm gezogen. Aber es fällt auch so etwas für den Schriftsteller ab: Material.

Herr Heym, fragt Erich Böhme nach dem Streitgespräch mit Wolfgang Thierse im kleinen Kreis, wollen Sie sich das wirklich antun da im Parlament in Bonn? Wollen Sie nicht lieber ein Buch schreiben?

Ach, sagt Heym, im Parlament geht's ja bis zu Mord und Totschlag. Und darüber kann man doch was Dolles schreiben.

Man sieht Wolfgang Thierse an, wie sehr er sich beherrschen muß. Sagt nur: Aha, Sie nehmen das Ganze also als literarische Selbsterfahrung.

Als Heym im Mai 1990 zum Beraterstab zählt, der über die Stasi-Akten nachdenken soll, ruft der Schriftsteller den Bürgerrechtler Werner Fischer an, der Regierungsbevollmächtigter zur Auflösung des MfS war. Er möchte gerne mit ihm reden. Da fährt Fischer zu Heym nach Grünau. Drei Stunden sitzen sie bei Tee und Keksen.

Wissen Sie, sagt Heym, ich möchte, daß jeder seine Akte bekommt. Da werden dann einige schon das Küchenmesser rausholen und aufeinander losgehen. Nur das interessiert mich. Aus literarischen Gründen.

Schreiben Sie jetzt Tagebuch? frage ich Heym.

Ich schreibe immer Tagebuch, sagt er.

Wird er seinen politischen Ausflug literarisch verwenden?

Also, vielleicht sollte er fairerweise im Bundestag sagen, daß jemand unter ihnen sei, der aufpasse.

Aber dann, sage ich, bekommen Sie vielleicht keinen Mord und Totschlag mehr.

Kann sein, sagt Heym. Man steckt als Schriftsteller ja im Widerspruch. Man möchte, daß der Blitz einschlägt, damit man drüber schreiben kann. Auch, wenn man weiß, es wäre besser, wenn der Blitz nicht einschlägt.

Dann sollten Sie wohl lieber nicht warnen, sage ich. Damit Sie Ihr Gewitter kriegen.

Ach, sagt Heym und lächelt. So böse sind Sie?

Die PDS-Wahlkampf-Fete am 16.Oktober 1994 ist in der Kongreßhalle am Alexanderplatz. Es gibt Suppen, Würste, Bier und Menschentrauben. Oben spielen sie Jazz und tragen flotte Sprüche auf dem T-Shirt: »Nur tote Fische schwimmen mit dem Strom« oder »Hilf deiner Polizei und schlag dich selbst«.

Gregor Gysi wird von Fernsehkamera zu Fernsehkamera geschoben. Was soll er sagen? Noch ist nicht entschieden, wer der Sieger ist. Thierse oder Heym.

Nach dem fünften Auftritt legt Pressesprecher Hanno Harnisch den Arm um den erschöpften Gysi, schnürt ihn wie ein Paket zusammen, schiebt ihn weg von Fragern und Sympathisanten, hoch die Stufen über die Bühne rüber und runter in die PDS-Ruhezelle zwischen Klo und abgegrastem Stulleneck.

Kurz vor acht ein Aufschrei. Sie haben das dritte Direktmandat. Berlin-Mitte/Prenzlauer Berg ist in PDS-Hand. Das vierte folgt. Donnernde Stimmung.

Nun fällt die Anspannung ab von Gysi. Nach 998 Wahlveranstaltungen erlöst, erschöpft, erledigt. Nun hat er Hunger. Man schickt ins Restaurant. Ist zu voll da unten, sagt einer. Die Schlange viel zu lang. Egal. Dann eben ein Bier und eine Zigarette.

Der Sieg mobilisiert die letzten Kräfte. Er steht auf und geht zur Bühne. Das Volk will dich sehen, Gregor, ruft ihm einer entgegen. Gysi schmettert seine Rede in den Saal. Die Wähler seien nun mal nicht manipulierbar. Die Diffamierung als »rote Socken« und »rotlackierte Faschisten« habe sich nicht ausgezahlt. Und die Stimmen die man heute im Osten habe, die werde man das nächste Mal im Westen bekommen. So soll es sein!

Da skandiert das Publikum den Jubel, putscht Gysi auf. Eine Vierjahres-Fliege, wie so viele dachten, sind wir nun nicht mehr, ruft er in den dampfenden Saal. Und zum erstenmal merke ich, was Masse bewirken kann, wie sie beim kühlen Kopf Gysi zur Droge wird. Wie seine Stimme fast wollüstig überschwappt, wie die Emotion das Zepter übernimmt. Da ist etwas Losgelassenes, Ungezügeltes, eine Stimmung, die man zu allem mißbrauchen könnte.

Stefan Heym hört ihm voller Bewunderung zu. Seine Anhänger haben den gebrechlichen Dichter auf die Bühne gesetzt. Auf eine Lautsprecherbox. Von dort heben sie ihn nun zu Gysi ins Rampenlicht. Der junge und der alte Sieger umarmen sich. Ja, sagt der Alte, er freue sich auf Bonn. Denen wird er es zeigen, wenn er im Bundestag als Alterspräsident die Eröffnungsrede hält. Er hat sich viel vorgenommen, der Greis. Sagt: Denen werde ich was erzählen, was sie sich ins Stammbuch schreiben können! Und der tosende Saal schweißt das ungleiche Paar mit Geschrei und Gebrüll zusammen.

»*Man guckt nach vorn und sieht den Feind*«
Frank Castorf inszeniert wie Rock'n'Roll

Sowas hab ich noch nicht erlebt: Da sitzt ein Regisseur, ein Anarchist, der Stücke anzündet, der Akteure fallen, rutschen, stolpern, fliegen läßt und die Bühne mit Lust und Gewalt überschwemmt, also da sitzt dieser Frank Castorf wie festgemauert auf dem Stuhl. Vier Stunden. Probiert. Dirigiert. Interpretiert. Ganz ruhig. Ganz friedvoll. Steht nicht auf. Macht nicht vor. Sitzt. Vor ihm ein Quadratmeter Tisch, ein Wasser, ein Kaffee, eine Uhr, ein Stift, ein Textbuch von Stanislawa Przybyszewska: »Die Sache Danton«.

Mal los, sagt er zum Marquis de Sade, der zwischen Bastille und Irrenhaus die Revolution ein Stück begleitet hat. Und der macht los. Und wird sofort unterbrochen. Nee, nicht so schnulli-schnulli, sagt Castorf. Du mußt hart sein, lakonisch, kühl. Aber du bist auch ein fettes, gestopftes Huhn. Hast immer Hunger. Fragst Robespierre, ob er was zu essen hat. Friß und sag: Ein Mord, Leute, kann unter gewissen gesellschaftlichen Veränderungen eine Tugend sein. Also mach mal.

Und sitzt da wie festgemauert, ein Intellektueller, ein Komiker, Ironiker, schmal, zart, blaß und redet, redet, redet die Leute in Lust und Rage in seinem Berliner Singsang.

Woher kam Castorfs Protesthaltung in der DDR? Ick weeß nich, sagt er. Ein querulatorischer Zug war wohl da. Immer, wenn ick »ja« hörte, mußte ick »nein« sagen. Mit zehn, als die Mauer hochgezogen wird, steht er im Osten und guckt nach Westen. Kommt ein Grenzer und scheucht ihn weg. Also kieken darf man ooch nich mehr?

Mit zwölf liest er Marx. Nix verstanden. Hauptsache die Attitüde stimmt. Und liest Kafka. Auch nichts verstanden. Aber

die Irritation bleibt, das Geheimnisvolle. Und es hat ja einen erotischen Reiz, sagt er, etwas nicht zu verstehen. Mit 16 Klassenfahrt.
7. Oktober. Eine Schülerin weckt ihn: Herzlichen Glückwunsch
zum Geburtstag! Geburtstag? Ick hab im Juli, sagt Castorf. Nein,
sagt sie, heute ist unser Nationalfeiertag! Also diesen Grad von
Identifizierung habe er nie gehabt. Und deshalb habe er auch nach
dem Mauerfall nicht diese Trauer und verlorene Hoffnung empfunden wie Christa Wolf und andere.

Dabei fehle ihm schon etwas, jetzt, wo sich das Land so merkwürdig verändert habe. Man war im Theater ja nicht nur Waren-
verkäufer, sagt er, man war ja auch Ideologieproduzent. Hat mit
dekadenter Paraphrase Politik gemacht. Das liest er gerade alles in
seiner Stasi-Akte nach.

»Golden fließt der Stahl«, damit beginnt der ganze Ärger.
Dabei handelt es sich um ein klassenbewußtes Stück, so schlicht,
so einfach, so naiv. Die Bonzen von Brandenburg sind ganz
happy, daß endlich mal ein Autor auf die Bühne drängt, den man
versteht. Aber Castorf inszeniert die radikale Aufarbeitung des
Stalinismus, voller Anspielungen auf die DDR. Bei den End-
proben, sagt er, sind denen dann die Augen aus dem Kopf gefallen.

Das Stück wird abgesetzt. Gregor Gysi gewinnt den Arbeits-
prozeß für den jungen Regisseur. Der kriegt sein Geld, aber kein
neues Stück. Wird abgeschoben in die Provinz. Nach Anklam. An
der polnischen Grenze liegt der Hund begraben. Das Theater
auch.

Und in diese graue Gegend fällt nun der Oberspielleiter
Castorf ein mit seiner bunten Schauspiel-Truppe: Gabi gehört
dazu, Gregor Gysis Schwester, mir der er damals zusammenlebt.
Silvia Rieger, mit der er später zusammenlebt. Henry Hübchen,
der sein Star wird. Und viele mit Arbeitsverbot und Ausreiseantrag. Auch Alkoholiker. Die waren dann auch richtig asozial,
sagt Castorf, und sind richtig gut geworden in Anklam. Und dann
spielt dieser total verrückte Haufen 1982 »Othello«.

Lauter junge Leute platzen da auf der Bühne in die kleinbür-
gerliche Gesellschaft rein. In Plaste und Elaste. Knallbunt. Saufen

rum und lieben, prügeln und lügen. Wie verspielte Kinder. Irgendwie auch gar nicht böse. Und am Ende weiß keiner, warum sich alle totschlagen.

Skandal! Absetzung wegen enthumanisierender und ent-historisierender Tendenzen. Eine Stasi-Akte wird angelegt für Castorf. Deckname: »Othello«.

Die Luft wird dünn. Aber die Diktatur hat natürlich was, sagt Castorf. Man guckt nach vorn und sieht den Feind. David sieht Goliath. Goliath hat die Macht, Davids Stücke zu verbieten. Und David hat die Kraft, immer wieder aufzustehen und neue Stücke zu machen.

»Ja, man muß Ellenbogen haben, um sich durchzusetzen«, sagt einer in »Trommeln in der Nacht«. Provokation. Wieso Provokation? Das ist von Brecht ! Aber in Anklam hat die Stasi ihren Sitz in der Ellenbogenstraße. Also Provokation. Und dann werden ihm Schauspieler von der Bühne weg verhaftet. Gysi muß her und helfen. Und Gysis Schwester hat die Nase voll. Sie geht in den Westen.

Castorf wird fristlos entlassen. Steht wieder auf. Wohin? Er kann in Karl-Marx-Stadt produzieren. Auch da ist er bald ein Kult-Regisseur. Wenn's vorne an der Kasse keine Karten mehr gibt, steigen die jungen Leute von hinten ins Klo-Fenster ein. Castorf, den muß man sehen. Castorf, der ist die wilde Blume im Beton. Also wird er wieder verboten. Das nervt. Er sagt: Dann geh ich in den Westen. Das ist die Zeit von Gorbatschow. Verfemte wie Heiner Müller werden ans steinerne Herz der DDR-Greise ge-drückt. Also gut. Castorf darf nach Berlin.

Seine Arbeiten haben sich rumgesprochen. Nach acht Jahren Regie bekommt er seine erste Rezension. Aber will man diesen Zertrümmerer wirklich haben? Soll er doch auf Westbühnen arbeiten. Mit Paß. Daran verdient die DDR. Und die Verbindung zu Castorfs Freunden wird abgeschnitten. Auch wegen der Privi-legien. Das hat noch immer funktioniert.

Und so wird der Castorf 1988 im Westen berühmt, über-nimmt nach der Wende die Berliner Volksbühne im Osten, schart

»Es war doch in der DDR so ein Leben im Luxus«, sagt Frank Castorf, Intendant der Volksbühne. »Stehst du auf? Stehst du nicht auf? Ach, bleibst du liegen. So.«

seine Lieben um sich, und Obdachlose spielen mit bei ihm. Und wenn's einen neuen Castorf gibt, platzt das Haus aus allen Nähten.

Nun sitzt er da wie festgemauert und inszeniert die Französische Revolution. Mit gigantischem Bühnenbild. Menschen wie Ameisen in sieben Metern Höhe. Wie Anhängsel am großen Objekt Guillotine. Und Popstars, die Geschichte schreiben. Rücksichtslos. Danton, Robespierre, Saint-Just. Junge Kerle, Intellektuelle. Saufen, fressen, huren und reden sich in Rausch. Geraten in den Strudel. Sie haben Politik ausgelebt wie Rock'n'Roll, sagt Castorf, und starben mit zwanzig. Und wir? Er lacht. Wir versuchen, unser Leben mit einer hohen Rente abzusichern.

Wir sind das Volk. So begann die Revolution in Leipzig 200 Jahre nach der in Paris. Aber schon sieben Tage später, sagt Castorf, hieß es: Wir sind ein Volk. Naja. Es unterwarf sich Kohl. Und da wuchs meine Verachtung, nein, meine Distanz, sagt Castorf. Denn die Leute tun ihm auch wieder leid, weil sie sich nicht – wie er – durchs eigene Talent retten können. Und so ist er denn zum DDR-Verteidiger konvertiert. Ich hab' doch auch an dieser Dekadenz gehangen, sagt er: Es war doch so ein Leben im Luxus: Steh ich auf? Steh ich nicht auf? Ach, bleib ich noch liegen...

Die Probe ist längst zu Ende. Aber Castorf sitzt und redet. Redet über Aggression und Eiszeit. Hinter der Bühne spielt noch immer das Schifferklavier. Der Spieler kann nicht sehen, ob Danton schon tot ist. Also spielt er ganz leise, ganz melancholisch und auch heiter immer weiter.

Den hab' ich ja völlig vergessen, sagt Castorf, als wir gehen. Klaus! ruft er in die Kulisse. Hör auf, Klaus! Die Revolution ist vorbei.

»Ick schlepp' immer sone Sehnsucht mit mir rum«

Die »Ratten« spielen »Woyzeck«

Wo ist Charly? Sechs Woyzecks warten auf den siebten, der nicht kommt. Sechs Woyzecks und ein Regisseur sind wütend, weil sie auf der Probe schon wieder improvisieren müssen.

Also, wo ist Charly? Weiß keiner. Säuft vielleicht wieder. Nein, wirklich, sagt Roland Brus, der Regisseur, ihr müßt euch mehr umeinander kümmern.

Am Abend, als die Probe vorbei ist, steht Charly plötzlich da. Bleich. Mein Schwester ist tot, sagt er. Überfahren. Meine einzige Bezugsperson. Er weint und wird umarmt von Heinz und Detlev, von Rolfi, Anna, Lenin, Monster, Jürgen und von Sisyphos. Hunni sagt: Kannst heut nacht bei mir schlafen.

Sie nennen sich »Ratten«, die ehemals Obdachlosen von Berlin: Wenn de uff Platte machst und keene Wohnung hast, sagt Jürgen, der einzige, der heut noch auf der Straße schläft, verkriechste dich wie ne Ratte.

Vor drei Jahren fing das Theater an. Ein Schotte kommt nach Ost-Berlin, sammelt Penner ein, spielt mit ihnen in Frank Castorfs Volksbühne »Die Pest« frei nach Camus. Es jubeln die Voyeure, Applaus und – aus. Denn der Schotte fährt wieder weg, und die Ratten sind voller Wut. Zurück auf die Straße? Der Sprung vom Penner zum Kleinkünstler hat auch den sozialen Aufstieg beschert: Ein Platz zur Untermiete, eine Matratze im Keller, ein Loch mit warm Wasser, ein Zirkuswagen, wo's durchregnet, ein Eck in der Garderobe, ein Bett bei der Heilsarmee.

Nein, nicht zurück auf die Straße. Sie machen ihr eigenes Theater. Sie reimen und dichten und schlagen sich und andere zusammen und träumen von Mäusen und Menschsein, sie lassen Korn kreisen, sammeln Mahnungen, machen Texte draus, heulen

»Woyzeck, er läuft ja wie ein offenes Rasiermesser durch die Welt.«
Lockerungsübungen der »Ratten« vor einer Probe.

den Mond an und pinkeln auf die Bourgeoisie. Und wenn der
Teufel einst den toten Sisyphos fragen sollte: Wo kommst du denn
her? Dann wird er antworten: Aus der Kneipe von Jeannette. Hast
du sonst noch Fragen?

Da kratzt die Volksbühne etwas ab vom Etat und schickt den
jungen Theaterwissenschaftler Roland Brus ins Chaos. Der fegt
die Ratten zum Haufen zusammen, inszeniert »Warten auf
Godot«, dafür gibt's Abendgage, studiert Lesungen ein, gastiert
mit den harten, romantischen Jungs in Freiburg, Karlsruhe,
Edinburgh, in Parma und Paris und lebt seit Jahr und Tag immer
so am Rande der Gewalt.

»Woyzeck, er läuft ja wie ein offenes Rasiermesser durch die
Welt«, sagt der Hauptmann in Büchners Drama. Da grinst Heinz

Woyzeck und setzt das Messer an des Spielers Kehle, daß einem ganz schlecht wird. Und hinten auf der Bühne schaben und kratzen und schärfen sechs weitere Woyzecks ihre mörderischen Instrumente.

Ja, die Ratten identifizieren sich mit diesem Woyzeck. Versuchskarnickel der Gesellschaft, sagt Lenin, der so heißt, weil seine Freunde damals in der DDR ihn Lenin oder Thälmann nennen wollten. Dann lieber Lenin, sagt er. Auch weil's kürzer ist. Also Woyzeck, ein Versuchskarnickel, hat Stress beim Militär, sagt Lenin, wat ick ja ooch für äußerst ungesund halte. Und dann noch Zoff mit der Alten! Soll man sich doch nicht wundern, daß der's im Kopp kriegt.

Wo sieht er Parallelen zu heute?

Na aber, hallo, sagt Lenin. Woyzeck frißt Erbsen, wir fressen Pillen. Und wenn du im Staat nicht mitläufst, biste Aussatz, wirst weichgeklopft, mußt nach fremden Pfeifen tanzen. Nur meine Kleene, sagt der 19jährige Punk, die würd' ick deshalb wohl nich gleich umbringen.

Jürgen hat seine Alte im wirklichen Leben fast umgebracht. Er kennt die Eifersucht, die Woyzeck zum Mörder macht. Was Büchners trauriger Held mit Marie und dem Tambourmajor erlebt – kenn ick, sagt Jürgen. Kenn ick alles.

Und erzählt die Geschichte von seiner geschiedenen Frau. Ick lieb sie ja noch immer, sagt er. Aber damals, als er nachts zur Arbeit muß und sie fremdgeht und er sie mit seinem besten Freund im Bett erwischt, da will er das Weib in die Luft jagen. Kauft für dreißig Mark 'ne Handgranate von den Russen und betrinkt sich. Dann hoch in die Wohnung. Links die Granate, rechts die Pulle Whisky. Er ist so besoffen, daß er den Whisky wirft und die Granate in die Tasche steckt. Glaubt, die Alte sei tot und rennt in Panik bis zum See. Will mit dem Rest Sprit den Wahnsinn aus dem Kopf spülen. Aber er kriegt einfach keinen Tropfen aus der Granate raus. Irgendwie zündet er das Ding dann und ab damit ins Wasser. Ick wußte gar nich, det da so große Fische drin sind, sagt Jürgen und breitet lachend die Arme auseinander.

Vor jeder Probe wärmt Anna die Ratten auf. Anna ist die einzige Rättin, ist Schauspielerin, geboren in Australien, in London gelandet, gestrandet in Berlin. Das ist zwei Jahre her. Am Anfang ist sie für jeden da. Wer aus dem Knast kommt, kann bei ihr schlafen. Bei ihr wird abgeladen, weil sie zuhört. Ich war der Staubsauger für Ratten-Stress, sagt sie. Und niemand fragte mal: Anna, wie geht es dir?

Anna wirft eine Musik-Kassette ein. Und 16 Ratten turnen durch den großen Probenraum in der Akademie der Künste. Pullover fliegen durch den Saal, Schweißschwaden wabern, und Detlev ist wieder sternhagelvoll. Aber er tanzt. Schwankt zum Spiegel und swingt selbstvergessen auf sein Bild zu. Dreht sich, wiegt sich, elegant, charmant, versonnen, fast verzückt. Zieht lächelnd den Pullover aus, das Hemd, verliert den Rhythmus nicht dabei. Und 15 Ratten sehen staunend zu und nennen ihn Nurejew.

Pinkelpause. Zigarettenpause. Alle halbe Stunde. Die Ratten brauchen das. Wollen auch quatschen. Dafür können sie den Text noch immer nicht. Wer lernt schon gerne Text. Auch deshalb gibt es sieben Woyzecks bei Roland Brus. Ein Glück fürs Stück. Denn an sieben Woyzecks, sagt der Regisseur den Ratten, kann man doch alles zeigen, was im Woyzeck steckt: die Kraft, die Sehnsucht, die Liebe, die Dummheit, die Eifersucht, die Gehetztheit, die Trauer. Und jeden Augenblick, sagt Brus, kann bei Woyzeck der Wahnsinn ausbrechen.

Wie bei den Ratten. Wie bei Rolfi. Der wär auch fast verrückt geworden: Zerprügelte Kindheit, sadistischer Onkel. Er flieht auf den Strich, wird wieder eingefangen, ins Heim gestopft, bricht wieder aus. Sie sind ein notorischer Wegläufer, sagt der Jugendrichter zu ihm. 80 mal in einem Jahr weggelaufen. Aber nach den Gründen, sagt Rolfi, habe ihn nie einer gefragt. Dabei wär' ick so leicht manipulierbar gewesen, wenn mich mal einer umarmt hätte.

Er wird gemütskrank, springt aus dem vierten Stock, überlebt, verliebt sich, ein Kind stirbt vor der Geburt, er treibt im Alkohol, hängt im Delirium. Ick war wie Woyzeck, sagt er, ein

Mensch, der mit seinen Gefühlen nicht klarkommt und darüber wahnsinnig wird.

Die Ratten sind seine Rettung. Und die Kunst. Ick schleppe immer sone Sehnsucht mit mir rum, sagt er. Nun schreibt er Märchen, liest Novalis und »Herr der Ringe«, ist 38 und trocken seit zwei Jahren. Zu einer Probe stellt er Bier und Kuchen auf den Tisch. Ick bin seit heute ohne Schulden, sagt er, det will ick feiern mit euch.

Sie qualmen die Bude voll. Einer spendiert feines Gras. Lenin hat Detlev am Alex getroffen.

Warum hast du ihn nicht mitgebracht?

Ging nicht, sagt Lenin, Originalbrauereiabfüllung.

Und Heinz muß nochmal die Geschichte erzählen von damals, als er in der Wilhelm-Pieck-Straße mit brennender Zigarette ein-

»Ich war der Staubsauger für Rattenstreß«, sagt Anna aus Australien, die einzige Frau im »Ratten«-Haufen.

schläft, die Feuerwehr ihm die Bude versaut und er wegen schwerer Brandstiftung verklagt wird.

Sag mal, Heinz, du warst doch auch bei der NVA. Hast du an der Mauer geschossen?

Klar, sagt Heinz. Mußte ick doch. Aber treffen, det mußte ick nich. Konnte mir keener befehlen.

Heute schreibt Heinz Gedichte über Jesus.

Weißt du, daß der Fußball gespielt hat? fragt Hunni. Jesus trat ins Tor, und seine Jünger standen abseits. Er war auch verheiratet, sagt Hunni. Jesus ging in die Wüste, und eine lange Dürre folgte ihm.

Bist du eigentlich schon geschieden, Monster, fragt Jürgen.

Ja, sagt das 26jährige Riesenpunkbaby aus Bayern. Dabei wollte er doch nie heiraten. Sagte zu seiner bourgeoisen Mutter: Warum soll ich mir'ne Kuh kaufen, wenn ich einen Liter Milch will?

Jubel. Und dann kippen die Ratten vom Kalauer ins große Gefühl. Fragen Charly, ob er von seinem Selbstmordversuch erzählen mag. Kurz vor Neujahr hat er sich die Pulsadern aufgeschnitten, den ganzen Arm hat er sich aufgesäbelt. Er sagt, er mochte nicht mehr leben. Das war am Geburtstag seiner Verlobten. Sie ist seit zwölf Jahren tot. Aber was heißt das schon, wenn man sie nicht vergessen kann? Da sagt Monster: Weihnachten. Die einen öffnen ihre Geschenke, die anderen ihre Pulsadern.

Eines Tages liegt für eine Szene ein Schwung Ärztekittel da. Als der ganze Mob gestärkt und gebügelt auf der Bühne steht, sagt Jürgen: Wie Professor Brinkmann in der Schwarzwaldklinik. Da sind sie nicht mehr zu halten. Wollen rüber in die Charité, das große Krankenhaus von Ost-Berlin. Ist doch gleich nebenan. Mal gucken, ob man ihnen die Ärzte abnimmt. Büchner wollte doch auch Arzt werden, sagt Rolfi. Spielen wir also Büchner. Gut, sagt der Regisseur, gehen wir mal rüber in die Charité.

Sieben Ratten wedeln in weiß über die Straße. Der Rest ist in Zivil. Sieben weiße Ratten haben ihr Werkzeug dabei: Schlachtermesser, Krummsäbel, Feile und Dolch. Die Kantine ist voll.

»Ich komme aus der Kneipe von Jeannette, hast du sonst noch
Fragen?« Detlev schiebt den fußkranken Sisyphos auf dem Flughafen
zum Gate nach Paris, wo sie ein Gastspiel geben.

Ärzte, Besucher, Schwestern, Patienten in Gips und Morgen-
mantel.
    Sieben Ärzte verteilen sich.
Ich lasse mich gerade habilitieren, sagt Monster.
Ach, sagt Lenin, ich bin noch nicht mal rehabilitiert.
Wo kommen Sie denn her, fragt ein Patient mit leichter Panik im
Blick.
Ärztekongreß, sagt Heinz.
Aha. Und welches Thema?
Pharmakonzerne. Die wolln nicht mehr so schmieren wie früher.
Müssen wir ändern, sagt Jürgen. Wir haben schließlich Frau und
Kinder. Wie solln wir die denn durchbringen?
Und eine alte Dame fragt Lenin: Was sind sie denn für Ärzte?

»Ick hätte aus dem Stand den ›Glöckner von Notre Dame‹ spielen können.« Die »Ratten« fallen in Paris ein.

Spezialisten, sagt er. Alle Spezialisten. Ick zum Beispiel spalte
Persönlichkeiten. Also wenn Leute einsam sind ...

Ein Schrei. Gunter, der den Hauptmann im »Woyzeck« spielt,
mimt einen Herzanfall am Eingang zur Kantine. Er ist in Zivil
und windet sich. Dann kippt er um. Sieben weiße Ratten rennen
auf den Unfall zu. Alles glotzt von den Tischen. Endlich mal
Aktion. Pulsfühlen, Herzmassage, Mund-zu-Mund-Beatmung.
Ein Krummsäbel fällt zu Boden.

Der kratzt uns ab, sagt eine weiße Ratte. Platz da!

Gunter wird aus der Kantine geschleppt. Ab durch den Gang der
Charité, hin zum Aufzug Richtung OP. Der öffnet sich. Leute
wollen rein und raus.

Weg da, brüllt Rolfi, sehen Sie denn nicht, es geht hier um Leben
und Tod!

Da springen die Leute zur Seite.

Das reicht, sagt Roland Brus. Machen wir Schluß.

Und sieben Ratten wedeln beglückt zurück zur Probe. Am Empfang sagt Lenin noch:

Wenn Kollegen nach uns fragen, also wir tagen in der Akademie der Künste. Gleich nebenan.

Fein, sagt der Mann am Eingang. Werd' ick ausrichten.

Der Regisseur verteilt Kopien von Büchner-Texten und erzählt, daß der Dichter steckbrieflich gesucht wurde und mit 23 starb. Und er liest aus dem berühmten Flugblatt »Friede den Hütten! Krieg den Palästen!«. Stimmt alles noch, sagt Heinz. Wie nach der Wende. Die Wende habe ihn ins Unglück gestürzt. Und Lenin sagt, er habe inzwischen gelernt, daß nicht alle Schlipsträger seine Feinde sind. Und Rolfi will am Wochenende in die Berge fahren. Wie Büchner. Und zitiert aus einem Gedicht von ihm:

»Glatte Herren, glatte Frauen!

Auf die Berge will ich steigen

Lachend auf euch niederschauen.«

Heinz hat Post bekommen von der Kripo. Da ist noch eine Strafe offen aus der Zeit vor den Ratten.

Geld oder Knast. Was willst du tun? fragt der Regisseur.

Knast, sagt Heinz.

Und wie willst du dann den Woyzeck spielen?

Ach so, ja... Und dann nuschelt er Sätze, die niemand versteht, weil Heinzens Kiefer ja so gut wie zerschlagen ist.

War das ein Kampf, damals vor zwei Jahren. Eine Betrunkene scheißt ihm hinter den Würstchenstand. Er raus aus der Bude und sie mit dem Kopf in den Haufen gesteckt. Ick wußte ja nicht, sagt er, daß die drei Kerle zur Ollen gehörten. Die drei Kerle treten ihn 35mal ins Gesicht. Bis 35 hat Heinz jedenfalls mitgezählt. Er wacht erst im Krankenhaus wieder auf. Als er seinen Kopf sieht, zertrümmert er den Spiegel. Ick hätte aus dem Stand den Glöckner von Notre Dame spielen können, sagt er.

Viele Ratten haben keine Zähne mehr. Charly sammelt seine vor fünf Jahren von der Straße auf, als er vom Auto angefahren

wird. Ich hab den Bordstein geküßt, sagt er. Danach geht er in die
Kneipe und desinfiziert die Wunden. Zwei Jahre, sagt er, aß ich auf
der Felge. Dann paßt das Gebiß.

Jürgen hat Backen- und Schneidezähne auf der Bühne gelassen. Unser Spiel soll ja echt sein, sagt er. In der »Pest« mußte er ein
Mädchen würgen und umbringen.

Hat fast geklappt, sagt er. Noch nach der Premiere sei ihr Hals blau
gewesen.

Hat sie nicht gebrüllt?

Konnte sie doch nicht, sagt Jürgen, ick hab doch zujedrückt.

Und welcher der sieben Woyzecks wird Marie erstechen?

Ick, wenn ick Pech hab', sagt Jürgen.

Warum?

Weil ick mich mit sowas auskenne. Rolfi könnte das nie. Viel zu
sensibel. Und Hunnis gebrochener Arm sei noch nicht zusam-
mengewachsen. Und er sei doch nun mal der Trottel der Truppe.
Wie Woyzeck, sagt Jürgen. Ick bin wie Woyzeck.

Die Gewalt, sagt der Regisseur, hat sich gelegt im letzten Jahr.
Das kommt vom Reden. Sie zerreden die Aggressionen, erzählen
sich alles, lesen vor, was sie nachts geschrieben, sagen, was sie bedrückt, brüllen sich an, umarmen sich, mögen sich, teilen Schnaps
und Gras.

Zum Geburtstag bekommt Jürgen Kochbücher. Er war doch
mal Koch und Wurstmacher. Hunni liest im Inhalt: Preiswerte
Gerichte ... Kartoffelgerichte ... Amtsgerichte ... Da lachen die Ratten und erzählen Knastgeschichten. Fast jeder hat doch schon
gesessen. Diebstahl, Beamtenbeleidigung, räuberische Erpressung,
Körperverletzung, versuchter Totschlag, Brandstiftung.

Hunni hat neun Monate in Valencia gesessen und dann im
Schweinsgalopp den Tausendfüßler gemacht. Er hat die Welt gese-
hen. Spanien, Marokko, Algerien, Tunesien, Italien, Frankreich,
Irland, Dänemark. Hunni ist Berber. Hat Jahre auf der Straße
gelebt. Hat Gläser gefressen, Feuer geschluckt, mit Flötentönen
Geld verdient, eine gutgestopfte Engländerin und ihre zehn
Schwestern ausgenommen, fünf Flaschen Korn pro Tag getrun-

ken. Resultat: Zwei wohlverdiente Herzinfarkte und ein Schlag-
anfall. Vier Jahre ist das her. Da war er 27.

Geheiratet hat er auch. Im barocken Standesamt von Fulda.
Die ganze Punkszene der Stadt war da, sagt Hunni. Lauter Läuse-
köppe mit ’ner Pulle Wodka am Hals. Die Ehe dauert an. Man sieht
sich alle Jubeljahr mal.

Heute ist Hunni der Ratten-König. Spielt bei Frank Castorf
in Ibsens »Frau vom Meer«, ist richtig bürgerlich geworden, sagt
er, weil er ’ne Buchte hat mit Bad und Küche. Seine Hand rutscht
nur noch bei Neonazis aus. Das letztemal brach sie kaputt.

Wolfgang Sisyphos Graubart sitzt im Sessel auf der Bühne. Er
ist 68 und spielt die Großmutter in Büchners »Woyzeck«. Der einzige, der seinen Text kann. Er hat auch mal ein bißchen Philoso-
phie studiert, sagt er, war Ingenieur in der DDR und nie ein

»Wenn ick Pech hab’, muß ick die Marie erstechen. Ick kenn mich in
sowas aus«, sagt Jürgen (r.). Hinter ihm Lenin, links das Monster und
neben ihm Charly, der die tote Verlobte nicht vergessen kann.

Obdachloser. Zur Untermiete hat er gewohnt und in dunklen Löchern gehaust. Hat eine Frau gehabt und einen Sohn. Beide sind tot. Das hat ihn hart gemacht und aggressiv. Und es fällt mir schwer, sagt er, mich bei jemandem zu entschuldigen.

Wie kommt er zu seinem Namen? Vor Jahren habe einer mal zu ihm gesagt: Weißt du, dir rutscht dein Leben auch immer wieder weg. Gut, habe er da zu sich gesagt, dann kannst du dich auch Sisyphos nennen.

Und Büchner, sagt er, der habe die Welt begriffen, auch, daß das Volk ein Haufen armer Hunde ist. Und seit der Sozialismus im Kapitalismus aufgegangen sei, habe sich das Heer der Woyzecks und der Tambourmajore vergrößert. Aber das sei nicht mehr sein Problem.

Und da sitzt er auf der Bühne mit seinen kaputten Händen, die nicht heilen wollen und sagt: Ich bin Wolfgang Sisyphos Graubart, geboren unter dunklen Wolken der Vergangenheit. Was solls?

Kurz vor der Premiere kippt Sisyphos auf eben dieser Bühne um. Sie rütteln und sie schütteln ihn – doch er will einfach nicht zu sich kommen. Da schleppen die Ratten ihn rüber in die Charité. Er wird auf die Intensivstation gebracht. Liegt im Koma. Fast drei Wochen dämmert er dahin. Dann stirbt er.

In der Kapelle des Dorotheenstädtischen Friedhofs ist die Urne in Blumen gebettet. Zwei Ratten gießen ihr Liebstes drüber: Schnaps. Roland Brus hält eine Rede. Und bevor die Urne – einen Sprung von Brecht und der Weigel entfernt – in die Erde gelassen wird, stülpt Rolfi seine schöne bunte, selbstgestrickte Mütze drüber. Damit er nicht so friert, sagt er.

»Soll ich mir einen Bart umhängen? «

Günter Gaus – der letzte Bürger der DDR

Am 10. Juni '94 hatte Rut Brandt in Bonn zu einem Essen bei Ria Maternus geladen.
Sie feiert ihr Buch »Freundesland«, das ein Bestseller geworden ist. Günter Gaus hält die lustige Rede. Am Ende sagt er: So, Rut. Und nun küß' mich! Applaus. Und ein vergnügter Abend beginnt.

Gegen Mitternacht kriegen Gaus und ich uns in die Haare. Gaus erzählt aus guten alten DDR-Tagen, schimpft auf die Vereinigung, preist ein paar PDSler. Ich protestiere. Er attestiert mir totale Unkenntnis. Was wissen Sie schon von der DDR! Ich frage, ob er die PDS auch wähle? Er sagt: Tun Sie's doch auch. Wein oder Whisky haben ihn ziemlich aggressiv gemacht. Er erzählt, auf was alles er als Ständiger Vertreter in Ostberlin habe verzichten müssen! Das habe er für die historische Mission doch wohl mit Lust getan, sage ich. Als wir uns auf die Nerven gehen, wechseln wir die Tische.

Ein paar Sätze über die Bonzen von Wandlitz haben allerdings gezündet. Im DDR-Archiv, das im Pieck-Grotewohl-Haus an der Berliner Torstraße lagert, und in der Gauck-Behörde lese ich mich Wochen später durch Protokolle, Tonbandabschriften, IM-Berichte, Gesprächsmitschnitte, lese Gaus' Bücher noch einmal, rede mit Bürgerrechtlern und stoße auf einen sehr merkwürdigen Diplomaten.

Also, da möchte er doch nun mal eine Geschichte erzählen dürfen, sagt Günter Gaus in der Fernseh-Live-Sendung »Stasi ohne Ende?« im ORB. Und dann erzählt er zum x-ten Male, wie ihm damals, als er noch Ständiger Vertreter Bonns in der DDR war, eine Sekretärin abhanden kommen sollte. »IMs des Verfassungs-schutzes« hatten im Leben der jungen Frau gewühlt und erfahren, daß deren Freund mal Hasch genommen und sie selbst abgetrieben haben solle. Die Sekretärin – ein Sicherheitsrisiko – möge inner-halb von drei Tagen entlassen werden.

Drei Gäste der Sendung, Bürger der ehemaligen DDR – Marianne Birthler, Wolfgang Thierse und Wolfgang Ullmann –, sehen Gaus verblüfft an. Nein, nein, sagt der, zur Entlassung sei es natürlich nicht gekommen. Wäre ja noch schöner gewesen. Und trotzdem vergleicht Gaus »Staatssicherheit der DDR« mit »Staats-sicherheit der alten BRD«, auch wenn es da quantitative und qua-litative Unterschiede gegeben habe. Dann tadelt er noch einmal diese »große Schweinerei« mit der Sekretärin und sieht triumphie-rend in die Runde.

Und drei sprachlose Gäste, die vom Moderator Gaus hätten befragt und nicht belehrt werden sollen, sind einfach zu nett, um auf den Tisch zu schlagen und zu sagen: Aber genau da liegt ja der Unterschied. In der DDR hätte die Sekretärin nämlich keine Chance gehabt zu bleiben.

Nein, Günter Gaus läßt sich sein Bild der DDR nicht kaputt-machen. Nicht von Leuten aus dem Osten und schon gar nicht von Journalisten aus dem Westen. Das »Mediengequatsche über die DDR-Wirklichkeit« habe aber auch gar nichts mit der »histori-schen Wahrheit« zu tun.

Er selbst, sagt er, sei 1974 »aus der Anmaßung« des Jour-nalisten »in die strenge Verbindlichkeit des Staatsdienstes« gegan-gen, sei zum »politischen Funktionär« geworden, eben weil er sich der »historischen Wahrheit« verhaftet fühle. Nun setzt sich aber so ein hehrer Begriff wie »historische Wahrheit« aus profaner Wirklichkeit zusammen, aus Schnipseln und Begebenheiten, Besu-chen und Gesprächen, aus Urteilen, subjektiven Einschätzungen, Kalkül und Diplomatie. Und nun kann man eben nachlesen, was Günther Gaus von 1974 bis 1981 mit den Genossen im ZK so besprochen hat. Und in der Diplomarbeit eines MfS-Mitarbeiters kann man erfahren, wie die Herren der Stasi Texte von Günter Gaus zur Gewinnung von West-Spionen einschätzten. Und kann staunen, wie wenig der West-Diplomat offenbar von Bürgerrechtlern und wieviel er von Honecker und seiner Greisenriege hielt.

Anfang Februar 1989 macht der schleswig-holsteinische Ministerpräsident Björn Engholm einen offiziellen Besuch in der DDR. Mit von der Partie: sein Berater Günter Gaus, Staatssekretär a.D. Im Gespräch mit einem Ministerialrat der bundesdeutschen Vertretung habe Gaus – so notiert Oberst Wilke von der Hauptabteilung VI – folgendes gesagt:

»Wenn er … [Name des Ministerialrats] die DDR wirklich verstehen will, und das müßte er in seiner Funktion, dann muß er mehr reisen. Aber zu den richtigen DDR-Bürgern. Nicht zu den Querulanten und Dissidenten und sonstigen Quatschköpfen, die von morgens bis abends nur dummes Zeug reden und rumbarben, denn das sind nicht die Leute, die die DDR aufbauen.« Gaus heute dazu: »Eindeutig falsch!« Allenfalls habe er gesagt, daß Dissidenten und Bürgerrechtler die DDR nicht repräsentieren.

Neun Monate später fällt die Mauer, und Günter Gaus lädt die berühmteste Querulantin zum Frühstück ins Palast-Hotel ein: Bärbel Bohley.

Ich glaube, sagt sie, er ist von der Wende ziemlich überrascht worden. Er war schon ein bißchen sprachlos, fassungslos. Da ist doch ein Konzept weggeschwommen, das er sich aufgebaut hatte. Unser Konzept interessierte ihn nicht. Er fragte so ein bißchen ab, der Herr Oberstudienrat. Doch unsere Politik, sagt sie, war eben nicht die große Politik. Und er wollte wohl eher hören, was er für sich verwerten kann. Wollte wissen, was wir denn so für Leute sind, die er selbst als Störenfriede eingeordnet hatte. Also, es war das erste Mal, daß er Kontakt zu uns suchte.

Der Schriftsteller Jürgen Fuchs hat sich die Feindseligkeit zwischen Gaus und den Bürgerrechtlern nie erklären können. Und so fragt er: Was hat Gaus denn nun ständig vertreten in der Vertretung? Wenn nicht auch demokratische Interessen? Da hätte ja was sein können, eine Haltung, ein Gestus, so etwa: Keine Angst, wir sind da.

Amerikanische Diplomaten, sagt Fuchs, hätten das getan, hätten Kontakt zu Rainer Eppelmann gesucht, auch zu anderen Bedrängten. Klar, sagt Fuchs, da habe es dann offiziell natürlich geheißen: alles CIA-Agenten. Aber es war eine Sicherheit. Eine, die Gaus nicht verbreitete. Und ich kann mich nicht erinnern, sagt Fuchs, daß Gaus Robert Havemann mal in Grünheide besucht hätte.

Gaus war nie bei uns, sagt Katja Havemann. Aber einmal bekommen die beiden eine Einladung aus der Ständigen Vertretung. Katja Havemann, die damals Studentin ist, überlegt noch, was sie anziehen kann. Und Robert, sagt sie, meinte sehr vergnügt: Also, da geh' ich gern hin, da kann ich doch einige Gäste erschrecken.

Der DDR-Staatsfeind Nummer eins hat den Gastgeber offenbar schon vorher erschreckt. Jedenfalls kommt kurz nach der Einladung die Ausladung. Für die Einladung- die laut Ausladung ein Versehen gewesen sein soll – hatte Hartmut Jäckel gesorgt, Professor für politische Wissenschaft an der FU in West-Berlin. Der besucht Robert Havemann seit dessen Kaltstellung 1964 häufig im Osten. Da Jäckel seit Studententagen mit Günter Gaus befreundet ist, hat er dem Diplomaten gesagt: Günter, tu mal was für Havemann.

Einmal, als Jäckel den Freund bittet, Fotos des Verfemten im Diplomatengepäck mit in den Westen zu nehmen, lehnt Gaus das im Hinblick auf seine Position und Bedeutung empört ab.

»Für Günter Gaus«, sagt die Bürgerrechtlerin Bärbel Bohley, »waren wir nicht salonfähig. Wir waren Phantasten und Spinner. Ich sag' das mal so: Kroppzeug waren wir. Keine Gesprächspartner.«

Aber Günter Gaus ist doch zu DDR-Zeiten bei Wolf Biermann und Reiner Kunze gewesen, als die ziemliche Schwierigkeiten hatten.

Da lacht Bärbel Bohley und sagt, wenn er da nicht hingegangen wäre, hätte er doch gleich seinen Hut an der SED-Garderobe abgeben können. Nein, nein. Außerdem seien das Künstler gewesen. Für Künstler habe Gaus ja was übrig gehabt. Die wurden auch geladen, auch Christa Wolf und Stefan Heym und Klaus Gysi. Naja, sagt Bärbel Bohley, dieser ganze Klüngel eben. Und die haben sicher auch mal kritisch geredet. Und dazu wurde dann Cognac aus dem Intershop getrunken. Da hat man dann schon mal ein Wort riskiert.

Aber richtig riskiert hätten die natürlich nichts. Salonlöwen seien das gewesen. Mehr nicht. Und so eine Salon-Opposition,

glaubt Bärbel Bohley, hätte Gaus wohl ganz interessant gefunden. Er war eben der Diplomat, sagt sie. Aber wir waren nicht diplomatisch. Wir waren unbequem. Und deshalb waren Bürgerrechtler für ihn Phantasten und Spinner. Ich sag' das mal so: Kroppzeug waren wir. Keine Gesprächspartner.

Und es gab kein Vertrauen zum Ständigen Vertreter?

Nein, sagt sie, Gaus war für mich so etwas wie verlängerte SED-Politik.

In seinem Buch »Wo Deutschland liegt« ist zu lesen, was Bärbel Bohley meint. Gaus spricht dort über die Politik von Helmut Schmidt, für den die biblische Einsicht gelte, »daß der Balken im eigenen Auge um so leichter zu verschmerzen ist, je mehr man den Splitter im Auge des anderen fixiert«.

Das muß Balsam für Honecker und die Greise aus Pankow gewesen sein. Und diese Haltung behält Gaus auch auf jener Reise mit Björn Engholm im Februar 1989. Er rügt die westdeutsche Arroganz jenes Ministerialrats, dem er schon gesagt hat, was er über Querulanten denkt. Nun singt er ihm, laut MfS-Information, das Hohelied der Politbüro-Herren:

»Wenn Sie von der älteren Mannschaft, Regierungsmannschaft in der DDR sprechen, mit etwas Hochmut, dann sage ich Ihnen wörtlich als Kenner der Szene, der in seinem Leben am meisten in der DDR gelernt hat, daß das zur Zeit eine Regierungsmannschaft ist, wie Sie sie in keinem anderen Land der Welt finden können. Verglichen mit allen sozialistischen, kapitalistischen und Krisenländern ist hier jeweils in weiser Voraussicht sowohl ökonomisch als auch politisch jeder größere Schaden abgewandt worden. Wenn die Politiker in der Bundesrepublik diesen Prozeß nicht nachvollziehen können, dann muß sich nicht die DDR ändern, sondern die andere Seite.«

Ist Günter Gaus mit einem Blindenhund durch die DDR gegangen? Als ich ihm den Satz vorlese, lacht er hart und schallend und sagt: »Fabelhaft! Alles Unsinn. Einfach lächerlich.«

Jürgen Fuchs hat einmal vor West-Schriftstellern »von der Kollaboration breiter Teile westlicher Intellektueller mit der Dik-

»Fabelhaft! Alles Unsinn. Einfach lächerlich«, sagt Günter Gaus
zum Aktenfund der Gauck-Behörde, laut dem er zu DDR-Zeiten das
Hohe Lied auf Honeckers Altherrenriege sang.

tatur« gesprochen. Die hätten gedacht, daß so ein Staat wie die
DDR eben keine Diktatur sei. Und nun, sagt Fuchs, können die
sich einfach nicht von ihren linken Träumen lösen. Als ob die links
waren! Links im machtkritischen Sinne, links im Respekt vor dem
Bürger. Nein, sagt er, das waren sie nicht.

Doch. Für Gaus offenbar schon. Auch im Februar 1989 noch.
Trotz Gorbatschow. Trotz der Verhaftungen, Abschiebungen und
Stasi-Prügeleien auf der Rosa-Luxemburg-Demonstration von
1988. Wenn zutrifft, was der IM berichtet, dann berät Gaus
Engholm, als sei die DDR kein totalitärer Staat, sondern ein von
der Bundesrepublik ausgebeutetes Friedensreich.

Er macht Engholm – laut Bericht – darauf aufmerksam, daß
West-Touristen, die in die DDR kommen, den Bürgern dort

alles wegkaufen, »subventioniertes Brot« essen, schwarztauschen, schmuggeln, Theaterkarten in Anspruch nehmen. Und die DDR mache »eigentlich minus dabei«. Engholm ist beeindruckt und erwidert laut Bericht: »Das muß man doch morgen sofort ändern«. Der Informant notiert: »Engholm ließ sich ... von Herrn Gaus beraten und lenken. Gaus brachte einem IM gegenüber zum Ausdruck, daß er Einfluß hat auf Engholm«.

So ist denn wohl auch diesem Einfluß zu verdanken, daß der Ministerpräsident, als es um die Vitalisierung der Städtepartnerschaften geht, erklärt haben soll, »es ging nicht darum, als Ritter mit einem trojanischen Pferd hier auf Menschenrechte zu machen ...«. Und: »Ich akzeptiere die Linie der DDR 100%, und ich hasse diese Tendenz, und zu mir braucht keiner angekrochen kommen.«

Dann soll Engholm auf einem Empfang vom Generalsekretär der SED geschwärmt haben. »Nach den stattgefundenen Gesprächen in kleiner Runde habe er eine außerordentlich hohe Meinung vom Genossen Honecker als Mensch und Politiker gewonnen.« Und Engholm erzählt beglückt, daß man »ein gutes Stück deutschdeutscher Politik« gemacht habe.

Da weisen ihn zwei Gäste auf die schwierige Situation ausreisewilliger DDR-Bürger hin. Engholm reagiert laut Akten »abwehrend«. Und berichtet von einem Arzt aus Magdeburg, der »unter Mißbrauch von genehmigten Reisen nicht wieder in die DDR zurückgekehrt« sei. »So etwas schätze und unterstütze er, Engholm, nicht.«

Fazit des zwölfseitigen Protokolls ist ein Toast von Günter Gaus auf Günter Gaus: »Gaus bewertete das seiner Auffassung nach gute Klima zwischen Politikern beider deutscher Staaten zu großen Teilen als sein Verdienst. Er habe mit seiner Tätigkeit als erster Ständiger Vertreter der BRD in der DDR den Boden für die jetzige Situation bereitet.«

Und so muß er sich wohl fragen lassen: Was war er denn für ein Diplomat? Einer, der das Leben von Menschen erleichtern half? Oder einer, der eigene Politik- und Heilsvorstellungen durchsetzen wollte? Vielleicht fragt Günter Gaus deshalb seit der Wende in seinen TV-Sendungen »Zur Person« fast jeden Ostdeutschen, ob es denn nicht auch das kleine Glück gegeben habe in der DDR, und ob es nicht auch schön war?

Aber sicher. Wie in jedem anderen totalitären Staat auch. Jürgen Fuchs, der jahrelang von der Stasi drangsaliert wurde und ins Gefängnis kam, meint, da könne er ja noch weitergehen und sagen: Ich habe nie so viele Bücher gelesen wie im Gefängnis. Ja. Ich fühlte mich auch meinen Kindern und meiner Frau oft sehr nah. Aber das geht doch Gaus nichts an!

Die Frage sei doch nicht die nach unserem kleinen Glück, sondern die nach seiner Haltung, nach seiner Einschätzung: Was war das für ein Staat? Was war das für eine Diktatur? Und diese Nähe zwischen Gaus und Honecker, die konnte Fuchs sich nie erklären.

Gaus, der »politische Funktionär«, schreibt, daß »Honecker die Regelung humanitärer Probleme auch als seine persönliche Angelegenheit betrachtete«. Schreibt, daß Erich Mielke, Chef der Staatssicherheit, »zwei- oder dreimal eine nachdenklich-witzige Bemerkung« gemacht habe, »zum Teil an mich gerichtet, die eine Gesprächssituation auf den Punkt brachte«. Historienmalerei à la Gaus.

Ebenfalls unvergessen, wie er sein erstes Zusammentreffen mit Alexander Schalck-Golodkowski beschreibt. Ein Schuß Konspiration ist auch dabei, wenn der DDR-Unterhändler ein Treffen auf dem Parkplatz nahe der Vertretung vorschlägt, »damit unsere Zusammenkunft unbeobachtet bleibe«. Gaus als 008 in geheimer Mission. Fragt noch belustigt am Telefon, ob er sich einen Bart umhängen solle. Und als er zur verabredeten Zeit mit seinem Aktenköfferchen losstiefelt, preist er »ein weiteres Mal mein Glück, das mir gerade diesen Posten beschert hat«.

Wer so an seinem Posten hängt, tut offenbar vieles, um ihn zu behalten. Die Lust am Job bleibt den Herren der DDR jedenfalls nicht verborgen. Am 28. Februar 1975 geht eine Aktennotiz aus dem Büro des Agitations- und Propaganda-Chefs Albert Norden an den Genossen Erich Honecker. Darin heißt es: »Gaus hob hervor, daß er in seiner gegenwärtigen Funktion, die er noch 15 Jahre ausüben möchte, die interessanteste diplomatische Tätigkeit sehe, die er sich denken könne.«

Er sei auch, so steht es in den DDR-Akten, sehr befriedigt über die Gespräche mit Erich Honecker, »von dessen Person er auf das angenehmste überrascht worden sei. Alle westlichen Biographien, die er gelesen hatte, würden Genossen Honecker nicht so darstellen, wie er wirklich ist.«

Am 7. Oktober 1977, am »Tag der Republik«, kommt es nach einem Volksfest auf dem Berliner Alexanderplatz zu schweren Zusammenstößen zwischen Jugendlichen und der Polizei. Nach einem Unglücksfall – ein paar junge Leute waren in einen Entlüftungsschacht des Fernsehturms gestürzt – ertönen Sprechchöre gegen die angerückte Volkspolizei. Man ruft »Biermann, Biermann«. Und »Deutschland, Deutschland«. Und »Russen raus«. Nach West-Agenturberichten soll es drei Tote, 200 Verletzte und mehr als 700 Festnahmen gegeben haben.

Am 18. Oktober 1977 – also elf Tage nach diesen Ereignissen – lädt Günter Gaus Herbert Häber, Mitglied des Politbüros und Leiter der Westabteilung des ZK der SED, in seine Residenz zum Essen ein. Man ist zu zweit. Häber schreibt eine »Information« über das Gespräch:

»Gaus stellte die Frage, wie ich die Ereignisse am Abend des 7. Oktober auf dem Alexanderplatz beurteile. Ich antwortete im Sinne unserer Veröffentlichungen im ND.« Im *Neuen Deutschland* war von »Rowdies« die Rede, die randaliert und die Vopos gehindert hätten, Verletzte zu bergen. Häber: »Daraufhin äußerte Gaus, auch er halte die Sache für einen relativ normalen Vorgang, denn früher habe es ja auf jeder Kirmes eine Schlägerei gegeben. So habe er auch nach Bonn berichtet.«

Am 17. August 1978 spricht Günter Gaus mit dem stellvertretenden Minister für auswärtige Angelegenheiten, Kurt Nier. Es geht um einen TV-Film, den Lutz Lehmann in der DDR machen will.

Ihm ist allerdings verboten worden, Privatpersonen zu befragen. Der ARD-Korrespondent will dennoch drehen und befragen. Für die DDR »illegale Aktivitäten«. Konsequenzen werden angedroht. Gaus will glätten. Nier sagt, die Bundesregierung soll mal »auf ihre eigenen Massenmedien Einfluß nehmen«, wenn es zu einer Normalisierung der Beziehungen kommen solle. »Gaus ließ erkennen, daß er persönlich die Gründe für das Vorgehen der DDR verstehe.«

Am Ende des Protokolls gibt es eine »Bemerkung«. Nach dem Gespräch mit Nier habe Gaus den anwesenden Genossen Hans Schindler – stellvertretender Leiter der Abteilung BRD für auswärtige Angelegenheiten – gebeten, die zuständigen Herren dringlich zu ersuchen, die Entscheidung zu revidieren. Im Gegenzug sei er, Gaus, »bereit, sich voll dafür einzusetzen, daß die ganze Angelegenheit nicht in die Öffentlichkeit gelangt...« Das könne stimmen, sagt Gaus. Aber der Rest? Ausgeschlossen. Das sei wohl eine Überinterpretation von Schindler. Der Rest heißt: »... und der Film gegenwärtig nicht gesendet wird. Dafür sei er auch bereit, einen ›Kniefall‹ zu machen.«

Fritz Rudolf Fries, Schriftsteller der ehemaligen DDR, sagt heute über Günter Gaus: »Er ist der letzte DDR-Bürger.« Und das sagt Fries fast wehmütig. Ja, er meine das positiv, weil er Gaus schätze und möge in seiner Haltung.

In jenem Gespräch mit dem Ministerialrat sagt Gaus denn auch laut Informantenbericht im Februar 1989: »Wissen Sie, Herr..., ich brauche kein Geld, ich habe genug, ich bin saniert. Ich kann mir erlauben, eine eigene politische Meinung zu haben.«

Nach dem Ende seiner Mission in Ost-Berlin prägt Günter Gaus das Wort von der »Nischengesellschaft«, das seither an der ehemaligen DDR wie eine Klette klebt. Nische, das heißt für Gaus: Die Menschen hatten sich in die Idylle zurückgezogen, ins Private, Behagliche, wo man »unter Freunden die Topfblumen gießen, das Automobil waschen, Skat spielen, Gespräche führen, Feste feiern« konnte.

Was man natürlich nicht konnte, sagt Hans-Joachim Maaz,

Psychotherapeut aus Halle. Denn in der geschlossenen Gesellschaft DDR »gab es keine Schlupfwinkel, die der Macht- und Sicherheitsapparat nicht erreicht hätte«. Die »Nische«, sagt Maaz, sei wohl eine jener Ausreden, die einer wie Gaus brauche, um dem Fluch zu entkommen, dem man Tribut gezollt hat.

Der deutsch-jüdische Schriftsteller Chaim Noll schreibt nach dem Fall der Mauer voll Zorn über Gaus' »Nischengesellschaft«. Der heute 40jährige ist in der DDR-Nomenklatura aufgewachsen, hat auf der Sonnenseite der Diktatur gelebt. Bis er nein sagt. Bis er den Wehrdienst verweigert. Da gerät er für Jahre in psychiatrische Kliniken. 1992 schreibt Noll in seinen »Nachtgedanken über Deutschland« zu Gaus:

»Nischengesellschaft – was meinte er? Die Friedhöfe, auf denen ostdeutsche Dichter von Gnaden der evangelischen Kirche ein Unterkommen als Totengräber fanden.? Die Zuchthäuser, in denen junge Leute saßen, die nichts anderes gewollt hatten, als innerhalb Berlins die Wohnung zu wechseln? Die Nervenkliniken, in denen jemand wie ich seine Zeit verlor, dessen Verbrechen darin bestand, daß er eine altdeutsche Uniform nicht anziehen wollte?... Gaus ist beizeiten aus der Politik in den Journalismus zurückgekehrt und für nichts mehr verantwortlich. Er hat eine Fernsehsendung, in der er Fragen stellen darf, in Stasi-Verhör-Manier, alle Register ziehend, selbst nicht zu sehen hinter der Verhör-Lampe. Nur seine Stimme ist zu hören, die beherrschte, eiskalte Stimme eines unangefochtenen Mannes. Es gibt einen westdeutschen Hang zum Prinzip Staatssicherheit, nicht unbedingt in den Akten nachweisbar, aber aus tiefer, herzlicher Sympathie.«

In den Akten nachweisbar ist ein Hang der Staatssicherheit zu den Texten von Gaus und eine herzliche Sympathie zum Autor selbst. Am 1. April 1988 schließt Andre Stech in Potsdam den 1. Offiziersschülerlehrgang mit einer Diplomarbeit ab. Sein Thema: »Analyse der Publizistik von Günter Gaus anhand ausgewählter Beispiele unter dem Aspekt der Nutzbarkeit für die Gewinnung von Kräften aus der BRD für die Koalition der

Vernunft und des Realismus.« Simpler gesagt: Wie gewinnt man mit Gaus-Texten West-Spione?

Stech ist Absolvent der Hochschule des MfS. Der angehende Stasi-Offizier findet, daß die Bücher von Gaus – allen voran »Die Welt der Westdeutschen« – zur »Pflichtliteratur für jeden Aufklärer gemacht werden« sollten. Allerdings, schreibt der Diplomand, habe sich Gaus »trotz punktueller Nähe ... zu marxistisch-leninistischen Positionen ... nicht zum Marxisten entwickelt«. Bemerkenswerte Einsichten zum Kapitalismus, ja, die habe er gewonnen. Aber am Ende sei er doch »inkonsequent genug, sich nicht gänzlich auf die Seite der Arbeiterklasse zu stellen«. Er zerre zwar an den Klassenfesseln, suche aber stets neuen Halt im bürgerlichen Lager.

Doch auch das sei zur Werbung eines Spions im Westen eher von Nutzen. Denn so würden »Aha-Effekte« geschaffen. Und hat der Werber den Umworbenen erst einmal auf Gaus-Position gebracht, dann könnte er »durch Kritik an Gaus ... den letzten Schritt zur Zusammenarbeit mit dem MfS vollziehen«.

»*Hol dich der Teufel, du Schwachkopf!*«

Der nachgeholte Bürgerkrieg zwischen
Ost- und West-Intellektuellen

Er war so frech, so keß, so witzig und respektlos: Lutz Bertram, der blinde Star von Brandenburg, der Kult-Moderator vom ORB, der sein »Liebes Radiovolk« früh um sechse mit »huhu« aus den Federn trieb. Willkommen in »Red-Eagle-Land«, krächzte er in den Äther hinaus, ins Land des roten Adlers. Wie unerbittlich schlagfertig, intelligent und gnadenlos nahm er Politiker ins Gebet. Das war Balsam für gedemütigte Ostseelen. Nun ist er abgestürzt, der Vogel, liegt gerupft am Boden. Ein Schock für alle Hörer: Er war bei der Stasi. War sechs Jahre lang inoffizieller Mitarbeiter. Der Liebhaber des »aufgeweckten Zeitgenossen« hatte den Decknamen »Romeo«.

Live läßt sich der IM a. D. befragen. Im eigenen Sender, den er wird verlassen müssen. Welch eine Chance. Und wie vertut er sie. Ja, ihm komme das »kalte Grausen«, wenn er denke, was er getan. Und sitzt betroffen da, zerschmettert und zerknirscht. Halbherzige Geständnisse werden später von neuen Aktenfunden widerlegt. Der Moralist ist ein Märchenerzähler geworden, der stockend sagt, er wolle weitermachen, müsse weitermachen dürfen. Sonst könne er sich doch gleich erschießen. Die Rolle ist neu, er spielt sie mit Routine.

Nach der Sendung Manöverkritik bei Chablis. Die Frager, der Befragte, Kollegen. Bertram wischt die Asche vom Haupt und setzt die Narrenkappe wieder auf. Lutz, sagt da sein Freund, du bist mir jetzt zu fröhlich hier.

Da greift Lutz Bertram zum Arm seiner Frau. Komm, sagt er. Ich glaub, wir sind hier auf der falschen Veranstaltung. Legt seine Hand auf ihre Schulter und geht. Geht zu einer Geburtstagsparty. Sagt den Gästen dort, er habe niemanden von ihnen

verraten. Wissen wir doch, Lutz, sagen die. Und alles ist wie
früher.

Der Wind hat gedreht. Eine kurze Klage? Warum nicht. Ein
mea culpa? Ist erlaubt. Aber vergeßt nicht, wo wir lebten. In der
DDR. Jeder konnte da in was geraten. Und jeder ist kein Held. Arm
das Land, das Helden nötig hat, sagt Bert Brecht. Und jeder hat ein
Recht auf seine Feigheit, sagt Heiner Müller. Also laßt uns in
Frieden mit eurer Moral.

Wir sind doch Menschen. Und es wird nicht lange dauern, bis der
entlassene Bertram – der laut Akten der Guillaume von Lafontaine
hatte werden sollen – in der PDS-Zentrale agiert. Als Medienberater.

Tee beim ostdeutschen Maler Gerd Sonntag über den
Dächern von Pankow. In Jena hatte er zwischen Aufmüpfigen
gelebt und zwischen Fuchs und Biermanns Liedern. Die waren
richtige Mutpillen für mich, sagt er. Und seine melancholischen
Bilder, die an frühe Picassos erinnern, hängen noch an den Wänden
von Bürgerrechtlern.

Heute malt der witzige, charmante Sonntag verrückte Köpfe,
knallbunt und staunend mit starrem Blick. Gleich nach der Wende
waren sie eine Ausstellung lang ins Brooklyn-Museum nach New
York eingezogen. Nun baumeln die wilden Kerle wieder an seinen
hohen Wänden über blankpoliertem Parkett.

Nein, Sonntag mag den Bertram nicht. Schon die Stimme, sagt
er. Unerträglich. Polizeimäßig. Er sprach mit dem Bewußtsein der
Macht, sagt er, wie ein Funktionär. Nein, er habe sich nicht
gewundert, daß der für die Stasi gearbeitet hat. Gewundert hat ihn,
daß er sich heute dafür schämt. Versteht er nicht.

Verstand er auch nicht bei Christa Wolf. Ihm sei ganz schlecht
geworden, als sie im Fernsehen Erklärungen stammelte. Warum
steht sie nicht dazu? Wenn ich einen kriegerischen Charakter
hätte, sagt Sonntag, und zum Geheimdienst gegangen wär, dann
würd ich mich doch später nicht genieren.

Für ihn sei Honecker der einzige mit Courage. Kommt in

»DDR?« fragt Gerd Sonntag, der begehrte Maler aus Ostberlin, »das ist doch wie Saurierforschung. Der Knochen bleibt.«

Moskau aus seinem Versteck, reckt die Hand zum Rotfrontgruß und steigt ins Auto, das ihn zum Knast fährt. Hut ab. Da war er der alte Dachdecker, der sein Leben zu Ende bringt.

Man kann eben auch im Verbrechen noch Charakter haben, sagt Sonntag. Aber sich heute entschuldigen, weil man gestern an der Macht war? Ekelhaft finde er das. Da versteht er schon eher, daß viele in die Vergangenheit abtauchen. Das sei wie bei den Sauriern. Plötzlich sind die Viecher weg. Und später gibt es eine Forschung. Saurierforschung. Der Knochen bleibt. Und der, sagt Sonntag, ist doch sehr interessant.

Als wir am 4. November loszogen, die Diktatur zu brechen, sagt Käthe Reichel, seit dreißig Jahren Schauspielerin am Deutschen Theater in Berlin und in den 50er Jahren Brechts Geliebte und seine Polly und Grusche und Johanna der Schlachthöfe, also da waren wir süchtig nach Demokratie. Riefen: Wir sind das Volk! Und Stasi in die Produktion! Nicht an den Galgen. Nein. In die Produktion. Das war eine sozialistische Maßnahme, sagt sie. Ein Volksgericht.

Wir sitzen in ihrer gemütlichen Wohnung zwischen gewaltigen Grünpflanzen, frischen Rosen, Büchern, Bildern, Fotos von Brecht, Briefen, Postkarten – einen Sprung vom Deutschen Theater entfernt. Alles ist von hier nur einen Sprung entfernt: Das BE, der Tränenpalast, das Grab von Brecht, die Erinnerung an die Vergangenheit.

Und dann kamen eure Herren, sagt sie. Mit einem ungeheuren Hochmut sind die hier eingefahren, die Herren Mühlfenzel. Und die sagten: Gestehe! Das ist Stalinismus, sagt sie. Wie 1937. Ich gestehe! Wie bei den Säuberungsprozessen. Ich gestehe! Das hat doch nichts mit Demokratie zu tun. Und wer gestand, wer Stasi-Kontakte eingestand, stand ohne Arbeit da. Also log man. Schwieg man. Und nun gibt es da den Satz von Heiner Müller, sagt Käthe Reichel. Der heißt: Die Arbeitslosigkeit geht durchs Land wie ein neues Gespenst der Furcht, das keine Stasi braucht, um Menschen einzuschüchtern.

So ist das, sagt sie. Ich kann das Schweigen, das aus der Angst kommt, hören. Und wenn der aufrechte Gang – der aus der Diktatur entstand – in der Demokratie nicht möglich ist, dann darf man lügen. Dann gilt der Satz von Kleist, den Eve am Ende vom »Zerbrochenen Krug« sagt: »Ihr Herren, ich log, doch log ich anders nicht als schweigend.«

Genauso, sagt Käthe Reichel, habe Bertram geschwiegen. Und gearbeitet. Und gefragt. Härter gefragt, als alle Journalisten in Bonn. Also, wenn die den Kohl fragen, so devot fragen, dann sitze ich hier vor der Glotze und denke: Wie? War's das? Keine anderen Fragen? Ich hätte andere. Bertram hatte auch andere. Und er stellte sie. Knallhart und respektlos. Und genau darin, sagt sie, liegt seine Absolution.

Nein, sie duldet jetzt keine Einwände. Schüttet Ute Mahler und mich mit Wörtern zu. Und dann ab in die Küche, Ingwer schälen. Aber ganz dünn, bitte, sagt sie. Für die Glasnudelsuppe, die sie für uns kochen will. Und Käthe Reichel steht wie Medea an der Spüle, putzt Porree und hält eine Philippika.

Wenn der Bertram mich gefragt hätte: Käthe, was soll ich machen? Ich hab den Beruf meines Lebens gefunden. Aber ich muß jetzt sagen, ob ich bei der Stasi war oder nicht. Also, ich hätte die Schublade mit dem Leukoplast darin aufgerissen und gesagt: Komm her. Wenn du das tust, dann verklebe ich dir den Mund. Diese verlogene Moral! Wie sie mich anekelt. Diese verlogene Moral, die ich nicht aushalte. Und ich würde sagen: Komm. Komm her und erzähl' mir deine Geschichte. Und ich erzähl dir meine Geschichte. Erzähl' dir, wie ich hier in diesem Schaukelstuhl gesessen habe. Nächtelang. Wie ich angezogen gewartet habe, daß die Jungs kommen. Ja, deine Jungs von der Stasi! Und daß ich nicht wußte, daß die zwischen Mitternacht und sechs Uhr früh nicht kommen. Wenn ich das gewußt hätte, hätt' ich ja von zwölf bis sechs schlafen können. Also hab ich gesessen und gewartet. Denn ich wollte diese Erniedrigung nicht. Wollte nicht im Nachthemd und mit zerzausten Haaren die Tür öffnen. Bin ja keine junge Frau mehr. Und so hab ich denn hier gewaschen und gebügelt, im Stuhl gesessen und gewartet.

Das war 1976, als sie gegen die Biermann-Ausweisung protestiert hatte und fürchtete, verhaftet zu werden. Damals hatte sie dem Liedermacher als Trost ein Hemd von Brecht geschenkt. Ein azurblaues Hemd aus Seide. Ein Hemd, das Brecht zu fein war. Das hat sie ihm geschenkt.

Doch nun will sie es wiederhaben, das Hemd von Brecht. Sie hat im *Neuen Deutschland* einen offenen Brief an Biermann geschrieben.

Warum?

Weil er Stefan Heym und Gregor Gysi öffentlich beschimpft hatte, beschimpft als Feigling und Verbrecher. Sie schreibt im ND:

»Reiß' es runter, das Hemd vom Leib und schick' mir die

»Eure Herren sind hier mit ungeheurem Hochmut eingeritten«, sagt die
Schauspielerin Käthe Reichel am Luxemburg-Denkmal.

Fetzen, ich näh' sie zusammen und geb' sie Gysi! Schick' mir das Hemd für Gysi! ...Ich wasch' es! Wasch' es so lang, bis von dir nichts mehr übrig ist an ihm! ...nichts mehr, das wölfisch riecht an ihm, das mich bis auf den Grund der Seele jetzt ekelt. Schick' mir, das Hemd!«

Sie kennt ihren Text aus dem *Neuen Deutschland* auswendig. Sie deklamiert ihn in der Küche zwischen Topf und Teller mit schneidender Stimme, daß die Wände widerhallen. Nein, sie will unsere Einwände nicht hören, will nichts wissen von Biermanns Verletzung. Gysi ist auch verletzt, sagt sie. Und Ruhe nun, beim Essen wird nicht geredet!

Intellektuelle beschießen, bekleckern und beschimpfen einander öffentlich. »Du Dichterling!«, schreibt Alfred Hrdlicka in seinem Pamphlet gegen Biermann. »Du Opportunist! ... Du 100%iger Schwachkopf! Hol dich der Teufel.« Und wünscht dem Dichtersänger »die Nürnberger Rassengesetze an den Hals«. Da schreibt Konrad Weiß dem Hrdlicka, dem »Traumtänzer aus dem Westen«, daß er in den »Gästehäusern der DDR gesalbt und geschmiert« worden sei. Und Hrdlicka tobt zurück: »Der Verdacht, daß Sie so dumm sind, wie Sie sich stellen, ist nicht von der Hand zu weisen.«

Und Stefan Heym fragt die Ost-SPD-Abgeordnete Angelika Barbe zynisch: »Wo ist denn Ihr Martyrium?« und nennt die Bürgerrechtler kurzerhand »Neurotiker«.

Und Henryk M. Broder fragt Gregor Gysi: »Sagen Sie, haben Sie sich mit ›gefillte Fisch‹ von Ossem eine leichte Lebensmittelvergiftung zugezogen? Oder sind Sie einfach durchgeknallt?«. Und der greise Erich Kuby vergißt sich über der Kritik von Jürgen Fuchs an Gregor Gysis Stasikontakten: »Es ist der rotzlöffelhafte Schaum vor dem Munde eines Ex-Ossi's.«

Das ist der nachgeholte Bürgerkrieg, sagt Lutz Rathenow. Der Krieg, den die beiden deutschen Staaten irgendwann miteinander geführt hätten. Erlaubt ist, was verletzt. Und was vergiftet.

Der Satiriker, den die DDR-Bonzen schikaniert und in den Knast gesteckt haben, wohnt heute in einem der pompösen Zuckerbäckerbauten hoch über der Karl-Marx-Allee, also dort, wo früher seine Gegner residierten. Da sitzen wir unter einem frühen Öl von Gerd Sonntag, blicken zum Alexanderplatz rüber und trinken Tee aus Tassen, die Sascha Anderson in seiner goldenen Zeit am Prenzlauer Berg entworfen hat, wild und bunt und schwer geschwungen.

Leute wie Hrdlicka, Gremlitza und Karl Eduard von Schnitzler sind sauer auf die DDR-Elite, weil sie diesen Staat aufgegeben hat, sagt Rathenow. Die können sich einfach nicht von ihrer linken Leiche trennen. Gremlitza habe ihn, Rathenow, in *konkret* als neue Staatssicherheit geoutet.

Warum?

Weil ich Gysi angegriffen habe.

Eigentlich mag Rathenow diese Chuzpe ja. Hofft aber, daß solche Leute nie Macht bekommen. Sonst, sagt er, müßte man wohl über Ausreise nachdenken.

Aber so richtig streitfähig seien sie auch wieder nicht. TV-Diskussion über Schlußstrich-Debatte und Aktenschließung. Er hat sich weggelacht, was da so an Absagen kam. Karl Eduard von Schnitzler? Kann nicht. Hüftleiden. Markus Wolf? Private Probleme. Hermann Kant? Braucht ein Hörrohr. Ist taub. Schedlinski? Kriegt nach jedem Fernsehauftritt einen Kreislaufkollaps. Und Sascha Anderson? Soll gesagt haben: Wenn Goethe auch kommt, ja. Es wirkte so, sagt Rathenow, als ob die Befürworter der Schlußstrich-Debatte ziemlich gebrechlich sind.

Streitkultur? Nein, sagt Sascha Anderson, der wohl dank Biermann als »Arschloch« in die Literaturszene eingehen wird, Streitkultur würde er das nicht nennen. Eine Streitkultur gab es im 19. Jahrhundert. Heine und Börne beherrschten die. Und man hatte Zeit. Reagierte von Monat zu Monat. Aber wenn ich heute streite, sagt er, kommt doch morgen schon ein Geschoß zurück. So schnell kann man sich gar nicht ducken.

>»Wenn ich heute streite«, sagt Sascha Anderson, »kommt doch morgen schon ein Geschoß zurück. So schnell kann man sich ja gar nicht ducken.« Der Dichter vom Prenzlauer Berg wird wohl dank Biermann als »Arschloch« in die Literaturszene eingehen. Er war einer der erfolgreichsten Spitzel der Staatssicherheit und hat – wie alle – erst einmal geleugnet.

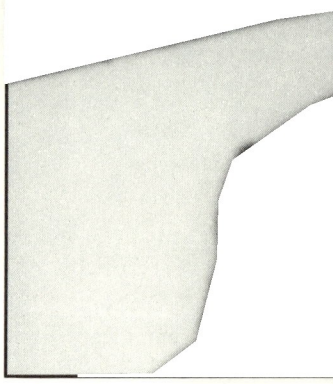

Ute Mahler und ich treffen das dichtende Jugendidol von einst – das nach der Wende als Stasi-Spitzel traurige Berühmtheit erlangte – im Café am Prenzlauer Berg, gleich neben seinem Verlag »Galrev«. Also, nach dem Kaffee führe er nach Hause. Wenn wir wollten, könnten wir da weiterreden. Und sagt: Das seien doch gar keine Intellektuellen, die sich da stritten. Tiere seien es. Ratten irgendwie.

Sie meinen doch nicht Hrdlicka?

Doch, sagt Anderson. Ich meine Hrdlicka und Biermann. Also, die sind natürlich keine Ratten. Aber sie sind vergleichbar mit Ratten. In der freien Welt bleibt die Ratte neugierig. In der geordneten wird sie paranoid.

Die DDR, sage ich, war auch eine geordnete Welt und eine geschlossene dazu. Hat er denn heute keine Schwierigkeiten mit Ost und West?

Nein, sagt Anderson. Schwierigkeiten habe ich nur wegen der Staatssicherheit.

Berlin Schönefeld, Altbauwohnung von Anderson. Von allen

Wänden, aus allen Regalen lacht und kichert Kunst: kleine Penck-Löwen, ein Anselm Kiefer, »Demokratie ist lustig« steht unterm Konterfei von Beuys, und im Bronzelüster sind die müden Kerzen geschmolzen.

Wie geht Anderson heute mit seiner Stasi-Vergangenheit um? Immerhin hat er ja – wie die meisten IMs – lange geleugnet, je für die Firma gearbeitet zu haben. Trifft er Betroffene und erklärt, was gewesen?

Nein, sagt Anderson. Das wäre absurd. Ich muß warten. Muß den anderen Zeit geben. Es ist ja auch keine Mystifikation um die Stasi.

Es lief ja alles ganz simpel ab. Und die Leute wissen, daß ich damals in einer schwierigen persönlichen Situation war. Und daß ich da in eine Maschinerie geraten bin, zu der ich durchaus eine Affinität hatte. Unter gewissen Opfern, sagt er, wäre ich da auch wieder rausgekommen. Aber das hab ich gar nicht gewollt. Für mich war das surrealistisch. Und so wollte ich leben. Heute muß ich damit leben, daß ich so gelebt habe.

Träumen Sie jetzt anders als früher?

Nee, sagt er und lacht. Ich träume überhaupt wieder.

Seit wann?

Seit ich nicht mehr fernsehe.

Haben Sie den Apparat rausgeworfen?

Ja. Vor fünf Jahren. Seither träume ich wieder.

Und die TV-Diskussionen über Ost und West und Opfer und Täter?

Laß ich mir erzählen.

Also Sekundärinformation?

Wenn Sie Rilke für sekundär halten?

Wieso Rilke?

Na, weil ich mich morgens mit Literatur reinige.

Rilke vor dem Frühstück?

Also, Rilke ist schon lange her, sagt Anderson. Zur Zeit lese ich Hopkins. Und dann sitze ich auch grade an einem Gedicht, das zwei Zeilen länger ist als sonst. Ist schon ziemlich anstrengend.

Bei Bärbel Bohley am Prenzlauer Berg ist es gemütlich wie immer. Wir gehen die Holztreppe hoch in die Wohnung, wo Bücher bis unter die Decke stehen. Auf dem langen alten Tisch Kerzen, Kekse, Tee, Zigaretten und Ruhe. Und im Herd der offenen Küche fängt ein Braten an zu duften.

Warum hat Christa Wolf sich eigentlich so zurückgezogen?

Ich denke mal, sagt Bärbel Bohley, das ist mangelnder Spaß an der Auseinandersetzung. Eigentlich kein gutes Zeichen für Intellektuelle. Ich finde, sagt die Bürgerrechtlerin, dieses Sich-Selbst-Beweihräuchern ist der Untergang für einen Intellektuellen.

Christa Wolf war doch so wichtig, sagt Bärbel Bohley. Sie habe so darauf gehofft, daß sie sich einmischt. Neulich habe die Schriftstellerin mal dem Sinne nach gesagt: Wenn man sich irgendwo eingerichtet hat, wird man auch von dem geprägt, wo man sich eingerichtet hat. Darüber hätte sie mal reden sollen, statt nach Amerika zu fahren. Aber da sie sich nicht stellt, stellt sie sich selbst ins Abseits. Und unterstützt auch noch den Hungerstreik der PDS zusammen mit dieser Gruppe von DDR-Intellektuellen. Also wirklich, sagt Bärbel Bohley, da spuck' ich aus. DDR – das war doch keine Herausforderung. Ein Gartenzwergland war das. Und davon wurde man nun ständig bedrängt und bedrückt. Nein, sie könnte jetzt von niemandem ein Buch lesen, der so abseits denkt. Aber sie köpfen sich ja selbst, sagt sie. Sie bringen sich ja selbst um.

Jürgen Fuchs hätte Christa Wolf so gern zur Tagung »Kampf um die Seele – operative Psychologie« eingeladen. Frag doch deine Mutter mal, sagt er zur Tochter der Schriftstellerin. Sie soll über ihren Operativ-Vorgang »Doppelzüngler« reden. Das war der Deckname der Opferakte von Christa und Gerhard Wolf.

Aber Christa Wolf sagt ab. Es mache ihr so zu schaffen, »Doppelzüngler« zu heißen. Diese Negativ-Bewertung begreife sie nicht. Sie habe doch bis zum Schluß noch mit Honecker telefoniert. »Doppelzüngler« – das klinge ja wie Falschspieler. Also nein, sie möchte nicht.

Warum nicht?

Sie ist gekränkt, sagt die Tochter.

Warum gekränkt?

Das konnte sie nicht sagen.

Aber natürlich kann ich Christa Wolf verstehen, sagt Käthe Reichel. Warum sollte sie mit euch reden! Was war denn das für eine Schweinerei mit ihrem Buch »Was bleibt«. Das Manuskript lag hier unter meinem Bett. In diesem Zimmer. War in so einer eisernen Kassette. Wo man Gold aufbewahrt, wenn man welches hat. Da lag das Manuskript. So wertvoll war ihr das.

Und eines Tages kommt ihr Mann hier ganz aufgeregt mit

einer großen Einkaufstasche an und sagt: Käthe, die Stasi steht ja
auch bei dir vor der Tür. Gib die Kassette. Und er verschwand mit
ihr und trug sie woanders hin.

Es war also ihr Schatz. Und was haben die Kritiker nach dem
Fall der Mauer daraus gemacht? Blech! Und deshalb, sagt Käthe
Reichel, geht das alles nicht zusammen hier in Deutschland. Mit
dieser unverschämten Denkhaltung im Westen. Als ob ihr alle der
SED widerstanden hättet. Alles geborene Helden bei euch. Und
hier alles Schurken. Also, dieses Scheißspiel haben wir so satt. Bis
auf den Grund unserer Seele satt.

Nein, sagt Jürgen Fuchs, die DDR-Autoren sind ihrer Auf-
gabe nicht gewachsen. Weder intellektuell noch künstlerisch. Es
fehlen die großen Revisionsbücher, die Lebensbeschreibungen.
Bartoszewski konnte das. Solschenizyn auch. Auch Kopelew,
Vaculíc und Sperber. Die haben es versucht und geschafft. Die
DDR-Deutschen nicht. Leider. Ein Böll hätte. Aber der, sagt
Fuchs, steht sehr allein da.

Er bemerke bei den Älteren auch eine Spur von Mitleid-
losigkeit, von Härte, von totalitärer früher Prägung. Die hat sich
nicht verabschiedet, sagt Fuchs. Und nun wird sie revitalisiert.
Robert Havemann sei aus diesem falschen Respekt rausgekommen, den die DDR-Politiker wie eine Fahne vor sich hertrugen: Ich
habe gelitten. Ich habe das Recht zu herrschen. Nein, sagt Fuchs,
du hast überhaupt kein Recht. Wenn du gelitten hast, hast du nur
das Recht, Leiden zu vermeiden.

Und dann diese Ängstlichkeit bis zum Schluß. Biermann ist
vom »Neuen Forum« zur großen Kundgebung auf dem Alexanderplatz geladen. Erich Loest auch. Und Fuchs. Egon Krenz sagt
damals: Wer gegen die neue Führung hetzt, kommt nicht rein.

Und Biermann sitzt mit Sarah Kirsch bei Fuchs zu Haus. Läßt
sich die Geheimnummer von Christa Wolf geben und ruft an. Ihr
Mann am Apparat.
Biermann: Ach, du bist's, Gerhard.
Sagt der: Also, du redest, Wolf...

Wieso? fragt Biermann. Ich rede so wie immer. So bin ich verboten worden. So bin ich rausgeworfen worden. So bin ich.
Gerhard Wolf: Aber was du jetzt gesagt hast! Jetzt bist du über den Krenz hergefallen, über sein Lachen, über sein Gebiß. Also, du bist selbst schuld, wenn sie dich nicht reinlassen.

Das war am 4. November '89, sagt Jürgen Fuchs. Und sie haben sich nicht eingesetzt für die Ausgebürgerten. Nicht Stefan Heym, nicht Heiner Müller, nicht Christa Wolf. Und dieses Trennen, sagt er, ist der Kern. Dieses Entsolidarisieren. Dieses Abtrennen. Der Kern ist die Mauer.

Meine Generation, sagt Fritz Rudolf Fries, der 1935 in Bilbao geboren wurde, war nach dem Bau der Mauer zufrieden mit der eigenen Spielwiese. Mal hier ein Buch, mal da eine Platte. Damit waren wir ablenkbar. Laut, sagt er, wurden erst unsere Kinder.

In Petershagen, einem Winkel am Ostrand von Berlin, steht verwunschen und romantisch das Haus des Schriftstellers. Drei Katzen lagern lasziv vorm Eingang. Das Innere ist gewachsene Kultur mit Büchern und Bildern und alten Lehnstühlen. 1966 ist Fries mit seinem Roman »Der Weg nach Oobliadooh« in der DDR berühmt geworden. Jeder will schließlich mal nach Oobliadooh, sagt er, denn von dort erhofft man sich, was man nicht hat. Seine »Nonnen von Bratislawa« sind gerade erschienen. Darin erzählt er zwischen Schelmen-, Staats- und Kriminalroman, was aus Ost und West geworden ist.

Tee oder Kaffee?

Tee.

Schön. Er sei Baske und trinke nur Tee. Natürlich auch deshalb, weil Spanier Kaffee trinken, klar. Es sei grotesk, sagt er, aber seit dem Fall der Mauer identifiziere er sich mehr mit der DDR als früher. Das habe natürlich mit dem Anschluß zu tun. Es sei ja kein neues Deutschland geworden, sondern eins in den Parametern der alten Bundesrepublik. Und sichtbar seien Intoleranz, Großmannssucht und Oberlehrertum. Alles Dinge, sagt er, die wir schon in der

DDR gut kannten. Und dann diese totale Freiheit des Egoismus. Und daß Erfolg und Verdienst zu Tugenden stilisiert werden. Schrecklich.

Aber die DDR-Menschen, sagt Fries, haben auch eine ganz typische Eigenschaft. Sie glauben nämlich, irgendwo gibt es immer eine Zentrale. Die ganze Welt untersteht einem ZK. Nicht nur im Osten. Und immer wird alles irgendwie organisiert. Das ist ganz schwer aus den Köpfen rauszukriegen, sagt er.

Auch die Zensur? frage ich. Sie haben Zensur sogar als literatursteigernd empfunden.

Sagen wir mal etwas pathetisch: Unter Druck entsteht ein Edelstein. Aber es wäre natürlich menschenverachtend, wenn ich sagen wollte, Zensur muß sein, damit eine kleine Gruppe Edelsteine erzeugt.

Er wolle die DDR wirklich nicht konservieren. Neu erkennen, das ja. In der DDR, sagt er, konnten wir das Sinnliche nicht ausleben. Aber heute denkt er, das totale Ausleben setzt auch kriminelle Energien frei. Wir erleben im Osten diese Kriminalität in ungeheurer Steigerung.

Und überall im Ort wird was aus dem Boden gestampft. Fries ist umzingelt von Autos, Krach und aufgerissener Idylle. Und natürlich war da Trauer über die verhökerte DDR. Und natürlich gab es Erzählstörungen durch Utopieverlust. Und natürlich wird die Intellektuellen-Debatte mehr mit der Axt geführt als mit dem Geist. Auch das habe mit der allgemeinen Verrohung zu tun. Und warum konnte man sich im Bundestag nicht vor Heym, einem alten Mann mit Geschichte auf dem Buckel, erheben? Aber da ist sie eben, diese deutsche Überheblichkeit, sagt Fries, diese elende Arroganz.

Und ewig die Stasi. Ja, auch er habe mit denen gesprochen. 1976, als er gegen Biermanns Rauswurf protestierte. Da haben sie mir die Instrumente gezeigt, sagt Fries.

Ich bin verblüfft. Noch nie hat Fries in der Öffentlichkeit über eigene Stasikontakte gesprochen. Welche Instrumente hat man Ihnen gezeigt? frage ich.

»Zensur schafft Druck«, sagt der Schriftsteller Fritz Rudolf Fries. »Und
unter Druck entsteht ein Edelstein.«

Naja, sagt Fries. Ich hatte drei kleine Kinder. Und die Herren sagten zu mir: Dann kannst du gehen. Raus.

Und was haben Sie gemacht.

Ich habe mich freigekauft. Habe erzählt, was ich über Spanien wußte. Die DDR wollte damals doch Verbindungen zu Spanien aufnehmen. Also hab ich erzählt. Und hab' mich damit aus dem Stasi-Griff befreit.

Das stimmt so nicht. Ein Jahr nach unserem Treffen wird Fritz Rudolf Fries als langjähriger Stasi-Spitzel enttarnt. Er arbeitete seit Anfang der 70er Jahre mit Mielkes Firma zusammen. Und dabei ging es nicht um Spanien, sondern »auftragsgemäß« um Urteile über die Kollegen Sarah Kirsch, Klaus Schlesinger, Günter de Bruyn oder Rolf Schneider. Und es waren keineswegs freundliche Urteile, die er fällte. Nach seinem Wohnort Petershagen wählt Fries damals seinen spanisch anmutenden Decknamen selbst: »Pedro Hagen«.

Akten, Akten, Akten. Adolf Endler findet die Fixierung auf Akten krankhaft. Bei Rathenow, bei Fuchs, bei Biermann, krankhaft. Dabei mag ich die Leute ja auch wieder, sagt er und muß lachen. Er rede ja schon wie Mielke: Ich liebe euch doch alle.

Endler hat gerade ein wunderbares Buch geschrieben. »Tarzan am Prenzlauer Berg«. Zerbeulte Prosa. Gerüchte. Erfundenes. Erlebtes. Verdecktes. Enttarntes von Flippies und Genossen, von Stasis und Verspießten.

Wenn Autoren sich jetzt mit Akten beschäftigen, sagt Endler, dann sinkt auch der Text. Der bekommt plötzlich etwas ganz Kleines und Minderwertiges. Die färben ab, die Akten. Die waren stilistisch einfach so mies. Die von Sascha Anderson gingen noch, sagt er, also die waren nicht so schlecht. Aber es wird niemand aus all dem Lehren ziehen. Niemand. Es wird auch kein Heilungsprozeß eintreten nach der Lektüre der Akten. Er wüßte nicht, wie das passieren soll. Man kann einfach bestimmte Leute nicht mehr grüßen, sagt Endler, das ist alles.

Und dann dieser Heldengestus einiger Autoren. Alles Opfer, die ihre Feinde anstarren. Auch Heym. Fragt die Bundestagsabgeordnete Angelika Barbe nach ihrem Martyrium. Also, seines ist ja wohl auch sehr relativ zu betrachten, sagte er. Ein Millionär, der Schwierigkeiten hatte. Naja. Da gibt es einen schönen politischen Aphorismus: Nicht jeder, der einem Judas begegnet, ist ein Jesus.

Er selbst habe immer ein schwarzes Weltbild gehabt. Und vielleicht habe er sich auch den sozialistischen Optimismus nur in die Tasche gelogen, so als Dreißigjähriger, sagt Endler, nehme ich mal an. Und er sei ja auch ein Zigeunertyp. Denke auch heute noch, irgendwann mal unter den Brücken zu landen. Insofern, sagt er, bin ich überhaupt kein richtiger Bürger.

Unter ihrem Fenster liegt einer der schönsten Plätze Berlins. Der Gendarmenmarkt. Natürlich hat Tamara Danz, die berühmteste Rocksängerin der DDR, den Brand im Dom neulich miterlebt. Die Feuerwehr, sagt sie, kam ziemlich spät. Und Jelzin hat sie auch gehört, als der in Berlin war und da unten eine Rede hielt. Ich versteh' ja russisch, sagt sie. Also, was der sich da zusammengefaselt hat. Respekt dem Dolmetscher, der richtige Sätze draus gemacht hat!

Sie hat Erbsensuppe für uns gekocht, diese richtig schöne alte Erbsensuppe nach Großmutterart. Und wir lagern auf der Erde auf ihren weißen Schafsfellen, trinken Rotwein, rauchen und reden bis nach Mitternacht über Verdrängen und Verkleistern und Abschotten und Verändern.

Am Anfang, sagt sie, war ja Angst. Und vorauseilender Gehorsam. Da hat man sich die Identitäten einfach kappen lassen. Ich doch auch. Vehement habe sie nach der Wende abgestritten, privilegiert gewesen zu sein. Nee, war ick nich! Was natürlich Unsinn ist, sagt sie. Natürlich war ich. Deshalb habe sie ihren Beruf ja gewählt. Um unabhängig zu sein. Um rauszukommen aus dem Käfig. Ist doch logisch. Ich muß mich doch nicht freiwillig in die Gosse begeben. Und bloß nicht erpreßbar sein für die Stasi.

Deshalb war bei ihr von Anfang an klar: Nicht heiraten. Keine Familie. Kein Kind.

Sie merkt bald, daß sie dabei ist, ihren Lebenslauf im neuen Deutschland zu amputieren Jeder hatte doch Verfolgungswahn, sagt sie. Jeder Karnickelzüchter dachte doch, mit seinem Verein staatsnah gewesen zu sein. Also wurde amputiert.

Aber irgendwann setzt der Phantomschmerz ein. Und man versucht, die Wurzeln wieder anzunähen Sonst kann man nicht wachsen, sagt sie. Ist doch klar. Man ernährt sich doch auch aus der Vergangenheit. Ohne Vergangenheit weiß man doch gar nicht, wer man ist.

Wir machen noch eine Flasche auf und hören Lieder ihrer letzten CD »Hurensöhne«, so kraftvoll und so voller Trauer:

»Dieser Sommer liegt im Sterben
Wie auch der vom letzten Jahr...«
und:
»Komm mein Freund,
ein letztes Mal mach die Augen zu...«

Wochen später wird Tamara Danz erfahren, daß sie Krebs hat. Und sie ist lange voller Hoffnung – hoffnungslos. Als wir das letzte Mal miteinander telefonieren, kurz vor ihrem Tod, als sie weiß, daß nichts mehr helfen wird, reden wir über Hiob. Du mußt mir die ganze Geschichte von Hiob erzählen, sagt sie. Es ist gut, daß wir nicht sehen, daß wir beide heulen. Weißt du, sagt sie am Ende, ich weiß einfach nicht, wie ich mit all dem hier umgehen soll.

»*Es lebe die Kunst! sagte Honecker heiter*«
Bernhard Heisig und sein malender Clan

Also, irgendwann in der Nacht feuert er den Pinsel ins Bild. Und der schießt mit dem spitzen Ende haarscharf am Herzen einer Figur vorbei. Ham' Se gesehn? fragt er und zeigt mir das Loch in der Leinwand. Dann lacht er ein paar zerquetschte Trompetenstöße. Das macht er gern, wenn er ein Thema beenden will. Das war's, Schluß, aus.

Ja, und nun?

Was heißt »und nun?« fragt Bernhard Heisig. Drüberkleben wird er was. Und dann Öl drauf. Öl, Öl, Öl. Und steht da mit 71 Jahren im weißen Kittel, verkleckst, verschmiert, verfärbt – wie ein Schlachter.

Seine Schlachten hängen an den Wänden des Ateliers im Havelland. Nein, nicht mehr in Leipzig. Da wollte er weg. Wollte aufs Land. Lebt nun im Dorf Strodehne, bei Ribbeck, hat ein altes Haus und ein neues Atelier mit Blick auf Feld und Wiesen. Und in dieser Idylle hängen sie an den Wänden, die geschlagenen, ungeschlagenen, abgebrochenen und vertagten Schlachten, Wachträume eines Soldaten, Alpträume eines Juden, und die Seeräuber-Jenny vom alten Brecht singt ihr böses Lied auf blutigem Hai. Und von Idylle, sagt Heisig, könne ja nun überhaupt nicht die Rede sein. Und erzählt von Umweltsündern und Arbeitslosen um ihn herum.

In seine Bilder kommt alles rein. Das ABC der Waffen, Atommeiler, Fußbälle, Texte zu Tätern: »Man tat nur seine Pflicht«. Der Sportfan pendelt bei der Eishockey-Weltmeisterschaft Rußland gegen Deutschland zwischen Staffelei und Fernseher und ärgert sich, daß er den Puck nicht richtig erkennen kann.

Es gibt aber auch Zeiten, da kann ihn nichts und niemand ablenken, da malt er im Rausch eine ganze Nacht hindurch und faßt sich ans Herz und denkt: So viel Aufregung hält das doch gar nicht mehr aus.

Und die Leute, sagt er, denken doch immer, man hat einen Plan. Hat man aber nicht. Man springt den dreifachen Salto – und der muß aussehen, als sei er kinderleicht. Also übermalt er. Immer und immer wieder. Pfundweise legt sich die Farbe über seine Klagen und Kriege. Unter einem fertigen Heisig sind fünf, sechs andere Heisigs versunken. Troja auf der Leinwand.

Und wenn er mal ganz verrückt wird vor einem Bild, verrückt vor Erkennen und Nichtweiterkönnen, holt er auch schon mal seine Frau nachts aus dem Bett. Wie damals, als er seinen »Ikarus« malt für den Palast der Republik.

Der fliegt nicht, sagt er. Der kommt einfach nicht hoch.

Kein Wunder, sagt Gudrun Brüne, mit *den* Füßen!

Na dann mach du's, sagt er.

Und sie übermalt die Füße, pinselt sie schlapp nach hinten – bis er hochsteigt zur Sonne, sein Ikarus.

Gudrun Brüne war seine Schülerin. So um 1960 war das. Ich erinnere mich noch, sagt sie, daß ich mit einem Mädchen über den Hof ging. Da stand er im weißen Kittel an einer Säule und guckt uns so hinterher. Taxierend, glaube ich. Du, das ist der Heisig, sagt die andere. Und ich: Ach, der sieht ja gar nicht schlecht aus. Also, wenn ich durch die Prüfung falle, schmeiß ich mich an ihn ran.

Sie besteht die Prüfung. Und er lädt sie zum Modellsitzen ein. Und bald leben sie zusammen. Diskret. Aber die Studenten tuscheln: Also, die hat was mit dem Rektor.

Heiraten wollte sie prinzipiell nicht. Kinder haben auch nicht. Malen und Kinder, geht nicht.

Und warum haben sie nach der Wende geheiratet?

Hat uns der Steuerberater empfohlen, sagt Heisig. Und erzählt, wie sie da noch in Leipzig zum Standesamt marschieren. Und er sagt zur Beamtin: Nu machen Sie mal nicht solchen Wind. Wir leben seit dreißig Jahren zusammen.

Aber die Dame belehrt das mittelalterliche Glück. Erklärt die

Bedeutung der Ehe. Und Johannes und Walter, Heisigs erwach-
sene Söhne aus erster Ehe, kichern in der zweiten Reihe. Und
dann, mitten in die Belehrung hinein, drückt die unterm Tisch auf
den Musikknopf. Und ich denk' noch, nun kommt wohl Bach.
Schon wegen Leipzig, sagt Heisig. Aber die knipst Clayderman an.
Es gibt Fotos, sagt er, die mein eisernes Gesicht zeigen, als der da
per Klavier durch den Raum rauscht.

Vom Sekt, den der Bräutigam am Ende aus der Tasche zieht,
will die strenge Dame nicht kosten. Dabei war das Usus in der
DDR, sagt Heisig. Warum wollen Sie nicht? Das sei jetzt streng
verboten, sagt sie. Und er: Na det sind ja rauhe Sitten heute.

Heisig ist ein Causeur, ein Plauderer, ein Erzähler, auch ein
Vorleser und ein Spieler. Die Söhne werden früh von des Vaters
Stärke beglückt und erdrückt. Mit zwölf las ich Sigmund Freud,
sagt Johannes Heisig. Nur um dem Alten zu imponieren.

Und der Alte liest ihnen die »Buddenbroks« vor und den
»Zauberberg«. Er will das große Gespräch zwischen Naphta und
Settembrini sogar als Rollenspiel durchnehmen.
Ihr Vater als gläubiger Nihilist Naphta?
Selbstverständlich, sagt Johannes Heisig. Und den »Faust« lasen
wir dann tatsächlich mit verteilten Rollen. Er war natürlich
Mephisto, ich Faust, und mein Bruder, das arme Schwein, war
Wagner.

Und in jeder Ecke Brecht. Die »Dreigroschenoper«, »Mutter
Courage«, Platten, Lieder, Gedichte. Und alles verflocht sich mit
der Figur meines Vaters, sagt Johannes Heisig. So wie Brecht
konnte auch er sich am Phänomen DDR beteiligen. Aber immer
mit seiner gnadenlosen Egozentrik, sagt der Sohn.

Johannes Heisig sitzt im blauen Overall in seinem Ostberliner
Atelier und erzählt. Die wilden, grotesken Gestalten in Düster,
Ocker, Gelb und Rot, die sich in Schlachtbildformat an den
Wänden krümmen, zeigen die Begabung, die vom Vater kommt.
Vom Koloß.

Dabei wollte er doch eigentlich nur weg von ihm, der Sohn.

Also bloß nicht Maler werden. Bloß was anderes machen.
Studieren. Meeresbiologie. Er hat so einen tollen Lehrer. Und
merkt erst viel später, daß er den Dialog mit ihm liebte und nicht
den Stoff.

Als er das erkennt, malt er ziellos in den Tag hinein. Heimlich,
damit's der Vater nicht sieht. Naja, die ganze Zeit ist irgendwie
unglücklich. Er kommt auch mit den Mädels nicht klar, sagt er. Ich
war so rothaarig und schlacksig mit Eierkopf und Hakennase.
Also alles nichts. Im vierten Semester geht er zum Vater. Kannst du
mir helfen?

»Kunst kommt von Kunst«, sagt der Maler Bernhard
Heisig, »und nicht vom Angucken der Proletarier, wie
man in der DDR so hartnäckig glaubte.«

Der Alte ist der Ausputzer. Er ist berühmt, hat
Einfluß, den nutzt er. Bundeskanzler Helmut Schmidt
wird sich 1986 von Heisig malen lassen. Offiziell fürs
Kanzleramt. Ein Auftrag. Auftragskunst? Schmidt hat
Bauchschmerzen bei Verquickung von Kunst und
Politik. Heisig erzählt von Goya und Velázquez, die
Herrschaftswünsche erfüllten. Aber alles habe seine
Grenzen, sagt Schmidt zu ihm. Und Heisig, der stets
in praktischen Bildern denkt, sagt: Künstler und
Gesellschaft müssen sich reiben. Das sei wie beim
Streichholz. Sonst brennt's nicht. Und wenn der
Druck zu groß ist, bricht es ab.

Natürlich hat er in der DDR auch Aufträge bekommen. Ist ihm das immer geheuer gewesen? Einmal
nicht, sagt er. Da hat er einen Brigadier gemalt, der so
erfolgreich war, daß er auf eine Briefmarke kam. Also
da wurde mir schon mulmig, sagte er.

Aber über den Nationalpreis Erster Klasse hat
er sich 1978 natürlich gefreut. Der wurde ihm
von Honecker überreicht mit den Worten: Es lebe
die Kunst! Honecker habe das sehr heiter gesagt, sagt Heisig. Er
lachte ja gern. Und er habe geantwortet: Jaja.

Heisig war ein Aushängeschild der DDR. Aber wären seine
Bilder mit all den Klagen und den Zweifeln Staatskunst gewesen,
hätte die DDR womöglich überlebt.

Also, der preisgekrönte, berühmte Vater hilft erst dem Älte-
sten und dann dem Jüngsten, Walter. Der ist Leistungssportler,
Kanurennfahrer. Der Staat diktiert und investiert in künftige Siege.
Aber der junge Heisig will gar nicht mehr siegen. Er will nur raus
aus der Tretmühle, die sein Leben unter Hochdruck setzt. Mein

Vater, sagt er, hat mich vor dem Gröbsten bewahrt. Aber das Grobe bleibt ihm nicht erspart, die moralische Dresche, die Armee. 18 Monate muß er in Leipzig abschrubben. Wann immer er kann, zeichnet er sich den Kopf frei, porträtiert Volksarmisten zwischen Kartenspiel und Bier.

Aber bloß nicht Maler werden. Er hat doch lauter Einser in den naturwissenschaftlichen Fächern. Also studiert er chemische Verfahrenstechnik in Merseburg. Da ist er auch weg vom Übervater. Ich war auf der Suche nach mir selbst, sagt Walter Heisig. Und nennt sich Walter Eisler. Das ist der Mädchenname seiner Mutter.

Aber in Merseburg bei Leuna kriegt er schon die Motten, wenn er nur aus dem Fenster sieht. Gelbgraue Nebel. Die Sonne hat keinen Durchblick mehr. Und das Studienfach? Elend. Mathematik mit dreifach Integralen. Die Gleichungen gehen über Meter. Aber schon wieder abbrechen?

Er zeichnet sich den Frust von der Seele. Er zeigt dem Vater die Mappe. Der merkt, wie unglücklich der Junge ist. Fragt:
Wann hast du das letzte Buch gelesen?
Keine Zeit mehr, sagt der Sohn .
Dann mach' Schluß und mal'.

Im Fachstudium kommt der Sohn am Vater nicht vorbei. Und der radiert ihm schon mal vor versammelter Mannschaft eine Zeichnung aus. Da hab' ich ganz schön geschluckt, sagt Walter Eisler. Drei Stunden gearbeitet. Und mein Vater weht da so rein am Freitagabend. Man wollte doch längst zu Hause sein. Aber er läßt uns zappeln. Bis acht. Und die Berliner waren schon mit den Nerven runter, weil die ihren Zug kriegen mußten. Und der Alte radiert erstmal rum und ordnet eine Stunde Korrektur an. Ich hab' ihm gesagt, daß ich das ganz schön ruppig fand.

Dem Walter, sagt der Alte und lacht ein paar Trompetentöne, dem hab' ich im Diplom 'ne Drei reingewürgt. Das war ja öffentlich. Und alle erstarrten. War aber nicht mehr wert, sagt er. Und der Walter hat's gefressen.

Dann fragt er mich: Kennen Sie sein Atelier?

Ja.

Und?

Was heißt »und«? Kennt er die Ateliers der Söhne nicht?

Nee, sagt der Professor. Ich bin ja kein Familientyp. Also Familie ertrag' ich ganz schlecht. Dabei hat er seinen ganzen Clan in der Lehre gehabt. Seine Frau, seine Söhne, seine Schwiegertochter Antoinette, deren Vorname ihr Künstlername ist.

Damals, als sie mit sechzehn in der Leipziger Schule anfing, wo die Großmeister Heisig und Tübke den Ton angeben, weiß sie nur, daß sie malen will. Wer der Blaue Reiter ist, oder Beckmann, weiß sie nicht. Bringt sie sich mühsam bei. Und ist voller Ehrfurcht. Es gibt kaum weibliche Studenten. Und sie da so ganz ohne Selbstbewußtsein. Und auch noch schwanger zwischen all den Männern. Johannes Heisig lernt sie irgendwann mal kennen. Aber sie laufen noch aneinander vorbei.

Ihre Helden heißen Bosch, Dix, Goya und Kollwitz. Und das ganz große Vorbild ist die Mexikanerin Frida Kahlo. Wie die ist auch Antoinette lange krank gewesen. Eine schwere Herzgeschichte. Über vier Jahre wird ihr Penicillin gespritzt. Sie liegt im Bett und darf nicht raus und wäre doch so gerne Tänzerin geworden. Wie eine Tänzerin sieht sie noch heute aus. Sehr zart, sehr schmal, eine Kunstfigur wie aus einem Bild von Dali.

Ihre feuerfarbenen Frauen verführen auf der Leinwand merkwürdige Geschöpfe, oder sie gebären Tierisches und umarmen Getüme. Irgendwie verstoßene Seelen, die durch Ödnis irren und an kein Paradies mehr glauben.

Also, das mit den Vorbildern sei wichtig, sagt Heisig, dessen Vorbild Beckmann ist. Kunst käme schließlich von Kunst und nicht vom Angucken der Proletarier, wie man in der DDR so hartnäckig geglaubt habe. Ich muß an jemandes Hand gehen, bis ich mich loslassen kann. Was hat Beckmann gesagt? fragt Heisig rhetorisch und zitiert: Ich würde jede Erniedrigung in Kauf nehmen und mit Zähnen und mit Klauen mein Talent verteidigen.

Im Atelier von Gudrun Brüne, das mit dem ihres Mannes durch die Eingangstür verbunden ist, hängen Massen an der Wand. Puppenmassen. Körper, Beine, Arme, zerschlagene Gesichter, eng an eng. Ein Ersatzteillager. Oder auf einem Quadratmeter Hartfaser stiert ein gewaltiger Puppenkopf ins Nichts. Eine surrealistische Bedrohung.

Die Puppe ist mein Objekt, sagt sie. Es hält still und ist zeitgemäß. Und das Schönheitsideal komme in ihren Vergrößerungen auf brutale Weise zum Vorschein. Das Überzeichnete erkläre dem Niedlichen den Krieg.

Ihre Malerei habe natürlich mit DDR zu tun, sagt sie. Ich bin immer für die Tradition der Kunst eingetreten. Deshalb mochte sie auch die Amerikaner nicht, die Abstrakten. Und damit auch viele Westdeutsche nicht. Die huldigten doch dem Sieger, sagt sie. Dafür malt sie damals mit dem Oststrom. Malt Gewerkschaftsveteranen und den Vorsitzenden des FDGB Herbert Warnke. Ihre Vorbilder waren immer Altdorfer und Paula Modersohn. Mit Fettecken, sagt sie, habe sie nichts am Hut.

Anfang der Siebziger ist sie Anfang zwanzig und fährt zum erstenmal mit ihrem Mann nach Westen. Ach, war das sagenhaft, sagt sie. Nachts liest sie alle Zeitungen und kann vor Aufregung nicht mehr schlafen. Und die Frage war schon da: Sollen wir bleiben? Es war ja alles so eng bei uns, sagt sie.

Aber es geht ihr natürlich gut in der DDR. Sie ist eine junge Malerin mit Zukunft Und ihr Mann ist weit über die Mauer bekannt. Sie ist privilegiert durch ihn. Das weiß sie.

Und doch: Als Wolf Biermann 1976 aus der DDR geworfen wird, ist sie der Garant für eine klare Haltung. Es war ja ziemlich dramatisch, sagt sie. Alle paar Stunden kam da einer von der Parteibezirksleitung. Der wollte von Heisig schriftliches Lob für die Maßnahme.

Daß du mir nicht schreibst, du bist einverstanden, sagt sie zu ihrem Mann, der überlegt, wie man das am klügsten lösen kann. Es sollte doch gerade in Leipzig ein Atelierhaus gebaut werden. Du mußt damit rechnen, sagt Heisig, daß wir das nicht mehr kriegen.

Gut, sagt sie. Und daß wir nicht mehr reisen dürfen. Einverstanden. Aber schreib' es nicht. Es kommt wie ein Bumerang auf dich zurück.

Als der Parteifritze das Papier am Abend einklagt, hat sich der Rektor gegen die Ausbürgerung entschieden. Und der Sohn Johannes ist schwer beeindruckt vom Mut des Vaters. Er erinnert sich an ein paar anonyme Anrufe. Sonst passiert nichts.

Macht und Ohnmacht – das ist das Thema der Heisigs. Ich durfte ja zu Ausstellungen nach Westberlin, sagt Walter Eisler. Andere haben ihren Paß verbrannt. Ich nicht. Ich wußte doch nicht, wie lange das noch geht mit der DDR. Zwanzig Jahre ? Dreißig ? Und ich wollte die Bilder sehen. Die Originale.

Als die Mauer fällt, erschrickt er vor der Masse, die sich westwärts wälzt. Immer wieder hatte er Elias Canettis »Masse und Macht« studiert. Die Macht malt er als bedrohlich eitle Könige in feuerrot und eisblau. Sie stehen auf dem Schachbrett, und die Hände sind ihnen gebunden. So malt er sie während des Golfkriegs.

Und er beendet ein Ohnmachtsbild, das er zu DDR-Zeiten begonnen und immer wieder übermalt hat. Am Anfang steht ein Mensch in einer Zelle. Im Käfig neben ihm ein roter Vogel. Erst hat er die Mauer weggenommen, dann den Vogel fliegen lassen, dann Wind und Wolken reingemalt. Und nun fliegt auch der Mensch. Und Walter Eisler flog nach Amerika und malte die neue Freiheit in wildromantischer Architektur.

Für Bruder Johannes wird die Wende zum Wechselbad. Die offizielle Karriere schwimmt ihm so davon. Ich war ein überzeugter Roter, sagt er. Einer, der verdrängte, weil der Sozialismus siegen sollte. Einer, der die Augen schloß, weil er sich identifizieren wollte. Und dann will er es auch dem Vater zeigen. Wird jüngster Professor und mit 36 Rektor an der Kunsthochschule in Dresden. Unter der Käseglocke DDR, sagt er, war man doch eine unglaublich wichtige Figur als Künstler.

Und er ist doch nun wirklich anders als die Alten an seiner Schule, die Professoren, denen noch immer stalinistische Restgedanken im Kopf stecken. Und sein Vater hatte doch gesagt: Dresden? Nur, wenn du den Laden übernimmst.

Im Mai vor der Wende droht der Laden zu explodieren. Es ist die Zeit des Frühlingssalons mit Videofestivals und Rund-um-die-Uhr-Performances, und die ganze Punk-Szene ist zur Stelle, alles natürlich mit Stasi durchsetzt.

Da kommt der Parteisekretär und sagt: Gestern war Politbüro-Sitzung. Honecker will die Hochschule schließen lassen. Also tu was.

Was denn?

Schreib' einen Brief an Honecker.

Und Johannes Heisig – er erinnert sich wie heute – sagt: Setz du den mal auf. Du kannst das besser. Auch das mit der Diktion. Diese Ergebenheitsadresse im betoniert-devoten Funktionärston unterschreibt er und glaubt, sie landet auf Honeckers Schreibtisch – und damit gut. Sie landet aber im *Neuen Deutschland* und wird am nächsten Tag gedruckt.

Das war der totale Schock, sagt Johannes Heisig. Das war der Bumerang. Die Studenten konfrontieren ihn mit dem Schrieb – und er schämt sich maßlos. Vielleicht, sagt er, habe ich in der DDR ja nie richtig in der Gegenwart gelebt. Vielleicht aber hat er auch nicht mehr realisiert, daß er des privilegierten Heisigs Sohn war, der in der Schweiz studieren durfte und ohne den Vater wohl nicht Rektor geworden wäre. Er war ein junger, ehrgeiziger Mann, den man anhimmelte. Und er glaubte tatsächlich, kein Staatsdiener zu sein. Jedenfalls fragt er niemanden, als er den Brief unterschreibt. Nicht den Bruder, nicht die Frau, und den Vater schon gar nicht.

Aber der geht einfach geschickter mit Staatsgestalten um. Lebt ja auch schon in der zweiten Diktatur. In der ersten, dem Dritten Reich, mustern SS-Ärzte den 16jährigen Hitlerjungen und fragen:

Wollen sie nicht zu uns kommen.

Nee, sagt Heisig. Ich will zur Panzertruppe.

Panzer, sagen die, gibt's auch bei uns. Oder haben Sie was gegen uns?

Nee, sagt Heisig. Und unterschreibt, so erzählt er, bei der Waffen-SS.

Ein überzeugter Marxist ist er in der zweiten Diktatur, der DDR, nicht geworden. Aber er tritt in die Partei ein. Auch aus ökonomischen Gründen, sagt er. Wenn du hier was haben willst, sagen ihm Freunde, mußt du auch mitmachen. Leuchtet ihm ein. Und er kultiviert eine Chuzpe, die brenzligen Situationen die Schärfe nimmt.

Wie beim jährlichen Faschingsfest seiner Hochschule. Da stehen wie üblich ein paar Herren der Firma auf der Matte. Machen Sie sich doch wenigstens 'ne Pappnase um, sagt Heisig zu den Stasi-Leuten. Man erkennt ja auf 50 Meter Entfernung, wer Sie sind.

Später wird er ins Rektorat gerufen. Da sitzen die Jungs tatsächlich mit Pappnasen. Und schimpfen auf die schräge Musik, den englischen Text, den Jazz. Also das geht so nicht, sagen sie, das sei ja alles amerikanisch. Er müsse das beenden. Und Heisig sitzt mit Meckie-Messer-Kostüm und Melone da und verteidigt die Studenten. Warum sollen die nicht mal feiern und so. Und die Stasi-Herren schieben sich in der Hitze des Gefechts die Nase in die Stirn. Unglaublich komisch, sagt Heisig. Und das Ganze ging aus wie das Hornberger Schießen.

Bei Johannes Heisig ist nichts komisch. Nach der Wende tritt er zurück, bevor man ihn darum bittet. Er betäubt sich, fegt mit 180 Westpferden über die Autobahn, malt, verdrängt die Gedanken, bunkert sich ein, und als er begreift, daß die Kulissen wirklich weg sind, fällt er in ein schwarzes Loch. Erst jetzt, sagt er, merkte ich, was es heißt, allein von der Kunst zu leben. Auch finanziell. Noch nie sei er nervlich so belastet gewesen, noch nie habe er sich fragen müssen: Komme ich den nächsten Monat aus oder nicht.

Wenn er seine Frau damals gefragt hätte, ob er diesen Brief an Honecker schreiben soll, hätte sie nein gesagt. Aber ich kann ihn auch verstehen, sagt Antoinette. Er tanzte doch zwischen allen Eisen.

1988, als sie zu ihm zog, haben sich ein paar entfernte Freunde schon gewundert, daß sie mit jemandem zusammenlebt, der in die Machtstrukturen eingebunden ist. Aber, sagt sie, ich habe Johannes nicht als einen in die Macht integrierten Menschen erlebt.

Daß sie das so sieht, hat wohl nicht nur mit Liebe zu tun. Antoinette ist die einzige im Heisig-Clan, die mit den Niederungen der Macht in Konflikt kam. Ihr Sohn, der 1976 in Leipzig geboren wird, bekommt früh spastische Bronchitis. Also aufs Land, wo die Luft besser ist. 1984 kauft sie mit günstigen Krediten eine Wassermühle in der Uckermark.

Fünf Jahre bleibt sie dort, lebt von Bühnenbildern und Wandmalerei, spielt Theater auf dem Hof, feiert Feste mit Freunden, diskutiert Nächte durch, wird Anlaufstelle für Künstler und Intellektuelle.

Da taucht ein Stasi-Mann auf. Er kommt in Abständen von drei Tagen. Und wenn sie nicht da ist, wühlt er auch schon mal ihre Wohnung um und um. Und stellt knallharte Forderungen. Wenn sie nicht über ihre Freunde informiere, könne sie ihre Arbeit vergessen. Ich habe das kategorisch abgelehnt, sagt sie und bekommt fortan keine Aufträge mehr. Da verkauft sie ihre Mühle, zieht nach Berlin und lernt bei einer Veranstaltung im Bauhaus von Dessau ihren Mann kennen. Ich war doch über dreißig, sagt sie. Und dachte schon, ich bleib mein Leben lang allein.

Familientreffen beim alten Heisig im Havelland. Wir essen zu Mittag im Dorfkrug. Der Meister macht den Entertainer, legt ihn zwischen Kunst und Kalauer an, was die Söhne mal wieder nervt und erheitert. So nach dem Motto: Sehen Sie doch selbst. Wie soll man gegen diesen Koloß ankommen. Und bestellen einen Schnaps.

»*Ich will die kleine Dicke mit der Sülze in der Bluse*«

Thomas Brussig schreibt eine Satire auf die DDR

Er hat den Kleinsten – und will der Größte werden. Klaus Uhltzscht aus Ostberlin. Also schon der Name! Und erst der Mensch: Der letzte Flachschwimmer, Prahler, Toilettenverstopfer, Sachenverlierer, Karrierist und Komme-was-da-wolle-Onanist. Die ganze Pubertät über hat er doch nichts anderes zu tun als seinen Ständer wegzuräumen. Und dann noch ein »Totensonntagsfick«.

Ein was, bitte? Aber sicher. Irgendwann im Ferienlager denken die FDJ-Knirpse doch darüber nach, daß neun Monate vor der Geburt eine Befruchtung stattgefunden haben muß. Igitt! Die eigenen Eltern. Da wird einem ja ganz schlecht.

Also los. Wann bist du geboren? 20. August '68. Als die DDR-Panzer Richtung Prag rollen und er in Panik die Fruchtblase durchstößt. August? Also August minus neun macht November. Und gezeugt wird an Feiertagen. Welchen gab's im November? Ach, du liebe Güte! Am nächsten Morgen beim Frühstück wissen alle: Der Uhltzscht ist ein Totensonntagsfick.

Da kann er ja nur noch Nobelpreisträger werden. Sonst kriegt er das alles doch gar nicht mehr raus aus dem Leben.

Was ist eigentlich dein Vater? fragt der Lehrer die Kinder an einem lauen Abend.

Der ist bei der Stasi, sagt der Lächler.

Meiner auch, sagt der Popler.

Und deiner? fragt der Lehrer Uhltzscht.

Beim Außenhandels-Ministerium.

So so.

Am Lagerfeuer sagt der Lächler leise: Komm schon, deiner ist doch auch bei der Firma.

Nein! brüllt Uhltzscht.

Irgendwann erfährt er es dann natürlich. Will seinen Vater im Außenhandels-Ministerium abholen. Uhltzscht? Gibt es nicht bei uns. Das kann doch nicht sein, mein Vater hat doch ... Und da steht der Junge nun und grübelt. Sag mal, sagt er beim Abendbrot zum Vater, du bist ja gar nicht ...Sieh an! Hat der Herr Sohn endlich begriffen. Und eines Tages sagt der Vater: Sag mal, du fängst doch auch bei uns an?

Na, so was. Er redet mit ihm. Der Vater redet mit seinem mißratenen Sohn. Nimmt ihn offenbar ernst. Das gibt dem Milchgesicht Kraft, dem Versager Saft. Na klar fängt er bei ihm an. Es geht doch um den Frieden, den das Raubtier Kapitalismus schlucken will. Um die Winde des Kalten Krieges geht es. Wenn die heulen, dann muß man sich aneinanderkuscheln und auf Lenin vertrauen.

Wer schreit denn dauernd nach Menschenrechten? Doch nicht die Ostler. Die Westler tun es. Und was die Westler den Ostlern wünschen ... also da muß man ganz vorsichtig sein! Treten die Menschenrechte mit Füßen, sagen die da drüben. Wieso? fragt Uhltzscht. Wir haben doch gar keine. Und was man nicht hat, kann man nicht mit Füßen treten.

Also, klar unterschreibt er bei der Stasi. Er muß doch sein Land schützen, Feinde enttarnen, Intellektuelle zu Fall bringen, die Wurstfrau vergewaltigen, diese kleine Fette mit der Sülze in der Bluse. Sonst wuchs ihm doch ewig nur der Ständer, jetzt schändet er auch Kinder. Weil der Mut steigt und der Wahn beginnt. Weil die Aufträge fließen und er Wanzen einsetzt, tote Briefkästen beobachtet, fremde Post liest.

Ist das ein Leben mit der neuen Macht und den falschen Adressen und Stullen im Trabi und Stunden im Fadenkreuz des Bösen. Wie die Seeräuber-Jenny von Brecht: Und sie wissen nicht, mit wem sie reden. Gigantisch! Muß ich jetzt eine Sonnenbrille tragen? fragt sich Uhltzscht.

Ach, ist das schön zu lesen. So frech. So geistreich. So witzig und so wüst enthemmt. »Helden wie wir« von Thomas Brussig, das ist endlich der satirische Roman aus dem wilden Osten, die

»Ich wurde pervers, um dem Sozialismus zum Sieg zu verhelfen«, läßt
der Autor Thomas Brussig seinen Helden sagen. Brussigs Satire über die
DDR – »Helden wie wir« – wurde ein Kult-Buch im Osten.

Geburt des Giganten aus dem Vorgartenzwerg. Hat den Kleinsten, aber lebt dafür in der größten DDR der Welt.

Und die will er noch größer machen. Mächtig wie das Lenin-Denkmal, zu dessen Füßen ihm einst das rote Halstuch umgeschlungen wurde. Und er steigt und steigt, der Held, wird Fellatiomat-Konstrukteur, Erfinder der Perversen-Kartei, ist als Onanist ungedopter Weltmeister, der Schlappmantelträger mit Klappkarte der Stasi, der Verräter, der Psycho-Terrorist. Einer, der nur in Schlagzeilen denkt, beim Anblick einer Quelle-Frau zum Triebtäter wird, der Erichs Regentschaft verlängert und ohne Rücksprache mit seiner Dienststelle die Heilige Kuh der DDR sexuell mißbraucht – den Broiler.

Ich lege Wert darauf, sagt der Held, daß ich pervers wurde, um dem Sozialismus zum Sieg zu verhelfen. Am Ende verhilft er der Mauer zum Fall. Wie er das macht, steht im Schlußkapitel »Der geheilte Pimmel«.

Warum so bös zu Christa Wolf und ihrem Roman »Der geteilte Himmel«? Wer Christa Wolf gelesen hat, sagt Brussig, hat die DDR sicher nicht so gehaßt, wie sie es verdient hätte. Auch Christa Wolf hätte es verdient, anders mit sich umgegangen zu sein. Nicht ihr Verhalten war unanständig, sagt Brussig. Ihr Schweigen ist es. Natürlich sei da auch Scham. Und ihre Angst sei menschlich. Aber daß die ängstliche Christa Wolf plötzlich zur Widerstandsheldin aufgebaut werde, also das sei schizophren.

Sie war IM, sagt Brussig. Sie war's nicht lang. Aber das erste, was sie nach dem Fall der Mauer publiziert, ist, wie sie verfolgt wurde. Sie hätte schreiben sollen, warum sie IM wurde. Ich war nicht bei der Stasi, sagt der 29jährige vom Prenzlauer Berg, aber ich setz' mich hin und schreib' in Ich-Form, daß ich's war.

Drei Jahre hat Brussig an seinem Roman geschrieben, der sich so süffig hingeplaudert liest. Ja, er ist begabt, ist ein Causeur, ein Wortaufschneider, ein Phantast und Geschichtenerzähler der ernsten und verrückten Sorte.

Hans-Joachim Maaz, der Psychotherapeut aus Halle, hat mit seinem »Gefühlsstau« eine Lawine in Brussig losgetreten. Das

Beste, was er über die DDR gelesen habe. Ein Sachbuch. Aber soo gut. Das wollte er in Literatur umwandeln.

Dann hat er Freud gelesen. Und Freunde gefragt: Wie war das bei euch in der Pubertät. Und einen von der Stasi befragt: Wie war das mit dem Verrat? Und dann das Verklemmte, Verruchte, Verspießte ins Spiel gebracht. Und sich gefragt: Wie regierbar bist du eigentlich?

Und dann redet man sich eine unerträgliche Gegenwart natürlich auch schön, sagt er. Um nicht handeln zu müssen. Ich war doch auch ein Kind des Systems, sagt Brussig. Bis zur 10. Klasse. Hab' stramm mitgemacht. Und dann Fragen gestellt. Sehr leise. Erst in der Armee fängt er an, das System zu hassen. Aber weil er im Haß nicht leben kann, verzeiht er den Schindern. Weiß aber: wenn ich studiere, kommt der Druck. Also studiert er nicht. Er will ja leben. Arbeitet als Möbelträger, als Museumspförtner, als Hotelportier im Palast-Hotel.

Das war aufregend und exotisch. Er schwätzt mit Fritz Pleitgen, und in dessen Kommentar am Abend in den Tagesthemen taucht eine Formulierung von ihm auf. Er verdient viel und mehr noch durchs Trinkgeld. Und nie sei einer gekommen und wollte, daß er Gäste aushorcht. Gottseidank, sonst wäre er gegangen.

Heute kann er über die Dämonisierung der Stasi eher lachen. Die Faschisten bei der Armee, sagt er, waren oft übler. Und so mancher Lehrer hat auch mehr getan als nötig. Und alle haben Namen.

Und der Sozialismus, das habe er 1989 begriffen, sei ein Wort mit elf Buchstaben. Es gibt wirklich Wichtigeres, sagt er. Gerechtigkeit und Freiheit.

»Den kleenen Finger hatte er abjespreizt«

Nach dem Besuch von Prinz Charles in Hellersdorf

Welche Gläser? fragt sie uns.

Na, die von Charles natürlich.

Sind aber abjewaschen, sagt sie. Und ick weeß ooch nich mehr, aus welchem er jetrunken hat.

So ist sie, die runde Frau Kunz, rollt in die Küche, köpft das Rotkäppchen, kommt zurück und schenkt die hohen Kelche voll.

Nein wirklich, keine Ahnung habe sie gehabt, welche Werbung sie damit mache. Sie habe sich doch nur gesagt: Der Prinz kommt in den Plattenbau nach Ostberlin. Also werde sie ihm auch ein Qualitätserzeugnis Ost anbieten. Ist doch klar. Das gute alte Rotkäppchen aus der ehemaligen DDR. Wenn die Deutschen einen Höhepunkt haben, sagt sie, trinken sie doch Sekt. Und wenn der Prinz den Sekt nicht mag, denkt sie sich, mag er vielleicht einen Saft. Sauer oder süß. Tomate oder Mehrfrucht. Auch schöne bunte Ostprodukte. Von Libena. Original verpackt. Damit er sieht, was er kriegt.

Und so kommt es denn, daß die Fernsehbilder mit Rotkäppchen und dem Prinzen am Vitamintisch über alle Kanäle Europas laufen, und die Herren von der märchenhaften Marke umgehend Frau Kunz einen Besuch abstatten und sie nach Freiburg laden, nein, nicht in den Breisgau sondern an die Unstrut, wo das Rotkäppchen entspringt.

Man sagt ihr, das habe sie ja prächtig gemacht. Und man fragt sie, ob sie nicht in der Werbung mitarbeiten wolle. Ob sie nicht fünfzig Tage im Jahr durch den Westen reisen wolle mit dem dort unbekannten Produkt im Korb und mit eigenem Gewerbeschein natürlich: Eva-Maria Kunz von Hellersdorf als »Clementine von Rotkäppchen«.

Nee, hat sie da gesagt, nee, das mache sie nicht. In Werbung kenn ick mich nich aus. Und sie sei nun mal zu ehrgeizig, um etwas zu tun, was andere besser können.

Die Herren der Ost-Säfte von Libena haben sich auch gemeldet und sie zur »Ostpro« eingeladen, der Ostproduktmesse am Alexanderplatz. Überwältigend sei das gewesen, sagt Frau Kunz. Wie früher.

Wieso?

Na, Schlangen über Schlangen, sagt sie und lacht sich weg.

Den Prinzen haben sie gut verdaut. Klein-Christian wurde in der Schule schwer beneidet, und der Chef von Herbert Kunz bei Telecom war auch ziemlich von den Socken. Dem hatte er am Freitag vor dem Ereignis gesagt: Wenn ich Montag früh nicht da bin, kommt Prinz Charles zu uns. Da hat der Chef nur genickt und gedacht: Der spinnt, der Kunz. Aber Herr Kunz sollte das mit Charles eben nicht so ausposaunen.

Als sie dann am Sonntag endgültig wissen: Der Prinz kommt zu uns und sonst zu niemandem, da haben sie bis zum Montag auch niemandem mehr aufgemacht. Und auch das Telefon nicht mehr abgehoben. Dabei hat es wie verrückt geklingelt. Aber in diesen unsicheren Zeiten, sagt Frau Kunz, kommt doch janz schnell eener uff krumme Ideen. Und da lag uns die Sicherheit des Prinzen schon janz schön am Herzen.

Als der dann anrückt, denkt sie: Na hoffentlich bleibt der Fahrstuhl nicht stecken.

Tut er das oft?

Oft nicht, sagt sie. Aber die war'n doch alle in eener Fuhre, der Charles, die Dolmetscherin, Diepgen, Nagel, Bodyguards, der Bürgermeister von Hellersdorf, der Hausmeister. Also total überbelegt.

Und dann alle Mann hoch ins kleine Wohnzimmer. Presse steht schon seit Stunden in der Ecke vor dem Aquarium. Also die Fische, sagt sie, die ham nix jesehn. Und sie erinnert sich an ihre Begrüßung: Guten Tag, Prinz Charles, Eure Königliche Hoheit ..., aber da hat der längst schon den Chrischi begrüßt, als ick noch meene Anrede stammle.

Und als kurz darauf Diepgen vor ihr steht und sie doch auch so aufgeregt ist, sagt sie: Na, nu bin ick aber sprachlos! Und da sagt der: Das wird bei Ihnen ja wohl nicht lange vorhalten.

Weil Hellersdorf ein PDS-Nest ist und er in Ihnen eine kesse Socke vermutete?

Ick will det mal nich politisch werten, sagt sie. Aber ein bißchen unhöflich habe sie es schon gefunden.

Später habe er noch einmal sehr verärgert geguckt. Da hat der Prinz Herrn Kunz gefragt, ob sich für ihn nach der Wende viel geändert habe. Zu DDR-Zeiten ging's uns nicht schlecht, hat er ihm

»Erst hat er in die Küche jekiekt, und dann is er losjestürmt ins Kinderzimmer«, sagt Eva-Maria Kunz, die
zusammen mit ihrem Mann Prinz Charles in Hellersdorf
empfing. Sohn Christian hätte den künftigen König
lieber im Umhang als im Anzug gesehen.

geantwortet. Jetzt geht's uns besser. Aber die
Kriminalität! Früher war Berlin zu. Also geschlossene
Gesellschaft. Heute sei es ein Sammellager für
Kriminelle. Da habe Diepgen schon ziemlich dumm
geguckt.

Was wollte der Prinz noch wissen? Wie es sich im
Plattenbau so lebt. Und wo sie einkaufen. Und ob die
Wände hellhörig sind. Und wie weit Chrischi zur
Schule läuft. Und ob er Fußball spielt. Nee, hat der
Junge da gesagt.

Und dann bricht auch schon die große Hektik
aus. Hoheit, es wird Zeit, wir müssen! Aber ein Prinz
muß eben nicht, sagt Eva-Maria Kunz. Der wollte die
Wohnung sehen. Hat erst in die Küche jekiekt, und ick
hab jefragt: Kinderzimmer ooch? Also det verstand er
und is gleich losjestürmt. Gardine auf – also bei mir
klemmt die immer. Aber bei ihm? Ein Rutsch und uff
war sie, und er raus auf den Balkon.

Also, der Jubel! sagt sie. Überwältigend. Ganz Hellersdorf
war von den Socken. Und ick seh' noch den kleenen Finger vom
Prinzen beim Winken, also det is mir uffjefalln, der kleine Finger
war immer son bißchen abjespreizt. Ick weeß nicht, ob det am
Ring lag, den er trug. Also winkt da runter vom 8. Stock aus dem
Plattenbau heraus. Und det Volk jubelt.

Und die Dolmetscherin, sagt sie, hat noch so schön übersetzt,
dat der Balkon im Sommer wunderschön grün sei und nicht so öde
wie jetzt. Da hat der Prinz gesagt, das kenne er auch von seinem
Land her.

Aber ick bin sicher, sagt sie, sein Herz hätte jelacht, wenn er im Sommer jekommen wäre. Wir haben doch Tomaten und Weinanbau und Stachelbeeren und Blumen. Sind ja ooch schön groß, die Balkone hier, sagt sie. So knapp zwee Meter sind die.

Am Abend nach dem Dreizehn-Minuten-Besuch kommen die Nachbarn. Sie wollen wissen, wie alles war. Sie trinken Rotkäppchen und gucken Videos vom Tage. Also da hab ick mich jar nich als icke erkannt, sagt Frau Kunz. Und sieht erst im Fernsehen, daß sie einen Knicks gemacht hat. Det war ja keen Kniefall, sagt sie, aber ooch den Knicks hab ick nich in Erinnerung. Der kam wohl irgendwie automatisch. Ick hab nur jestaunt.

Herrn Kunz haben viele nach dem Besuch gefragt, ob er denn gern mal mit dem Prinzen tauschen würde. Da hat er geantwortet, das sei doch so, wie wenn er im »Maritim« wohnen würde. Wunderschön. Aber dann ginge man doch auch gern wieder nach Haus.

Für den Sohn sei der Besuch wie eins seiner Computerspiele gewesen. Und eigentlich hätte er Charles auch lieber mit einem Umhang gesehen. Also ein Umhang, sagt Christian, sei doch schon sehr wichtig für einen Prinzen.

Wen hätte Herbert Kunz nicht empfangen? Einen Schönhuber natürlich nie, sagt er. Herrn Kohl vielleicht grade noch. Und Gysi? Aber sicher, sagt Eva-Maria Kunz. Den kann ick jut leiden. Sie wählt auch PDS. Und hat so gelacht, als sie in der Zeitung las: Das rote Hellersdorf empfängt den Prinzen wie einen Pop-Star. Warum denn nicht? fragt sie. England und Deutschland sollen doch näherrücken.

Und so schöne Briefe haben sie bekommen. Die meisten aus dem Westen. Wie erfrischend Kunzes doch gewesen seien zwischen all dem Schrecken in der Welt. Nur eener hat uns beschimpft, sagt Frau Kunz. Der schrieb: Wer seine Frau betrüge, wie der Charles die Di, verdiene keine Achtung, und den empfange man auch nicht. Ob man das bei uns nicht wisse? Na ja, sagt sie, der wollte uns dummen Ossis mal wieder zeigen, wo der Hammer hängt.

»*Nun weiß ich, wo mein Tod wohnt*«

Als Heiner Müller gestorben ist

Darf ich Ihren Nachruf lesen?
Nachruf auf wen?
Auf mich, sagt Heiner Müller.
Um Himmels willen, ich habe doch keinen Nachruf geschrieben.
Aber es wird doch welche in den Redaktionen geben seit meiner Operation.
Möglich, sage ich.
Und er fragt, ob ich ihm die besorgen könnte. Er würde sie zu gerne lesen und als »Drucksache« veröffentlichen.
    So war er, Heiner Müller. So ging er mit dem Tod um, vor dem er Angst hatte. Spiel mit ihm, dann tut er dir nichts. Und tu so, als sei alles wie immer. Sitzt also nach der schweren Krebsoperation in der Kantine, ißt Linsen, trinkt Whisky, raucht Havanna und lacht beschwichtigend: Die kaputte Speiseröhre sei doch raus, sagt er. Dafür wurde ihm der Magen hochgezogen. Als neue Röhre. Und die sei noch ganz in Ordnung.
    Das war vor einem halben Jahr. Nun hängt der Trauerflor vom Berliner Ensemble herab. Am Fenster vor der Theaterkasse ein Monitor. Heiner Müller spricht im Kasten. Vor ihm eine Rose und eine flackernde Kerze. Auf die Frage, ob er sentimental sein kann, hatte er geantwortet: Nein. Sentimentalität hat immer mit Faschismus zu tun. Und doch war er gefühlvoll und voller Emotionen. Er weinte auch im kitschigen Film über Rosa Luxemburg.
    In der Kantine des Berliner Ensembles Tränen und Umarmung. Zu Fritz Marquardt, dem langjährigen Freund und Mitregenten des BE, hatte Müller nach seiner Operation gesagt: Fritz, nun wirst du doch noch mein Sargträger.
    Unser Tisch wird langsam voll. Schauspieler, Freunde, Regis-

seure. Man erzählt sich die Trauer von der Seele. Weißt du noch?
1984 im Café Möhring, als Heiner für Udo Lindenberg einen Song
macht:

»Laß die Welt sich drehn,
sie geht vorbei.
Zieh die Schuhe aus
Und mach das Bett für zwei.«

So als Refrain. Hatte vor Lindenberg aber keine Gnade gefunden.

Oder der alte Curt Bois, der immer »Sterben« übte und Fotos
davon machen ließ – mit verdrehten Augen und offenem Mund.
Also das fand Heiner wahnsinnig.

Oder die Geschichte von Brechts Sarg, die er so gern erzählte. Man brachte also den Zinksarg vom Walzwerk Hennigsdorf
und hatte Angst, Brechts Leiche sei zu groß. Man hatte vergessen
zu messen. Da ließ Helene Weigel, die Witwe, die ja eine prakti-

»Fritz, nun wirst du doch noch mein Sargträger«, hatte Heiner Müller
zu seinem Freund und Mitregenten am BE, Fritz Marquardt, gesagt. Und
so trug der ihn auf den Friedhof (vorn).

sche Frau war, einen Arbeiter von Brechts Statur probeliegen. Er paßte. Weißt du noch, wie Heiner das nannte? Brechts »Maßnahme«.

Oder damals, Ende der Achtziger, als er mit Schmerzen zum Arzt ging und der ihm erklärte, was mit seinen Herzkranzgefäßen nicht in Ordnung sei. Da sah Heiner sich am Monitor ins Herz hinein und sagte: Nun weiß ich, wo mein Tod wohnt.

Oder Thomas Brasch, der mal sagte, warum Heiner kein Schriftsteller, sondern Dramatiker geworden sei: Um der Einsamkeit am Schreibtisch zu entfliehen und an Schauspielerinnen heranzukommen.

Klar, irgendwie wollte er doch immer ein Bonvivant sein. Aber er sagte: Ich bin nur der kleine Sachse, der versucht, ein Preuße zu sein. Und immer hochstilisiert: Schwarze Brille, schwarze Kluft, rechts den Whisky, links die Havanna.

Oder zur Zeit des Krebses in Berlin, als er die Tomographie-Unterlagen festverschnürt in die Hand bekam, um sie mit nach München ins Krankenhaus zu nehmen. Das ist die Büchse der Pandora, sagte er.

Und weißt du noch, als seine Memoiren erschienen? Das habe doch nichts mit Literatur zu tun, hatte Müller gesagt. Aber dann kam die japanische Übersetzung. Er hält das Buch in der Hand, blättert es von hinten nach vorn durch und sagt beim Anblick der kunstvollen Schriftzeichen: Jetzt ist es Dichtung.

Aber diese letzten Fehlschläge, diesen Mist, den er am Ende seines Lebens noch denken mußte, finden die Freunde schrecklich. 17. November. Premiere seines Lieblingsstücks »Philoktet«. Müllers Freund Josef Szeiler führt Regie. Eine faule Arbeit. So nach dem Motto: Heut' bin ich mal genial. Dunkle Bühne, nackte Akteure, geflüsterter Müller-Text. Einfach elend.

Kurz vor der Premiere wollen die Schauspieler hinwerfen. Sie ahnen das Fiasko. Da ruft Heiner Müller aus dem Münchener Krankenhaus an: Bitte spielt. Es ist der letzte »Philoktet«, den ich erleben werde.

Da hat er gerade die erste Chemotherapie hinter sich. Er fährt zum Flughafen und verpaßt den Flieger nach Berlin. Sitzt da in der Halle und wartet auf den nächsten. Speiübel ist ihm. Nachwehen der Behandlung. Er muß brechen.

Am Abend sitzt er wie sein Schatten in der Loge, hat Schmerzen und langweilt sich beim eigenen Text. Aber kein Wort des Vorwurfs. Der Regisseur ist sein Freund. Freunden ist er treu.

Das Premierenfest wird zur Trauerfeier. Müller sitzt auf einer Kiste hinterm Tresen der Kantine. Mit Tränen in den Augen. Und so schmal ist er. Wiegt ja keine hundert Pfund mehr. Und fast alle sind vergrippt und verschnupft. So viele Bakterien. Und jeder überschüttet ihn mit Küssen und mit Liebe.

Aber die nächste Premiere! Wie hat er sich auf Brechts »Puntila« von Einar Schleef gefreut. Am 30. Dezember soll sie sein. Vier Tage vor dem Datum – Panik. Keine Proben. Kranke Schauspieler. Und Schleef hat hohes Fieber.

Krisensitzung bei Müller in Kreuzberg. Der schwerkranke Intendant sitzt im weißen Bademantel da. Rechts das Handy, links den Whisky aus der Ahornsaftflasche, damit der Arzt ihn nicht ertappt. Er telefoniert mit Schleef. Was machen wir? Hm. Sie sind krank? Aha. Wann sind Sie wieder gesund? So. Und die Premiere? Im Februar erst?

Aus! Aus! sagen die Kollegen-Freunde. Aber Müller nimmt das alles ziemlich gelassen hin. Man kann das retten, sagt er. Wir brauchen nur Asbest. Wie bitte? Klar. Wir müssen im BE Asbest finden. Dann dürfen wir nicht spielen. Von Amts wegen.

Da ist sie wieder, die Pointe in Müllers Denkapparat. Ruft den technischen Direktor an und sagt: Suchen Sie Asbest. Dann schließen wir das Haus und stopfen das Loch, das »Puntila« geschlagen hat.

Aber es gibt kein Asbest. Und da ist Müller dann eben am 30. gestorben, sagt einer am Tisch. Ist in die Lücke hinein gestorben. Auch eine Müller-Pointe. Seither ist das Haus voll. Denn Tag für Tag lesen Schauspieler von 11 Uhr früh bis 19 Uhr Müllers Texte. Lesen aus »Fatzer« und »Herakles«, aus »Quartett« und »Hydra«, lesen »…unsern täglich Mord gib uns heute, denn dein ist der Ekel ...« und »meine Gedanken sind Wunden in meinem Gehirn«.

Nein, Heiner Müller hat den Tod nicht erwartet. Nicht so schnell. Er hatte einen mächtigen Überlebenswillen. Auch wenn er oft so schrecklich elend war, so müde. Aber er denkt nach vorn. Immer in seine nächste Schlacht hinein. Noch Mitte Dezember sucht er nach einem neuen Stoff. Will was aus der »Odyssee« machen. Etwas Längeres. Zwei Jahre kann die Arbeit dauern. So lange gibt er sich noch. Er ist auch abergläubisch. Sagt immer: Steig nie mit einem abgeschlossenen Manuskript ins Flugzeug. Dann kann der Tod dich nicht erwischen.

Am 30. Dezember klagt Heiner Müller über Übelkeit. Der Arzt diagnostiziert Lungenentzündung. Also ins Krankenhaus. Müller nimmt einen Band Gottfried Benn mit. Den will er lesen. Das Blaulicht irritiert ihn schon. Aber die erste Untersuchung ergibt: Blutdruck in Ordnung. Da macht er schon wieder seine Witzchen. Trotzdem Intensivstation. Als er an die Herzmaschine geschlossen wird, schließt er die Augen – und sein Kopf fällt leicht zur Seite. Ganz ruhig ist er aus dem Leben hinausgeglitten.

Die Schauspielerin Margarita Broich, langjährige Freundin und Frau von Müllers BE-Star Martin Wuttke, hört von der Einlieferung, will ihn besuchen, steckt ihren zerlesenen Goethe in die Tasche, ein Geschenk von Heiner Müller, und nimmt noch eine Rose aus der Vase – ich wußte gar nicht warum, sagt sie.

Es friert Stein und Bein. Die Rose erfriert ihr in den Händen. Als sie auf der Intensivstation ankommt., sieht sie Heiner Müllers Frau Brigitte in Tränen. Sie umarmen sich, und die Freundin tröstet sie mit Worten, die man so sagt in seiner Hilflosigkeit und an die man selbst nicht glaubt. Dann liest sie dem toten Freund aus ihrem Buch vor, dem »West-östlichen Divan«.

Natürlich hatte Heiner Todesangst, sagt Margarita Broich. Und einmal habe ich ihm auch gesagt: Heiner, Heiner, du versuchst die Götter mit deinem losen Mundwerk! Ja, sagte er da, das hab' ich auch schon gedacht.

Müllers Frau, Brigitte Mayer, mag nichts von jenem letzten

Tag erzählen. Die Bilder in ihr seien zu privat. Ohne Anna aber, die kleine Tochter, könnte sie das alles nicht ertragen. Und ohne Heiner, sagt sie, gäb's mich nicht.

An diesem 30. Dezember spielen sie am BE für die geplatzte »Puntila«-Premiere Müllers ewig ausverkauften »Arturo Ui«. Die Schauspieler werden auf die Bühne gebeten und erfahren, daß Heiner Müller am Nachmittag gestorben sei. Entsetzen. Einige sagen: Wir können nicht spielen. Andere sagen: Wir spielen für Heiner. Sie merken an diesem Abend, was für einen brutalen Beruf sie haben.

Und alle – auch der Inspizient, dem Müller mal den Satz geschrieben hat: »Für einen seltenen Menschen, den es wirklich gibt« – alle merken, daß sie nicht in Trauer, sondern im Liebesschmerz sind, und das mitten im Blutbad, das ihr Geliebter mit Worten angerichtet hat.

Müller, der Anarchist, konnte denken wie kein anderer. Und immer dachte er auf eine Pointe hin: Zehn Deutsche sind eben dümmer als fünf Deutsche. Und: Jeder hat ein Recht auf seine Feigheit. Und weil er es wagte, einen Gedanken bis zu seinem schlimmstmöglichen Ende zu denken, nannten sie ihn einen Zyniker.

Dabei war er einer, der zart und sanft mit Menschen umging, liebevoll und immer höflich. Meine Höflichkeit, sagte er, hat zum Krebs mehr beigetragen als Whisky und Havanna. Er konnte nicht »nein« sagen. Da war Müller Japaner. Wenn ihn einer bat, dann tat er. Das fraß.

Und dann war da noch der Untergang der DDR. Müller hat auf ihn gewartet, ihn aber nicht befördert. Mit dem Untergang ist dann auch sein Schreibgegenstand untergegangen. Das eingemauerte Chaos fehlte ihm. Und große Dramatiker, daran glaubte er, gibt es nur in Diktaturen. Kunst, sagte er, braucht eine blutige Wurzel.

Seine Antwort auf die Wende verpackte er in »Mommsens Block«. Es ist die Geschichte des Geschichtsschreibers, der den letzten Band der Römischen Historie nicht mehr schreiben will.

Keine Leidenschaft mehr. Schreib-Block. Sein Platz, sagt Müller nach der Wende, sei die leere Stelle, die der Sozialismus hinterlassen hat.

Und da sitzt er dann doch wieder voller Leidenschaft. Streut in herrlich listigen Interviews Nägel in die deutsch-deutsche Suppe. Zeugt Anna, die süße Tochter, der er in der Kantine seines Theaters mit unendlicher Geduld ein Überraschungsei nach dem anderen kauft, das sie jauchzend aufbricht. Heiratet Brigitte Mayer, die Mutter seines Kindes, die Fotografin ist. Klebt die Bilder seiner späten Lieben fein bürgerlich in ein Album. Schreibt Gedichte, inszeniert, reist, kämpft mit Peter Zadek um Brechts Reich am Schiffbauerdamm, wird geehrt mit Preis und Geld, und wenn ihm einer sagt: Sie waren doch ein Aushängeschild der DDR, dann fragte er zurück: Ja, was hätten die denn sonst ausstellen sollen?

Die Nachrufe sind erschienen. Heiner Müller hat sie gelesen, gehört, gesehen. Ist schon dabei, die Texte zu zerlegen, die Wörter zu zertrümmern, das Chaos zu einem himmlischen Müller zusammenzukleben. Spitzenreiter im Wortschlamm: Wer erbt Müllers Mios?

»*Auch Kommunisten müssen träumen können*«

Zu Hause bei den Meinungsmachern der PDS

Er ist ein Demagoge. Gregor Gysi wettert in der Provinz gegen eine Ehe Berlin-Brandenburg. Es wird genau wie früher sein, sagt er. Wie zu DDR-Zeiten. Da sei das ganze Geld auch nach Berlin geflossen. Wißt ihr doch noch! Das wird jetzt wieder so werden. Nur: Nun geht das Geld nicht mehr nach Ost-Berlin, sondern in den Westen der Stadt!

Und sie glauben ihm das. Natürlich. Die Arbeitslosen, die Ahnungslosen, die Ängstlichen, Kleinmütigen. Die denken: Der muß es doch wissen, der Gysi. Der kennt sich doch aus in Bonn und Berlin. Also: nein. Sie stimmen mit »nein«. Am 5. Mai 1996 scheitert die Länder-Verbindung an der PDS.

Ich fahre mit Ute Mahler zu den Meinungsmachern der Partei. Zu denen, die Ulbricht verehren, Häuser besetzen, für ihr Leben gern tanzen, die Staatssicherheit noch heute verteidigen, sagen, sie haben mit der Wende mehr verloren als gewonnen, sich als Linksliberale stilisieren und Ostwählern die verlorene Ehre zurückbringen, also zur bunten Truppe des Gregor Gysi.

Was für ein Zimmer! Dunkle Türen, dunkler Teppich, dunkle Bücherwände, aus denen es quillt, zweireihig, dreireihig, quergeschichtet und getürmt. Letzte Sonnenstrahlen erleuchten Feuchtwanger, Heinrich Mann, Tucholsky, Simonow, Scholochow, Futuristisches, Marxistisches, meterweise Juristisches, gelehnt, gelagert, gestopft. Eine Bücherhöhle – höllisch schön. Man tritt ein und ist gefangen.

Das sei früher das Arbeitszimmer seiner Mutter gewesen, sagt Michael Benjamin von der Kommunistischen Plattform. Seine Mutter war Hilde Benjamin, verheiratet mit einem jüdischen Arzt, der im KZ umkam, aufgestiegen zur Justizministerin der DDR-Eiszeit, berühmt geworden als »rote Guillotine« in Schauprozessen nach stalinistischem Muster.

Ach, das schon wieder! Die Schmutzkübel, sagt Benjamin, seien doch vom Westen in den Osten geschwappt. Mein düsteres Bild, sage ich, setzt sich aber aus Ost-Urteilen zusammen. Da winkt er müde ab. Er wolle ja nicht gerade von Liebe reden, aber viele Menschen seien seiner Mutter mit Hochachtung begegnet.

Und erzählt, wie sie damals, als er ein kleiner Junge war, die Briefe umschrieb, die vom Vater, den er ja nicht kannte, aus dem Zuchthaus kamen. Wunderschöne Briefe seien das gewesen. Aus Südamerika, Sao Paulo. Das war die Legende, sagt er. Später, als der Vater ins KZ kam, habe die Mutter ihm die Wahrheit gesagt. Da war er neun.

Wir trinken Kaffee, und Ute Mahler möchte rauchen. Halt! sagt er, erst muß ich das Meerschweinchen abdecken. Und alle zehn Minuten geht der Herr Professor – der zwei Söhne hat und sechs Enkel und zu DDR-Zeiten einer der führenden Staatsrechtler war – in die Küche, um zu gucken, ob die Buletten noch köcheln. Er kocht seit Jahren. Auch zur Entlastung seiner berufstätigen Frau.

Als die Mauer fiel, ist Benjamin seelenruhig ins Bett gegangen. Nachts riefen dann Freunde an. Hast du gehört? Naja, daß sich das alles so vollzieht, sagt er, so etwas kopflos, sei natürlich nicht zu erwarten gewesen. Vierzig Jahre Sozialismus. Ein gescheiterter Versuch. Über den nächsten denke er nach.

Hielt er die Staatssicherheit für notwendig?
Solange es die DDR gab, auf jeden Fall, sagt Michael Benjamin. Schließlich sei ja ein aktiver Kampf gegen sein Land geführt worden.
Und die vielen Spitzel, die gewaltige Aktenberge zusammengeschrieben haben?
Ich achte jedermanns Entscheidung, sagt Benjamin, wenn sie aus politischer Überzeugung und Verantwortung getroffen sei.
Und die Erpressungen, die fingierten Autounfälle, die Berufsverbote und Einweisungen in die Psychatrie?

»Ich verkenne nicht, daß ich mir heute besseren Rotwein kaufen kann«, sagt Michael Benjamin von der Kommunistischen Plattform. Aber unterm Strich habe er mehr verloren als gewonnen.

Möchte ich nicht erörtern, sagt Benjamin. Natürlich sei das niemandem angenehm. Ob es nun zu Recht oder Unrecht geschah. Wie bitte? Dann wär's doch besser, man würde die Menschen für den nächsten Versuch klonen wie die Tomaten in Holland.

Also nein, sagt Benjamin. Man könne doch keinen Sozialismus aus der Retorte machen. Aber die Menschen müßten mitgestalten können, sagt er. Das war der Fehler der DDR.

Und welche Westerrungenschaft findet er toll?

Das Wort sei ihm zu stark. Aber Reisen, das hätte sich sein Land schon leisten sollen. Und er verkenne auch nicht, daß er sich heute besseren französischen Wein kaufen könne. Aber unterm Strich, sagt er, haben wir mehr verloren als gewonnen.

Woher kommt seine Sammelleidenschaft für Science-Fiction-Romane?

Da könnte er jetzt ein gewaltiges Wort von Lenin zitieren: Auch Kommunisten müssen träumen können. Seit fünfzig Jahren liest er schon Zukunftsromane. Da gibt's zwar viel Mist, aber die wirklich guten, sagt er, haben immer gesellschaftliche Modelle entwickelt.

Dann hat er sicher Orwell gelesen?

»1984«, ja.

Und »Die Farm der Tiere«?

Nein.

Nicht? Diese herrliche Satire auf den Kommunismus, wo alle Tiere gleich sind, nur einige Schweine gleicher?

Orwell, sagt Benjamin, sei ja nun ein sehr widersprüchlicher Autor. Und verschieden zu interpretieren. Es kann Kritik am Sozialismus bedeuten – aber auch am Kapitalismus.

»Sie verlassen den Demokratischen Sektor« steht an der Eingangstür von Angela Marquardt, dem Punk der PDS. Und dann zieht man besser die Schuhe aus, denn der Teppich ist hell und nagelneu, und es herrscht absolute Ordnung in der Ein-Raum-Wohnung zwischen Grünpflanzen und Plüschgetier. Im Regal lehnt unter der »Heiligen Schrift« Lenin neben van Gogh. Van Gogh, sagt sie, ist mein Lieblingsmaler, und wenn ich Millionärin wär' – naja.

Die gelernte Judokämpferin mit dem rot-grünen Schopf, die sich für Hausbesetzer und alternative Szenen engagiert, ist siebzehn, als ihr Land verendet. Lustvoll steckt sie sich am Ku'damm den Sticker »Ich bin frei« an. Als ihr einer Schokolade schenkt, erstarrt sie. Damals glaubt sie an die Bürgerrechtler. Ja, die könnten die DDR renovieren. War eine Illusion, sagt sie. Mit Haß kann man nicht gestalten. Ja, sagt sie, Haß. Vera Wollenberger habe sie in einer Talkshow gar nicht ausreden lassen. Nur weil ich von dieser Partei bin. Und der Blick! Nie werde sie den haßerfüllten Blick vergessen.

Die Bürgerrechtler, sage ich, haben Schicksale und kennen die Pappenheimer der PDS. Vor ihren Biographien, sagt sie, habe ich noch heute eine hohe Achtung. Aber diese Aggression. Wie am Anfang der DDR. Mein Opa, sagt sie, ist heute 89 und in der PDS. Früher ein strammer Wehrmachtsoffizier. Stalingrad. Dann

»Van Gogh ist mein Lieblingsmaler«, sagt Angela Marquardt, der Punk der PDS. »Wenn ich Millionärin wär', wüßte ich was für meine Wand.«

Gefangenschaft. Da habe man ihn völlig umgekrempelt. Er kam quasi als Kommunist zurück. Hat die DDR mit aufgebaut, die LPG's. Also ich will ihm wirklich nichts unterstellen, sagt Angela Marquardt, aber die sind eben damals mit der Waffe über die Dörfer gezogen. Und unter Zwang – oder Haß – entsteht nun mal nichts, was nett werden könnte, sagt sie.

Aber ihre Partei, sage ich, läuft doch auch schon wieder auf alten Pfaden. Mischt überall mit, nach der altbewährten Bolschewiki-Losung: geht hin, schafft Unruhe, egal, ob es euer Bier ist. Wie bei den Krawallen der Autonomen in Hamburg. Die PDS mittendrin.

Also grundsätzlich, sagt sie, arbeite sie mit jedem zusammen. In kritischer Solidarität. Und Kontakte gibt es überall hin. Und die Hamburger Demo habe sie anfangs auch unterstützt, weil es um Pressefreiheit ging. Aber sie wisse eben auch, wie schnell es zu Gewalt kommen kann. Wer wie sie mit knallbunten Haaren vor einem Asylbewerberheim einer rechten Meute gegenübersteht, kann mitreden. Der ja. Ein solider Linker dagegen, mit Dauerwellen und Distanz – nicht.

Könnte sie sich denn eines Tages eine solide Ehe vorstellen mit Kindern? Heiraten, sagt sie, hab' ich irgendwie nicht so richtig vor. Ich finde Kinder unheimlich nett – wenn man sie wieder abgeben kann. Und wenn ich so im Fernsehen sehe, wie gruselig solche Geburt aussieht, sagt sie, dann schieb' ich das mal lieber weit von mir.

Freke Over aus dem Westen wohnt im Osten einen Sprung vom *Neuen Deutschland* entfernt. In der besetzten Wohnung leben fünf Männer, ein Schwein und Susanne vom Berg. Sie ist ein Hund, und ihr Name steht auch an der Tür. Das Schwein Galactia macht gerade einen Spaziergang. Es darf im Laufstall des sechsten Zimmers hausen, bis es draußen wieder richtig warm ist.

Der junge Berliner PDS-Landtagsabgeordnete mit dem absolut strahlenden, blauen Blick hat gerade ein Ermittlungsverfahren am Hals, »wegen des Verdachts der Sachbeschädigung und Hausfriedensbruchs«.

»Von Karl Marx«, sagt Freke Over, hier in seiner besetzten Wohnung, »bin ich völlig unbeleckt.« Nach zwanzig Seiten hat er das »Kapital« zugeklappt.

Naja. Ist ja alles nicht so neu für ihn, den Wolfsburger aus Hannover, gezeugt von aktiven 68ern, aufgewachsen im antiautoritären Kinderladen, Schule geschmissen kurz vorm Abitur, Landkommune gegründet, Blumenzwiebeln verkauft, Schreckensware aus Holland, superbillig. Und als die Mauer umfiel, sagt er, sei er nach Berlin gegangen, mal gucken, was da los ist. Kontakte geknüpft, in die besetzte Mainzer Straße gezogen, und die große Räumungsschlacht miterlebt.

Und wie ist der wilde Westler an diese merkwürdig ver-
knöcherte Partei geraten?
Zielstrebig, sagt er und lacht seinen blauen Blick. Er mag den
Pluralismus der PDS. Fraktionszwang lehnt er ab.
Wie geht er in seiner Partei mit dem Verschweigen der Stasi-
Kontakte um.
Es gibt da schon Leute, sagt er, mit denen ich Schwierigkeiten
habe. Also Gysi zum Beispiel, sagt er. Jeder weiß doch inzwischen,
daß Anwälte Informationen weitergeben mußten. Warum konnte
er nicht sagen: Liebe Leute, wenn ich was tun wollte, mußte ich
mit denen reden.
Mit den Heiligen und Scheinheiligen des Sozialismus geht
Freke Over um, wie wohl niemand in seiner Partei. Honecker darf
nicht mal mehr überm Herd hängen. Von Marx sei er völlig unbeleckt. Nach zwanzig Seiten hat er das »Kapital« zugeklappt. Da
bin ich lieber mit meiner Büchse sprühen gegangen, sagt er. Das
war realer.
Und Lenin?
Hängt im Bad überm Gemeinschaftsklo.

Als ich Christa Luft frage, wovor ihr am meisten graust in der
PDS, sagt sie: Ich möchte keine Namen nennen, aber vor manchen
Autonomen mehr als vor der Kommunistischen Plattform.
Da ist die Bundestagsabgeordnete ein Kind der DDR. Hardliner, selbst Stalinisten, sind für Funktionäre berechenbar. Chaoten
nicht. Weil sie kreativ sind, unheimlich, unordentlich, voll Flausen
und voll Phantasie und nicht genormt. Ein Panik-Faktor.
Dabei entspricht die letzte Wirtschaftsministerin der DDR
gar nicht mal dem Klischee der gemeißelten Sozialistin. Wenigstens nicht zu Hause. Erzählt, daß sie zur Entspannung Beethoven
hört, auch weil es ihre Hochzeitsmusik war.
Erzählt von der Feier am Abend zuvor. Feste mag sie zu
gern. Selbst in Bonn, wo sie in Arbeit ertrinkt, versäumt sie keine
Geburtstagsfeier der Kollegen. Und überhaupt sei sie eine leiden-
schaftliche Tänzerin.

Wie genau die Staatssicherheit solche Vorlieben registrierte, wird ihr bewußt, als sie ihre Akte liest. Christa Hecht – wie sie damals noch heißt – wird 1963 vom MfS unter dem Decknamen »Gisela« geworben. Ein Spion treibe sich in der Hochschule für Ökonomie, wo sie Assistentin war, herum. Man will wissen, was der sucht. Ob sie da nicht helfen will? Natürlich will sie. Es ist zwei Jahre nach dem Mauerbau. Mitten im Kalten Krieg. Also los. Was kann sie tun? Den Spion entlarven.

Sie kann sich noch sehr genau erinnern, wie ihr der vermeintliche Verräter in einer Gaststätte an der Karl-Marx-Allee vorge-

»Vor den Autonomen in der PDS graust mir mehr als vor der Kommunistischen Plattform«, sagt Christa Luft, die gerne tanzt und Feste feiert.

stellt wird. Geistig nicht ganz so doll, sagt sie, aber er tanzte schrecklich gut und lädt sie zum nächsten Treff in die Mokka-Bar. Und das Perverse, sagt sie, war, daß er kein Spion ist, sondern von der Stasi. Man wollte ihre Zuverlässigkeit prüfen, ihre Diskretion nach außen. Und ihre Redseligkeit der Firma gegenüber.

Also sie muß schon sagen, sagt sie, daß man Menschen, die im guten Glauben waren, so hinters Licht führte, also das sei schon als Mißbrauch anzusehen. Dennoch glaubt sie, daß der Staatssicherheitsdienst zur Zeit der Teilung in Ost und West unabdingbar war.

Und was dachte sie, als Schabowski den Mauerfall verkündete? Im Sommer '89, sagt sie, also nicht mal ein halbes Jahr vor der Wende, sei sie mit Schabowski noch in Moskau gewesen. Also wie er da über Gorbatschow geredet habe! Das ginge ja alles den Bach runter! Und dann läßt er sich als Türöffner feiern. Das habe ich eigentlich bis heute nicht verkraftet, sagt sie.

Was? Sie sind Kommunist? Von welcher Sekte sind Sie denn? fragt Graf von Einsiedel, wenn ihm einer sagt, daß er Kommunist sei. Und dann zählt er sie auf, die Sektenführer: Lenin, Trotzki, Stalin, Ulbricht – bei wem sind Sie denn?

Ja, er erkläre sich zum absoluten Gegner der kommunistischen Plattform der PDS. Sahra Wagenknecht, sagt er, so jung und ohne Schicksal. Hat bei ein paar marxistischen Dogmatikern studiert. Einen habe er neulich mal kennengelernt. Du liebe Güte, sagt er, die haben einfach Stroh im Kopf. Keine Ahnung, was tatsächlich in der Sowjetunion passiert ist.

Und da hat er sie denn mal gefragt, ob sie tatsächlich glaubt, was sie so sagt und schreibt. Da hat sie ihn angezischt: Ja natürlich ist Bucharin zu Recht ermordet worden! Also ist ihre Distanzierung zum Stalinismus reines Lippenbekenntnis, sagt er.

Sie sei eben eine Gläubige. Und es sei ja auch sehr verführerisch, sich in ein Glaubenskorsett einzuschnüren und nicht mehr nach rechts und links zu gucken. Also, Malraux habe mal auf einem Parteitag der KPF gefragt: Was wird denn in der kommunistischen Gesellschaft aus einem Menschen, der von der Straßenbahn überfahren wird? Dämliche Frage, denken die Funktionäre. Typisch Intellektueller. Aber Malraux ist Malraux. Man muß ihm antworten. Und sagt: In der kommunistischen Gesellschaft wird niemand überfahren.

In der Vergangenheits-Debatte seiner Partei ist der Graf von Einsiedel dagegen hart auf Ostkurs. Natürlich soll man drüber reden. Aber bitte nicht mit diesem pharisäerhaften: Ich hätte das nie getan.

Also, da kann er sich ärgern. Das sind doch gebrannte Kinder! sagt er. Die haben doch keine andere Gesellschaft gehabt als die ihre. Das ist doch eingesogen mit der Muttermilch. Und natürlich wollte jeder für sich das Beste erreichen. Auch Karriere machen. Und er habe so seine Zweifel, ob das Freiheitsbestreben wirklich das wichtigste Bestreben der Menschen sei. Er glaube viel eher, daß es das Sicherheitsdenken ist. Und das, sagt er, wurde doch in der DDR in hohem Maße befriedigt.

Und da sitzt er, der Graf, der die bräsige SPD satt hatte, austrat und irgendwie noch was bewegen will in der PDS. Sitzt da unterm Urgroßvater Bismarck und den Ahnen derer von Einsiedel, umgeben von Büchern, schönen Ölen, verwitterten Uhren, polierten Möbeln und hält eine gewaltige Philippika – gegen westlichen Hochmut.

Aber ist er selbst nicht 1948 von Ost-Berlin in den Westen gegangen, weil er die Spitzelei nicht mitmachen wollte?
Ja, sagt er, aber unterschrieben habe er doch. Aus Angst. Und schließlich sei er ja als Marxist gegangen, und nicht, um Kapitalist zu werden.

Petra Pau ist nie in die PDS eingetreten. Sie war automatisch drin, weil sie aus der SED nicht ausgetreten ist. Sie saust damals durch die Noch-DDR und löst alle vom Zentralrat der FDJ eingerichteten Pionierorganisationen wieder auf. Fast 4500 Studentinnen sind ihr 1989 unterstellt. Sie ist für deren Ausbildung zuständig. Und dann fällt die Mauer. Aus. Abwickeln. Am Ende sich selbst entlassen.

»Ich fürchte, Sicherheitsdenken geht vor Freiheitsbestreben«, sagt Graf von Einsiedel unter dem Bild seines Urgroßvaters Fürst von Bismarck.

Tja, und da sitzt sie dann in Hellersdorf, wo sie niemanden kennt, weil sie erst im Juni ʼ89 dorthin gezogen war. Nicht freiwillig. Sie lebte am Prenzlauer Berg. Vierter Stock. Drei Außenwände. Das Wasser kam mehr von den Wänden als aus dem Hahn, sagt sie. Da ist sie krank geworden. Schweres Rheuma. Also Plattenbau mit Fernheizung. Die ganze Siedlung noch mitten im Bau.

Und nach der Wende liegt dann alles brach. Kein Spielplatz, keine Kneipen, keine Struktur, nur Dreck und Schlamm, und über-

»Ich habe das MfS nicht in Zweifel gezogen«, sagt Petra Pau. Deshalb weiß sie auch nicht, ob sie Lebenswege verbaut hat.

all kleine Kinder. Und niemand kümmert sich. Nur die PDS. Volkssolidarität, das alte, neue Zauberwort.

Auf diesem Pfeiler steht die PDS bombenfest. Wenn die Miete erhöht wird, die Rente gekürzt, der Arbeitsplatz gekappt – die PDS ist zur Stelle. Hat feste Mitarbeiter, freie Helfer und Beobachter – alle Mann an Deck! Büros eingerichtet, Flugblätter geschrieben, Adressen in Briefkästen geworfen. Kommen Sie zu uns, wir erledigen das für Sie. Wie früher. Ach ja, war das schön. Und der Druck von heute läßt den Überdruck von gestern vergessen.

Petra Pau ist nach der Wende als Lehrerin nicht mehr zu gebrauchen. Obwohl Lehrer in Hellersdorf dringend gebraucht wurden, sagt sie. Es sei eine politische Entscheidung gewesen, natürlich. Heute ist sie eine der Erfolgreichsten in der PDS, verheiratet mit einem Mathematiker von der Humboldt-Universität. Kinder hätte sie gerne. Aber da ist eben diese elende Krankheit. Sie wird sehen.

Was findet die Berliner Landesvorsitzende an ihrer Partei schrecklich?

Also sie möchte mal so sagen: Sie selbst habe die Existenzberechtigung des MfS bis zum Ende der DDR nicht in Zweifel gezogen. Sie sei kein IM gewesen, habe aber beruflich natürlich Kontakte zur Stasi gehabt. Wenn heute aber fast jeder ehemalige IM sagt: Ich habe niemandem geschadet, dann finde sie das nicht in Ordnung. Sie zum Beispiel habe Beurteilungen über Kinder abgegeben, wisse also nicht, ob sie damit auch Lebenswege verbaut habe.

Und nun freut sie sich erst einmal auf den Sommer und ihren Balkon. Was hat sie auf dem kleinen Ding nicht alles angebaut: Wein, Blumen, Erdbeeren, Tomaten, Kräuter, all die Lust- und Mangelwaren der DDR.

Am Tag nach dem Mauerfall ruft ein SPD-Politiker West bei André Brie an, dem Abrüstungspolitiker Ost. Ob sie sich treffen könnten. Und kommt mit einem dicken Paket an und sagt: Ein Angebot für mehrere Milliarden an die DDR. Er möge das bitte an die richtige Stelle weiterleiten. Also, völlig kafkaesk, sagt Brie. Und wie heißt der Mann?

Nein, den Namen werde er nicht nennen. Später vielleicht mal.

Und in der Kaufhalle trifft er kurz nach der Wende Egon Krenz. Hach! ruft der rüber zu ihm, mal selbst einkaufen, was? Ist doch das Schönste.

Und Brie erinnert sich an die Weltfremdheit der Politiker zu DDR-Zeiten. Sein Vater war mal bei Honeckers auf eine Stunde. Anschließend besucht der Diplomat Brie seinen Sohn. Ist völlig niedergeschlagen, sagt: Honecker glaubt, was im *Neuen Deutsch-land* steht.

Trotzdem will Brie in seiner Partei – dessen Geburtshelfer, Anreger, Planer, Organisator und graue Eminenz er ist –, also er will die Kommunistische Plattform nicht missen. Die ist ihm wichtig. Wegen des Pluralismus. Die soll ruhig agieren. Auch, wenn sich die Herrschaften dort eher durch außerordentlich niedriges Niveau auszeichnen. Diskutieren im Elfenbeinturm, sagt er, elend, antiaufklärerisch, dialogfeindlich. Leben im Papier und nicht im Leben.

Brie ist seit zwanzig Jahren geschieden. Aber ich bin nicht gern allein, sagt er. Wenn er zu Hause ist, muß immer irgendwas laufen, Fernsehen oder Radio. Er hört Mozart und Chopin. Seine Töchter wollten ihm die »Toten Hosen« schmackhaft machen, ohne Erfolg. Naja, und er liest natürlich, wann er kann. Lichtenberg, immer wieder auch Tucholskys »Lutetia«, diese ambivalente Bejahung vom Kommunismus. Liest Freud und Thomas Mann und die Erinnerungen von Mandela. Nein, er sei kein Einsiedler. Habe auch wieder eine Frau, über die er aber nicht reden möchte.

Daß die Berichte, die er 19 Jahre lang für die Staatssicherheit geschrieben hat, archiviert worden sind, hätte er nie geglaubt. Hat ihn schwer getroffen. Und doch hat er, wie so viele Entlarvte nach der Aufdeckung, gesagt, er habe doch niemandem geschadet. Dann war er ja wohl ein schlechter IM? frage ich. Das sei doch alles viel komplizierter, sagt er. Er habe sich freiwillig beim MfS gemeldet. Auch, weil er ziemlich verklemmt war. Aber jeder, über den er berichtet hat, durfte weiterhin in den Westen reisen. Also habe er, wenigstens äußerlich, nicht geschadet.

Erinnert er sich daran, daß er bei der nationalen Volksarmee einen Zimmergenossen beobachten soll? Die Staatssicherheit möchte zu gerne wissen, was das für Zettel und Briefe sind, die er da verschließt. Die Stasi-Leute stecken Brie eine kleine Schachtel zu mit einer Knetmasse. Und eines Tages, als der junge NVA-Soldat zum Duschen geht, macht Brie auf der Toilette für's MfS einen Schlüsselabdruck zu dessen Spind.

»Ich habe mich freiwillig bei der Stasi gemeldet«, sagt André Brie.
»Auch, weil ich ziemlich verklemmt war.« Er ist der Generalist seiner
Partei, der Planer und Anreger.

Ja, er erinnere sich. Er habe eben keinen guten Verdrängungs-
mechanismus. Das mit dem Schlüssel, sagt er, sei wohl das Extrem-
ste gewesen.

Und dann spricht Brie – den die, die ihn kennen, für einen
Egomanen halten und glanzvollen Schauspieler mit extrem dramatischen Auftritten –, dann spricht Brie von Tränen und Trauer
und Ekel. Und doch seien die Leute vom MfS klug und gebildet
gewesen, sagt er. Auch selbstkritisch. Und vertraut habe er ihnen.

Hat er seinem Freund Gregor Gysi vor der Aufdeckung von seiner IM-Tätigkeit erzählt?

Ja.

Und was hat der geraten? Immerhin gab es ja den Ukas in seiner Partei, MfS-Kontakte offenzulegen.

Gysi sagte, er würde nichts preisgeben. Ich müsse die Entscheidung selbst treffen. Er sagte aber auch: André, du wirst es nicht ewig deckeln können.

Daß er dann doch bis zur Explosion wartet, lag wohl, wie bei allen kühlen Köpfen, an der Hoffnung, es würde am Ende doch nicht rauskommen. Lag auch an seinem hohen Selbstwertgefühl. In den achtziger Jahren liest Brie Fichtes Antrittsvorlesung an der Jenaer Universität. Darin sagt der Philosoph sinngemäß: Warum soll ich glauben, was andere geschrieben haben? Ich bin so klug wie die. Ich kann selbst zu Erkenntnissen kommen. Das, sagt Brie, sei sein Aha-Erlebnis gewesen.

In dieser Zeit schreibt er Aphorismen: »Wie stark sich doch manch einer für seine Schwächen macht« oder »Die Karrieristen sind unbesiegbar. Sie wechseln rechtzeitig die Front«. Ein scharfes Selbstporträt, diese »Brieoritäten«, wie er sie nennt. Der König muß die Gesetze, die er macht, nicht befolgen.

Im Computer ein Liebesbrief, überm Schreibtisch ein Bild von Walter Ulbricht, und die Bücherbretter biegen sich unter Lenin, Hegel, Tolstoi und Goethe.

Kein Dichter, sagt Sahra Wagenknecht, hat mich so geprägt wie Goethe. Als sie »Faust« liest, geht eine Welt vor ihr auf. In einem Jahr verschlingt sie fast alles, was der Olympier geschrieben hat, lernt sogar »Faust« I und II auswendig. Ich wollte das gigantische Werk immer um mich haben, sagt sie.

Und wenn sie abends ins Bett geht, sieht sie dann fern?

Nein, sagt sie.

Kein Film und kein Krimi?

Die Zeit sei ihr zu schade, sie liest lieber.

Marx?

»Ich bin zuversichtlich«, sagt Sahra Wagenknecht, »daß ich nicht bis zum Ende meiner Tage in dieser kapitalistischen Kälte leben muß.« An den Wänden ihrer Wohnung hängen Wolfgang von Goethe und Walter Ulbricht.

Nein. Weder Marx noch Hegel. Also Hegel im Bett! Das verbiete sich als Abendlektüre. Abends liest sie Shakespeare.

Könnte sie mit jemandem befreundet sein, der in einer anderen Partei ist?

Also mein Freund, sagt sie, ist nicht in der PDS.

Versucht sie, ihn zu bekehren?

Ach nein, sagt sie, das darf man nun auch nicht.

Kommt er aus dem Osten?

Aus dem Westen, sagt sie. Aber das sei ihr nun wirklich zu privat. Im Frühling 1997 wird sie jenen Freund, einen liberalen Unternehmer, in Weimar heiraten.

Sie spricht lieber über den furchtbaren Rechtsdrang in Deutschland. Diese ganze Gesellschaft sei ihr wirklich unerträglich. Und sie sei zuversichtlich, daß sie nicht bis zum Ende ihrer Tage in dieser kapitalistischen Kälte leben muß.

Dabei ist es so schön warm bei ihr und gemütlich, es gibt Früchtetee, und sie sitzt da unter ihrem Goethebild, selbst ein Bild, ein Porzellanpüppchen, sinnlich, selten lächelnd.

Wir reden über den Untergang der DDR, über verpaßte Chancen, über die 68er, über Prag. Und da sagt sie, Prag sei die Aufweichung des Sozialismus gewesen.

Wie bitte?

Aber ja. Es sei doch sehr auffällig gewesen, wie Westpolitiker den »Frühling« damals begrüßt hätten.

Will sie damit sagen, daß alle bei Dubček nur auf den Untergang des Kommunismus gelauert hätten?

Ja selbstverständlich, sagt sie.

Dann galt dieser Untergangswunsch wohl auch für die DDR?

Natürlich, der Westen wollte uns wegkriegen.

Aber zur Zeit der Annäherung, sage ich, ging es doch um Entspannung und menschliche Erleichterungen.

Nein, sagt sie, Politiker scheren sich einen Dreck um Menschen und Erleichterungen. Das war nur der Hebel, um zu uns reinzukommen.

Und um das zu verhindern, war dann wohl die Stasi da als notwendiges Übel?

Ja, sagt sie. Übel auch. Und auch notwendig. Wir mußten uns verteidigen.

Stimmt es, daß sie gegen den PDS-Beschluß war, Stasi-Kontakte zuzugeben?

Ja, weil die Gesellschaft den stigmatisiert, der etwas zugibt.

Natürlich habe es Leute beim MfS gegeben, die höchst unerfreuliche Dinge getan haben, sagt Sahra Wagenknecht in ihrer manischen Leidenschaft für abstrakte Denkmodelle, wo jedes persönliche Schicksal als störend empfunden wird. Einer, der normal in diesem Ministerium gearbeitet habe, sagt sie, sei ein Teil der Gesellschaft gewesen. Der DDR. Wie jeder Funktionär und jeder andere, der diese Gesellschaft wollte. Und ich wollte sie, sagt Sahra Wagenknecht. Und deshalb haftet diesen Menschen auch nichts Negatives an. Im Gegenteil. Die Stasi, sagt sie, hatte einen legitimen Auftrag in der DDR.

Wer schmeißt nun diesen ganzen Gemischtwarenladen PDS? Hanno Harnisch, der Pressesprecher. Keß und kühn und klaut auch schon mal weinselig einen Trabi von der Straße weg. Und immer vergnügt, immer guter Laune, immer am Handy, meist mit offenem Hemd, im Winter mit Lederstrumpf-Mütze. Und seine Mutter, eine Schauspielerin, hat ihn nach Hanno in den »Buddenbrocks« genannt. Aber ich bin wohl eher Christian geworden, sagt er. Und sitzt da, wie ein Pirat nach großem Fang, in der hohen, verstuckten, schönen alten Wohnung Chausseestrasse 131, in der Wolf Biermann bis zu dessen Rausschmiß 1976 gelebt hat.

In der SED war Harnisch nicht. Aber in die DDR hat er sich glühend hineingeschmissen. Mit FDJ und Philosophiestudium in Rostov am Don, hat geheiratet, zwei Kinder gekriegt, sich getrennt, wieder zusammengezogen, wieder auseinandergegangen, dazwischen kommt ein Kind von einer anderen, von der jetzigen Gefährtin hat er seine erste Tochter. Die Kinder sind alle in der Charité geboren. Und er immer dabei. Und irgendwann, sagte er, haben die Schwestern dann doch etwas komisch geguckt, weil er

»Ich habe mich glühend in die DDR hineingeschmissen«, sagt Presse-sprecher Hanno Harnisch, der in der alten Wohnung von Wolf Biermann lebt. Daß er sich auch der Staatssicherheit an den Hals geschmissen hat, verschweigt er bis zur Aufdeckung.

da in unregelmäßigen Abständen regelmäßig mit anderen Frauen ankam.

Gleich nach der Wende macht Harnisch Wahlkampf für die PDS, moderiert locker vom Hocker einen Frühschoppen mit Gysi. Die Genossen jubeln. Und Lothar Bisky sagt:
Ich brauche einen Pressesprecher. Mach du das!
Bist du verrückt, sagt Harnisch. Ich bin doch gar nicht in der Partei.
Macht nichts, sagt Bisky. Vielleicht bist du deshalb so gut.

Und so führt er nun Medienregie, der Satyr, der Baal der PDS, der inzwischen in den wilden Haufen eingetreten ist. Und wenn Gerhard Zwerenz, der PDS-Trommler aus dem Westen, Gysi zum Dreyfuß stilisiert und den Bürgerrechtlern nach unvergessener DDR-Manier signalisiert: Wir merken uns, was ihr sagt, denn die nächste Wende kommt bestimmt! dann hält Harnisch das für etwas ungehobelt, aber sprachlich auf gutem Niveau.

Hanno Harnisch ist der Barmixer der PDS. Sein Cocktail – ein Gebräu aus Utopisten, Stalinisten, Opfern, Verrätern, Intellektuellen, Spontis, Spießern, Kommunisten, Krakeelern, Wendehälsen, Nostalgikern und ewigen Rechthabern.

Die Partei – eine Rentnerband, der Vorstand – ein Jugendclub. Brie bekam mal einen aufschlußreichen Brief: Wir verstehen nicht, was ihr da oben redet. Sahra Wagenknecht und Michael Benjamin verstehen wir. Euch nicht. Also müßt ihr recht haben. Denn die anderen haben ja Unrecht. Sprachverwirrung. Die PDS – beim Turmbau zu Babel.

Ein Jahr später, im Januar '97, wird Hanno Harnisch als IM »Egon« enttarnt. Am Vormittag dementiert er noch, am Nachmittag plaudert er dann locker vom Hocker über seine Stasi-Mitarbeit, die immerhin von '76 bis '89 gedauert hat. Die Gespräche mit dem Führungsoffizier seien für ihn so etwas wie ein intellektueller Meinungsaustausch gewesen. Heute sehe er seine Spitzeldienste mit einem Gemisch aus Überzeugung, Trotz und Scham. Aber er habe natürlich immer versucht, seine Freunde zu behüten. Und wie fast alle IM's, sagt auch Harnisch den klassischen Satz: Geschadet habe ich niemandem.

»Ich laß mich doch so gern verbraten«

Kultszenen aus der Hauptstadt

Da sitzen sie wieder auf der Treppe: rote Haare, grüne Haare, keine Haare, Glastränen auf der Lippe, Ringe in der Nase, Tattoos auf der Glatze. Sie sitzen auf der Treppe zur Volksbühne und warten auf ihren Verführer Christoph Schlingensief. Wollen seine Rocky-Horror-Dutschke-Show sehen. Sie kennen das Stück. Es ist ihr Stück. Das Kultstück der Saison.

Einer brüllt: Jetzt! Und da fällt auch schon der Schuß. Dutschke fliegt um. Aber das ist gar nicht Dutschke. Das ist Sophie Rois. Dutschke radelt grinsend als Schlingensief verkleidet weiter um den Rosa-Luxemburg-Platz.

Als alle gut gebrüllt haben, gelacht und gequatscht, zieht die Gemeinde in den hoch-häßlichen Tempel ein zu den dramatischen Box-Klängen vom Einzug Henry Maskes in den Ring.

Und nun? Kommt der Kult. Und Kult ist alles in Berlin, was anders ist und off. Hier ist es: Drei Stunden Komik und Klamauk und nackte Hintern in grauer Grütze, kerzenfressende Selbstbefriediger, wildgewordene 68er, die wie blöde ins Publikum fegen, es beschimpfen, beleidigen, und wer Pech hat, dem klatscht einer Nivea ins Gesicht.

Und mitten im Spektakel die schräge Sophie Rois, der Star des Hauses, die fast alle großen Rollen spielt, die Rosa Luxemburg, die Brunhild, und nun den Dutschke oder dessen Witwe oder Ulrike Meinhof oder wen oder was, ist ja auch wurscht.

Hast du das Stück verstanden, fragt ein Mädchen am Ende ratlos ihren Freund. Nee, sagt der, aber war doch schön, was?

Am Morgen stakst sie in die Kantine. Voll in der Rolle Sophie Rois. Juchzt ein heiseres Signal in die Luft, tschuldigung, aber der Bus. Naja, wie das so ist im Bauloch Berlin.

Sie hat frische Croissants mitgebracht, gefüllt mit Marzipan, mit Kokos und mit Apfel. Probiert mal, haucht sie und tunkt ihr Hörnchen tief in den Kaffee.

Nein wirklich, sie haßt es, wenn Schauspieler die Zuschauer zum Mitspielen animieren. Und das mit der Nivea, also grääääßlich! sagt sie im hohen C. Aber was soll man machen? Klar, die Gefahr der Verblödung liegt nah. Die schlägt vom Parkett auf die Bühne zurück.

Warum läßt sie sich denn in dem blöden Stück verbraten?

»Hier in Ostberlin«, sagt Sophie Rois, Star der Volksbühne, »da kocht das Leben, da blüht das Unkraut.«

Ich laß mich doch so gern verbraten, sagt sie mit jubelndem Blick. Und ich mag den Schlingensief nun mal. Ein solches Talent sei der, eine solche Begabung. Und überhaupt die 70er. Die letzten Jahre, wo man sich noch Gedanken über die Gesellschaft gemacht habe. Heute sei doch jeder nur noch damit beschäftigt, seinen eigenen Arsch zu retten, sagt sie.

Und so werde eben jeder nachlässig. Weil er versaut ist. Auch bei uns. Der Inspizient, die Garderobiere. Alle haben doch alles schon gesehen, sagt sie. Da kann doch nichts mehr aus der Bahn werfen. Da regt doch kein Schock mehr auf. Das ist wie Krieg. Und man gewöhnt sich an ihn. Und dann geht man kaputt.

Aber es ist eben auch wieder das Kaputte, was ihr an Berlin so gefällt, dieses gräuslich Häßliche. Seit zehn Jahren wohnt sie hier, die Österreicherin aus Linz. Hat gekellnert, hat putzen wollen. Ja sicher, sagt sie. Aber wer sie sah, dachte: die putzt doch nicht. Da hat sie eben ein paar Wochen Telefonsex gemacht. Lief bei ihr unter Seelsorge.

Also dieses Wilde der Stadt, das liebe sie. Wenn sie Berlin mit Wien vergleicht, du liebe Güte! Wie bürgerlich. In Berlin dagegen, sagt sie, hat der Krieg einfach alles weggebombt. Hier gibt es noch unbesetztes Territorium. Im Osten vor allem. Da kocht das Leben, sagt sie. Da wuchert es aus allen Ecken und Winkeln und Kellern. Da blüht das Unkraut. Dagegen sei Westberlin wie Eduscho-Land. So liiiieeblich! Wie Würmer recken sich die Wörter aus ihren Sätzen, die sie rauswürgt, fast erbricht mit ihrer brüchigen Stimme.

Und dann die sozialistische Architektur. Diese böse Utopie fürs Schöner Leben mit Fernheizung und pipapo. Und dagegen die alten Häuser vom Prenzlauer Berg, zerfallen, zerbröckelt, verschimmelt, wo die Bäume noch vor kurzem aus den Dächern wuchsen. Ja, sie will umziehen, hier will sie her. Die denken ja auch ganz anders, die Ostler, sagt sie, also Frank Castorf und sein Trupp. So super. Die denken doch viel origineller. Viel angstloser. Viel radikaler. Ich empfinde das als eine Osttugend, sagt sie schwärmerisch und stakst mit uns – zum Fotografieren – die

Wendeltreppe hoch aufs Dach der Volksbühne. Und da stößt sie einen heiseren Lustschrei aus – das Mädchen Sophie Liane, 40 Meter über dem Urwald Berlin.

Christoph Schlingensief aus Mühlheim an der Ruhr treibt nach der Vorstellung seine Fans zusammen. Allemann mal herhören! brüllt er ins Parkett. Also alle, die mit zum »Prater« wollen, hierher zu mir, sagt er. Bei ihm kriegen sie Uniform: Zeitungshütchen und west-östliche Winkelemente. Mir nach, ruft der Fänger ins Publikum. Wir fahren jetzt schwarz mit der S-Bahn. Jubel und ab.

Der »Prater« war zu Ostzeiten Ausflugslokal für Proletarier. Heute ist er Jahrmarkt für Kleinkünstler. Im großen Saal sind alle Plätze belegt. Ein Toter wird seziert. Bleiche Damen wandern umher und erklären das ewig Endliche. Vorne wird ins Fleisch geschnitten zum üblichen Dialog:

Wie geht's zu Haus?

Danke.

Skalpell.

Als das Brustbein aufgeknackt wird, sieht man an der Schwarte, daß ein Schwein unterm grünen Laken liegt.

Es ist noch früh in der Nacht, als Schlingensief mit seinen Claqueuren in den »Prater« einzieht und sein surreales Politstück verzapft: »Tötet Helmut Kohl«. Eine Kohlpuppe steht am Pranger. Schlingensief spielt den Ankläger.

Kohl ist Schuld an der Einheit. Strafe?

Augen ausstechen. Klar.

Die Claqueure stechen.

Kohl ist Schuld an der Ostmisere. Sack abschneiden .

Man schneidet. Und nochmals schuldig – Kopf abschlagen.

Das Publikum ist betreten. Und die Jubler vom Dienst ballern ihre letzten Patronen in den Wind.

Zwei Tage drauf hat er den Salat. Das Zentralorgan für deutsche Stammtische, *Bild*, und die Alternative im Überlebenskampf, *taz*, und alles, was rechter oder linker denkt, greift in die Harfe:

Subventionsstopp. Zensur. Gar nicht drüber reden. Und ein Berliner Hinterbänkler der CDU ruft nach dem Kadi.

Im Keller gegenüber sitzt die Tellermiene in der Tonne und fiept. Sie fiept drei Minuten Schneck-Schnack zu atonalem Getön – bis sie versunken ist.

Ich klopfe an die Tonne. Wer da? fragt sie und lacht. Keiner lacht wie die Tellermiene. Sie lacht aus dem Stand heraus. Lacht ohne Vorwarnung die Tonleiter hoch. Absolut ansteckend. Palma Kunkels Tellermiene heißt Annika Krump. Sie lebt im Zille-Milljö von Berlin Mitte. Zwei Zimmerchen, Küche und das Klo auf dem Treppenabsatz – für drei oder vier Parteien.

Auf dem Schrank alte Schifferklaviere, alte Hüte, alte Puppen. An den Wänden neue Fotos der Chantöse und Diseuse. Auf dem Schreibtisch »Palma Kunkel« von Christian Morgenstern, 1921, erschienen bei Bruno Cassirer. »Das Tellerhafte naht heran auf sieben Gänsefüßen ...«

Im Herbst '89 studiert sie noch brav Malerei in Clermont-Ferrand. Da fällt die Mauer in Berlin. Und ich in Frankreich, sagt sie, in einer Dachstube über der Altstadt. So schön. Und soweit weg vom Leben.

Sie muß nach Berlin! In einer Stadt, die aufbricht, ist alles möglich. Also studiert sie Literatur an der FU, schreibt über den Komponisten Hanns Eisler, lernt Castorf kennen, klar kann sie an die Volksbühne kommen. Und so arbeitet sie mit ihm und Kresnik und Marthaler. Und sie singt. Erst so für sich, dann mit Piano, Veronika, der Lenz ist da. 1993 ist das. Palma Kunkel ist geboren.

Zu ihren Auftritten fährt sie mit dem Fahrrad. Da hat sie ihr langes Haar schon zur Tellermiene hochgeknüpft. Die Berliner kennen sie. Im Osten mehr als im Westen. Sie singt in Kellern und im Kabarett, im Varieté »Chamäleon« für hundert Mark am Abend, auf der »Schaustelle« Berlin den ganzen Sommer lang für fünfzig Mark pro Auftritt. Sie singt, seufzt, kreischt und schmettert ihren Hang ins Ordinäre von Ringelnatz bis Hollaender – schräg und schrill.

»Das Tellerhafte naht heran auf sieben Gänsefüßen«, heißt es bei
Christian Morgenstern. Das entzückte Annika Krump, und sie nannte
sich »Die Tellermiene«.

Wir laufen durch die Szene, die Oranienburger, durch Berlin Mitte. Wenn's am Tag warm war, ist nachts der Teufel los. Sänger, Säufer, Geiger, Schnorrer, Huren, Feuerschlucker, Penner, Touristen – die Gesellschaft nachts um halb eins. Und aus den Hackeschen Höfen – die wunderschön in die 20er Jahre zurückrenoviert sind – quellen die Schlaflosen zwischen Ladenschluß und Straßenkehrern.

Und einer steht da, der aussieht wie ein Krieger aus der Südsee. Langes Rasta-Haar, Schmuck in Mund und Nase und auf der Haut die schönsten Tattoos. Die macht ihm seine Freundin Yvonne Ziegler. Er selbst, Mario Brendel, sticht seit sechs Jahren Schmuck in die Haut.

Sie sind die Könner aus dem wilden Niemandsland Berlin. Ihr Laden in der Alten Schönhauser heißt »Blut und Eisen«. Nein, kein Rechter würde sich dahin verlaufen für ein Hakenkreuz-Tattoo. Mario ist ewig schon ein Punk. Und ewig hatte er Ärger in der DDR. Ein Punk war dort immer ein Rowdie. Und als der Linke sich in Potsdam mit einem Rechten prügelt, also der Punk mit dem Skinhead, kommt er für drei Monate ins Gefängnis. 1985 ist das. Man prügelt sich eben nicht. Auch nicht mit Rechten. Rechte gibt es ja auch gar nicht. Im Westen schon. Aber nicht in der DDR. Das solle er sich merken!

Im Knast läßt er sich tätowieren. Es war wohl die Faszination an der Brandmarkung, sagt er, als er sich aufs linke Schulterblatt die Bourbonenlilie stechen läßt. Das war im Mittelalter das Zeichen für Verurteilte, sagt er.

Tätowieren ist verboten in der DDR. Auch im Knast. Die Knastlilie hat ihm ein netter Verbrecher ins Fleisch gestochen. Der verrührt den Ruß einer verbrannten Schuhsohle mit Wasser und dem Saft von Marmelade.

Vielleicht wird die Lilie eines Tages den Tattoos weichen müssen, die ihm seine Freundin Yvonne in die Haut sticht. Mario ist mein Übungsfeld, sagt sie. Seit zwei Jahren. Er ist noch nicht mal halbfertig. Ein paar Linien am Körper zeigen, wie's weitergeht. Sieht aus wie ein Schnittmuster.

»Im DDR-Knast habe ich mir die Bourbonenlilie auf die Schulter tätowieren lassen«, sagt Mario Brendel. Heute sind seine Freundin Yvonne
und er rund 40 000 Mark wert.

Wo zeigen sie sich so?

Auf Festen. Halbnackt. Auf Fetisch-Partys gehen sie nicht mehr. Das waren richtige schwarze Messen, sagt Mario Brendel. Sodom und Gomorrha war das. Jeder triebs mit jedem. Brutal und aggressiv. Eine Entheiligung, sagt er. Man war gefangen.

Und das war er ja lange genug in der DDR. Als er damals aus dem Knast kommt, stellt er einen Ausreiseantrag. Er will weg. Es gab doch nur Terror, sagt er. Weil er sich nicht fügen will. Weil er die politische Erziehung ablehnt. Weil er selbst entscheiden will. Er für sich. Nicht der Staat für ihn. Er protestiert. Läßt die Haare wild wachsen, durchsticht sich die Ohren, die Nasenflügel, knallt sich mit Ringen zu. Die sollen sehen, daß er anders ist.

Als er kurz vor dem Fall der Mauer raus darf, fährt er für einen Monat nach Portugal – um das Salzwasser im Atlantik riechen zu können.

Die Kunstwerke, die Yvonne ihren Kunden in die Haut sticht, hält sie in Fotos fest. Gesichter tätowiert sie nicht. Hände auch nicht. Hälse gern. Hälse sind schöne Stellen, sagt sie. Und zeigt Fotos von Hälsen, Beinen, Bäuchen. Und dies, sagt sie, habe ich einem Priester gemacht. Der wollte diese schönen Ornamente gleich über seinem Geschlecht haben. Hier, Alpha und Omega, sagt sie, die Symbole für Männlich und Weiblich.

Für Mario sind Tattoos die große Freiheit oder die Rettung des Lebens: Als er vier ist, schwimmt seine Großmutter mit ihm auf dem Buckel ins tiefe Wasser hinaus. Da bekommt sie einen Krampf, sagt er, und ich konnte nicht schwimmen, und wir sind am Ertrinken. Da springen ein paar stark tätowierte Knastbrüder, die immer abseits am Strand hockten und vor denen sich jeder nur so gruselte, da springen die also ins Wasser und retten ihn und die Großmutter.

Die Tattoos und die Piercings sind für Mario und Yvonne Kleider fürs Leben. Und je mehr Tattoos sie haben, je weniger kaufen sie sich zum Anziehen.

Wie teuer sind die beiden so, wie sie dastehen?

Yvonne 15 000, sagt Mario. Ich 20 000.

Ach wo, sagt sie, du bist teurer. Und fängt an, Hals, Arm, Lende, Bein zusammenzuzählen.

Also gut, sagt er. Wir sind wohl so 40 000 Mark wert.

Sie steht am Karl-Albrecht-Bunker unter der Straßenlaterne und wartet auf uns in Strumpfhose, Corsage, Glatze und Laufmasche quer überm Po.

Vorstellung noch nicht angefangen?

Erst vier Leute da, sagt Bridge Markland mit nölig-klirrender Schärfe.

Mit uns sind es sechs. Und mehr kommen auch nicht. Also schlendern wir mal rein in die Höhle mit Sarg und Kerzen und Gittern in Düsternis. Der Bunker, gleich neben dem Deutschen Theater, ist ein Stück backstage und off-off von Berlin.

Vor ihren Gedichten hatte sie uns gewarnt. Alles selbstgeschrieben, klar. Und sie breche alle Tabus. Also machen wir uns auf was gefaßt und hören – gefuckte Langeweile: I fuck you, you fuck me... und rotzende Katzen kotzen, wenn Votzen motzen. Also, die zweite fuck-Version, sagt sie mit ihrer aggressiv prononcierten Aussprache, sei noch ein bißchen ekliger.

Vergessen wir ihre Texte, ihren Vortrag, wirklich nicht doll. Doll ist sie am nächsten Abend im »Chamäleon«. Eine echte Kunstfigur. Stumm und schön. Ein Weib, das sich entkleidet. Steht halbnackt da. Weiß und zart zu zärtlicher Musik. Aber dann reißt sie sich die roten Haare vom Kopf, springt ins Publikum mit blanker Glatze, greift an mit ausgestreckter Zunge. Da kreischen ein paar Frauen, als hätten sie Mäuse unterm Rock.

In Kreuzberg besuchen wir sie im Hinterhof, trinken Wasser und Kräutertee. Ich lebe total drogenfrei, sagt sie. Kein Kaffee, kein Tee, kein Zucker, keine Zigarette. Sie könne jede Droge in ihrem Körper selbst erzeugen. Wenn ich tanze, sagt sie, werd' ich high. Und wenn sie Techno hört, sieht sie Farben und lacht und kann nicht mehr aufhören und ist im Rausch, mal auf Heroin, mal auf LSD, sagt sie. Und manchmal glaubt sie, ihr platze der Kopf.

Daß sie am liebsten Männerrollen spielt, hat einen Grund: Als

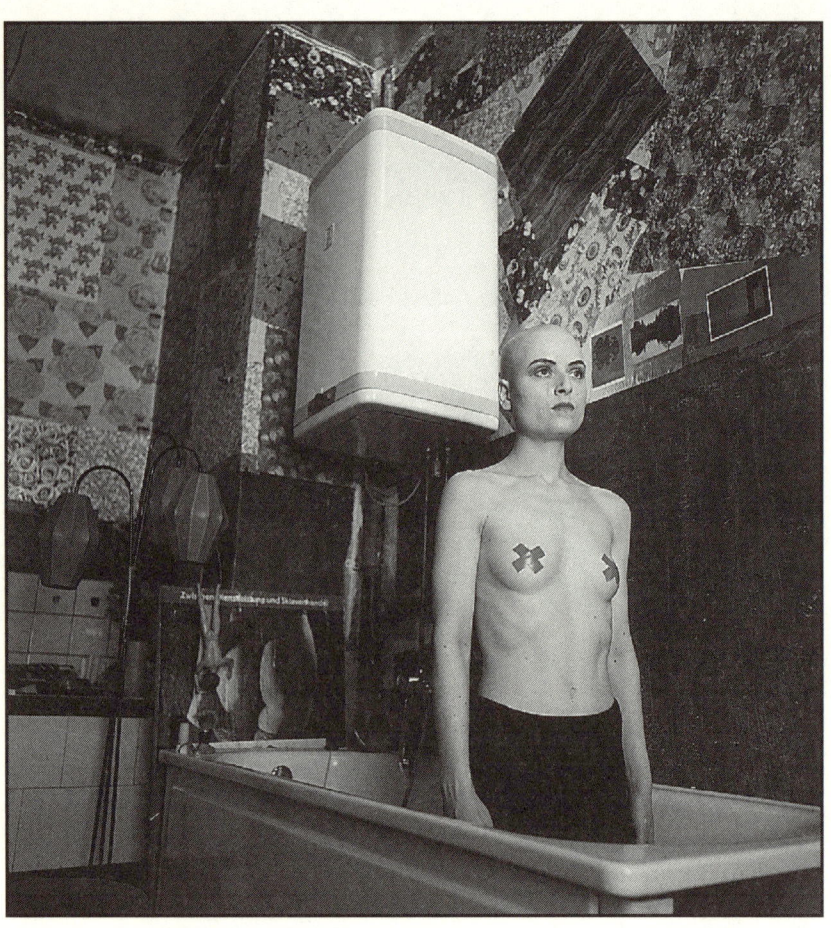

»Ich lebe total drogenfrei. Kein Tee, kein Zucker, keine Zigarette«, sagt Bridge Markland, die Kleinkunst-Kahle aus Kreuzberg. Sie schockt ihre Zuschauer mit schrillen Szenen zu verklebten Brüsten.

sie 17 ist, hört der Vater auf, mit ihr zu reden. Aus heiterem Himmel. Einfach so, sagt sie. Da sei bei ihr dieses extreme »Hallo! Hier bin ich« entstanden, dieses »Ich muß auffallen! Um jeden Preis auffallen!« Wenn ich also Männer spiele, sagt sie, mach' ich mir meinen eigenen Vater.

Vor sechs Jahren hat sie sich den Kopf rasiert. Naß. Mit Klinge und Schaum. Aber der Kopf hat sich noch immer nicht ans Kahle gewöhnt. Entweder ist es zu kalt oder zu heiß. Also verpackt sie ihn. Häkelt enge, strenge Mützen in rot, orange und bunt. Und wenn sie mal eine ihrer zwanzig Perücken trägt, pfeifen ihr die Männer nach. Und wenn sie mit Glatze geht, werden die Herrschaften bös. Die glauben, sagt sie, ich wolle mich verweigern.

Will sie gar nicht. Sie habe sogar mehr Männer in ihrem Leben besessen als Frauen. Ick bin bisexuell, um det mal so zu sagen, sagt sie klirrend.

Frank Schäfer ist Friseur und homosexuell. Das muß er nicht mehr sagen, das weiß jedes Kind in Berlin Mitte. Er hat Prince bei seiner Deutschland-Tournee frisiert. '92 war das. Und '94 wollte der ihn dann wiederhaben. Dabei kann icke ja nich doll englisch, sagt er. Und Prince roch ganz süß, also nach ganz süßem Parfüm. Sowas hab' ick noch nie erlebt. Also, war schon doll, sagt Schäfer. Und Wim Wenders hat er unter den Fingern gehabt und Rosa von Praunheim und Lotti Huber und die Künecke. Na ja.

In der Schwulenszene der DDR war Frank Schäfer verpönt. Die fanden mich schrecklich, sagt er. Die liefen doch nur im Anzug rum mit Schlips und Kragen. Bloß nich uffallen! Also diese ewige Angst.

Er fiel natürlich auf. Mit viel Schmuck und Schminke. Und es war doch schon Wahnsinn, sagt er, wenn man einen Ohrring trug. Und icke noch mit drei Straßbroschen. Also det war schon jewagt.

Er wird auch immer wieder von Volkspolizisten in Hausflure gezerrt. Wird einmal auf der Wache von einem Vopo vergewaltigt. War eklig, sagt er. Klar. Aber es gab ja noch kein Aids. Und der tat mir auch irgendwie leid. Aber mir tat er auch weh, sagt Schäfer und denkt damals: Halt den Mund. Plombieren tut ooch weh.

Und weil er nur die DDR kennt, glaubt er, das sei überall so in der Welt. So gehe man eben mit bunten Vögeln um.

Einmal klopfen die um sieben Uhr früh an seine Tür. Aufmachen! Saubude hier! Los, kommen se mal mit. Er mit auf die Wache und eingesperrt. Nach Stunden kommt einer und sagt: Als Friseur kennen Sie doch viele Leute.

Der war von der Stasi, sagt Schäfer, der wollte mich werben. Und icke denk: Bloß nich den Märtyrer spielen. Du läßt dir hier nicht die Zähne einschlagen. Wer kriegt denn schon Jacketkronen in der DDR.

Und dann fällt ihm ein: Du stotterst ja. Und sagt denen: Rumhören? Ja sicher, würd' ich gern machen für euch. Ich kenn' nur niemanden. Ich stotter doch. Lebe ja auch allein. Aber, sagt er kess, wenn Sie mir Leute zuführen könnten, dann würd' ich endlich mal jemanden kennenlernen. Also det wär doll.

Er wird entlassen. Und erzählt vorsichtshalber allen Freunden: Stellt euch vor, ick soll für die Stasi arbeiten, ick als Stotterer! Das reicht. Der Mann ist ja unzuverlässig. Die Herren der Firma haben sich nie mehr gemeldet.

Wie sieht die typische Ostfrisur aus?

Gelb und lang mit Dauerwelle. Also schrecklich, sagt Schäfer. Dabei sieht doch jede Frau irgendwie schön aus. Da glaub' ick dran. Die meisten hätten nur den falschen Mann. Der nervt und sagt: Bleib mal so. Ick will det nicht anders. Is ja ooch billiger, sagt Schäfer.

Also am liebsten ist ihm die Frau, die reinkommt und ein bißchen die falsche Frisur hat, also die Bankkauffrau oder die Verkäuferin. Und der sag ich dann: Machen Sie mal so. Dann sehen Sie jünger aus. Und hübscher. Und dann fang' ich an, und sie erzählt ein bißchen aus ihrem Leben, und dann hört sie sich mein Leben an. Also Stotterer, sagt er, det weeß ick ja nu aus Erfahrung, Stotterer quatschen ja ununterbrochen.

»Halt! Das ist meine Motte«

Ibrahim Böhme verläßt seine Wohnung nicht mehr

Wir stehen vor seiner Tür mit Broiler und Mimosen und klingeln ein paarmal lang und ein paarmal kurz. Er hat es ja gern, dieses komische Klingeln nach den Regeln der Konspiration.

Ja, wer ist denn da? brüllt es schnarrend aus seiner Höhle.

Also noch mal lang, kurz, kurz, lang. Schließlich habe ich Ute Mahler und mich angemeldet für den heutigen Spätnachmittag.

Wann werden Sie dasein? hatte er gefragt.

Ich glaube, so gegen 17 Uhr.

Glauben Sie oder wissen Sie?

Er haßt alles Vage. Also 17 Uhr. Und er hätte Appetit auf einen Broiler. Und bitte einen Moskovskaya dazu. Und sagen Sie Ute, daß ich mich freue.

Ute Mahler hat Ibrahim Böhme in seinem kurzen Glanz nach der Wende fotografiert:

Am Prenzlauer Berg, im SDP-Büro, in seiner Eckkneipe, im Hotel Seehof, wo er wegen Bombendrohung bis zu den Volkskammerwahlen wohnt. Und in Moskau ist sie dabei, in Leipzig, in Dresden. Da sind sie dem Presseschwarm und Wahlkampfhelfern ausgebüxt, haben einen Spaziergang gemacht, er hat ihre Fototasche getragen, klar, war ja immer der Galante, Charmante, küßdie-Hand-Madame. Und sie muß ihn einhaken. Auch das hat er gern. Und damit ist sie als Fotografin total lahmgelegt. Ist ihm egal.

Moment! ruft er. Ich komme ja schon.

Aber er kommt noch lange nicht. Irgendwas schiebt und scharrt auf dem Flur. Und dann hören wir ein leises, zorniges: Zapata! Zapata! als wollte er sich in Takt bringen.

Augenblick noch! ruft er wieder.

Wat macht der da bloß? fragt Ute Mahler.

Schleift sich zur Tür, sage ich.

Dann dreht sich der Schlüssel von innen um, und da steht er: Ibrahim Böhme, 51, mit langem Bart und Schlafanzug, sehr dünn, sehr elend, ein bißchen wie Jesus aus Oberammergau.

Kommt rein, sagt er erschöpft und dreht sich vor uns auf Filzpantoffeln langsam ins Zimmer zurück.

Ibrahim? fragt Ute Mahler. Kannst du nicht mehr gehen?

Nein.

Und wie lange dauert det, bis du dich ins Ziel jedreht hast?

Halt die Klappe, sagt er und fragt: Wie lange haben wir uns nicht gesehen?

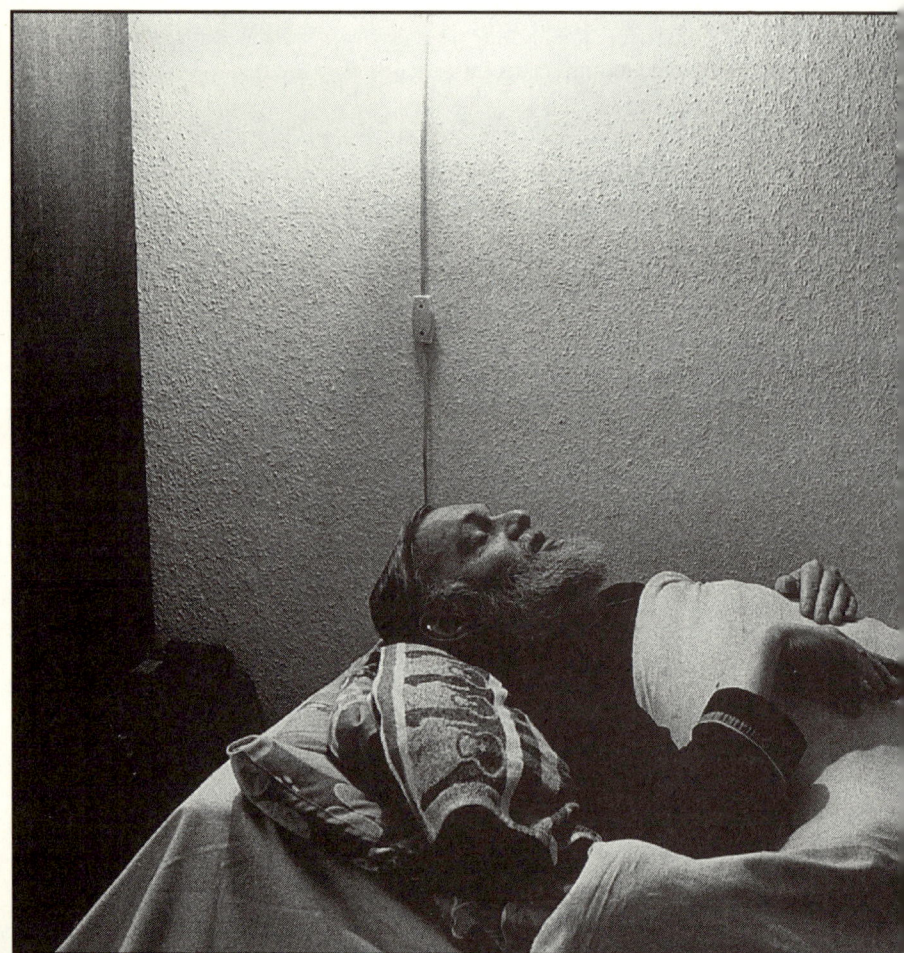

Ein Jahr, sagt sie.

Entschuldige, sagt er, aber ich muß mich wieder legen.

Wat haste denn?

Alles, sagt er.

Wir gehen in die Küche und lachen uns ein bißchen den Schrecken weg. Dann suchen wir Gläser und Teller, verteilen die halben Broiler, nehmen Wodka und Wasser mit und decken am Bett auf. So, sagt Ute Mahler. Und fürs Mimöschen ein paar Mimosen. Und stellt die Vase auf den Tisch.

Da wechselt Herr Böhme mal wieder die Rolle, steht fast vergnügt auf, zieht einen Bademantel an, dreht sich schon etwas flotter in die Küche, holt Zigaretten, setzt sich und hält uns einen Vortrag, warum Mimosen wie Mimosen reagieren und nicht anders. Dann seziert er seinen Grillhahn – Knöchelchen für Knöchelchen.

Wozu hast du die Kamera dabei?

Ick bin doch deine Leibfotografin, sagt Ute Mahler. Sowas hört er gern. Und sagt: Na gut. Nachher.

Ibrahim Böhme verläßt seine Wohnung seit Jahren schon

»Ihr habt ja alle keine Ahnung im Westen«, sagt Ibrahim Böhme, der SPD-Paradiesvogel der Wende. 1990 kam sein Stasi-Leben ans Licht. Seither verläßt er die Wohnung nicht mehr, ist krank und depressiv.

nicht mehr. Eigentlich liegt er nur noch auf der Schlafcouch. Mal ist er krank, mal voller Depression, mal trinkt er, mal starrt er vor sich hin, hört nicht mehr zu, redet wenig, sieht fern, ohne ins Bild zu gucken. Er hört fern.

Einmal besuche ich ihn, als am Abend im ORB die Live-Sendung mit Lutz Bertram läuft: Befragung zu seiner Stasi-Vergangenheit.

Können wir uns das ansehen?

Warum interessiert Sie das? fragt er.

Na, Sie haben mich doch auch interessiert. Und ich möchte wissen, wie Bertram damit umgeht.

Als der anfängt, die Rolle des Märchenerzählers zu spielen, sagt Böhme: Gelogen. Alles erfunden. Merken Sie das nicht?

Doch, sage ich. Sie auch? Aber sowas überhört er. Und als Bertram das Fach wechselt und den Zerknirschten gibt, dreht Böhme sich fast angeekelt um und sagt: Ist ja widerlich. Und schweigt bis zum Schluß der Sendung.

Heute redet er. Ute, weißt du noch? Und erzählt. Es sind die ewig alten Geschichten von damals, vom Februar '90. Wie er mit Willy Brandt durchbrennt und sie ein paar heben. Und wie dessen Frau dazu kommt und den großen alten Mann anführt. Und dann der Besuch im Kreml. Erinnerst du dich? Dabei muß er doch enttäuscht gewesen sein. Kein Gorbatschow für den Paradiesvogel der SPD. Nur Schewardnadse. Und den gerade mal fünf Minuten. Aber Böhme verklärt alles. Redet sich in einen schönen Spätsommerabend hinein, von dem man nichts merkt in seiner düsteren Wohnung.

Wen hast du eigentlich dahinten zwischen den Fenstern hängen? fragt Ute Mahler.

Erkennst du ihn nicht? fragt Böhme und sagt schwärmerisch: Jessenin. Sergej Jessenin.

Neues Thema, neues Spiel. Jessenin, der russische Dichter, der Hooligan, der mit Lackschuh und Zylinder und schrillem Schlips durch Moskaus Nächte zog und Wodka kippte, bis er umfiel.

»Euch zum Schur trag ich ungekämmt
Den Kopf hoch auf den Schultern als Laterne über Land ...«

Ja, das gefällt ihm. Er kennt die Verse des Poetengotts, des Säufers und des Bürgerschrecks, der eingehüllt war in die schwarze Braut Schwermut. Das alles ist ihm nah. Und dann ist Böhme auch schon wieder mittendrin in der russischen Revolution, die er immer wieder von allen Seiten einkreist. Nun kann ihn niemand bremsen. Nun doziert er elend lang, ohne Punkt und Komma. Und kommt nach ein paar Zigarettenlängen doch zurück auf seinen Helden, den Dichter Serjoscha, den linken Sozialrevolutionär.

Hat auch gehadert mit dem Kommunismus, sage ich. Wollte sich lieber vom Galgen aus die Zigarette an den Sternen anzünden, als sich weiterhin das Geschwätz von der Herdengleichheit anzuhören.

Sie können auch alles kaputt machen! sagt er. Und korrigiert mich mit erhobenem Zeigefinger. Das habe nicht Jessenin gesagt, sondern das läßt er eine seiner Figuren sagen, Nomach, den Anarchisten aus dem »Land der Schurken«. Aber ihr habt ja alle keine Ahnung im Westen, sagt er. Den Jessenin mußte ich Ihnen doch auch erst beibringen. So. Und nun könnte er noch einen Wodka gebrauchen.

Und nun darf Ute Mahler ihn fotografieren. Und dann sei er auch langsam müde. So viel wie heute habe er lange nicht mehr geredet. Er müsse uns verabschieden.

Als ich versuche, die Motte zu erwischen, die so dösig-träge über den Teppich gleitet, ruft er:

Halt! Nicht kaputtmachen. Die gehört mir.

Die Motte?

Natürlich, sagt er. Mit der unterhalte ich mich, wenn ihr weg seid.

»*Ich bin ein staatsferner Arbeitsloser*«

Diplomaten a.D. treffen sich im ›Café Herbstzeitlos‹

New York, Vereinte Nationen. Bernhard Neugebauer fährt in den 38. Stock, um die DDR abzumelden. Es ist 10 Uhr, als er das Büro von Pérez de Cuéllar betritt. Die beiden kennen sich lange, mögen sich, duzen sich, nehmen in der Sitzecke Platz.

Der UNO-Botschafter übergibt einen Abschiedsbrief von Lothar de Maizière. Der Generalsekretär nimmt das Dokument zur Kenntnis, bedankt sich bei Neugebauer für die gute Zusammenarbeit und legt den Brief zu den Akten. Der Arbeiter- und Bauernstaat ist damit erloschen. Es ist der 26. September 1990.

Hat er eine Quittung bekommen?

Nein, sagt Neugebauer und lacht. Dabei sei ihm alles andere als zum Lachen zumute gewesen. Damals schaut er ein letztes Mal vom Fenster aus über den East-River auf das gewaltige Panorama von New York.

Na, Bernhard, fragt ihn der Peruaner, wirst du nach 17 Jahren bei der UNO bleiben?

Ich glaube nicht, Pérez, sagt Neugebauer. Entweder werde ich arbeitslos, oder ich komme in ein Umerziehungslager.

Um Gottes willen! sagt de Cuéllar.

Nein, nein, sagt Neugebauer, so schlimm wird es wohl nicht kommen.

So endete unser Small-Talk, sagt der Diplomat a.D. Ich hatte das Licht ausgemacht, flog nach Berlin zurück und dachte: Verdammt noch mal, was hast du in all den Jahren gemacht?

Berlin Mitte. »Café Herbstzeitlos«. Es riecht nach Kaffee und Früchtetee. Zwischen Grünpflanzen und Schrankwand die gute alte Stehlampe mit Fransen, ein Tisch mit *Spiegel, Stern, Neuem*

Deutschland und frischem Käsekuchen. Und durch die Ado-Goldkante schimmern die Plattenbauten der Leipziger Straße.

Jeden Mittwoch um 10 treffen sich hier ehemalige Mitarbeiter des diplomatischen Corps. Meist ältere Herren. Gediegen bis elegant. Hemden mit Manschettenknöpfen, Krawatten, Pullunder, Sakkos. Hanseatische Distanz oder englisches Understatement.

Sie reden über Rußland, Ost-West-Beziehungen, die DDR aus italienischer Sicht. Heute hält der West-Diplomat a.D. Manfred Steinkühler, zuletzt Generalkonsul von Mailand, ein Referat über Frankreich. Acht ehemalige DDR-Botschafter hören zu. Sie sind mit Bus und Bahn gekommen und zu Fuß: Lateinamerika, Jugoslawien, Prag, Paris, Rom, Bukarest, Albanien und Wien. Vor ihnen Stift und Zettel. Man hört zu, notiert und diskutiert.

Was, wenn Kohl abtritt? Bleibt dann das deutsch-französische Verhältnis wie es ist? fragt Paris a.D.

Also Kohl forever – nein, bitte nicht, sagt Wien.

Dann geht es um Großmächte, Atomtests, de Gaulle und Adenauer, Kohl und Kinkel.

Und was meinen die Franzosen mit Vichyrance?

Die Herrschaften sind geschult, intelligent, eloquent, streuen Französisches, Italienisches, Russisches ins gepflegte Deutsch. Eine sehr untypische DDR-Gesellschaft hat sich hier konserviert, ein politischer Club zwischen den Welten. Ihre Mitglieder – abgewickelt.

Da war das Auswärtige Amt in Bonn nicht zimperlich. Wir übernehmen die Immobilien, hieß es. Aber leer! Die sozialistischen Schmuddelkinder waren ungeeignet. Konnten gehen. Keine Generalisten. Spezialisten. Und viel zu staatsnah.

Alle Diplomaten sind staatsnah, sagt Bernhard Neugebauer. Wir waren das auch. Und das macht man uns nun zum Vorwurf.

Aber es ist doch wohl ein Unterschied, sage ich, ob man Diener einer Diktatur oder eine Demokratie ist.

Diktatur? Das Dritte Reich war eine, sagt er. Und Hans Koschnik, der SPD-Politiker, hat ihnen nach der Abwicklung gesagt: Ihr müßt kämpfen. Wißt ihr, wie die nazibelasteten Diplomaten das nach dem Krieg gemacht haben?

Persilscheine haben sie sich gegenseitig ausgestellt, sagt Neugebauer, und waren wieder im Amt. Adenauer habe sie mit dem Satz übernommen: Wer schüttet schon schmutziges Wasser weg, wenn er kein sauberes hat?

Ich frage, ob denn einer der Diplomaten im Ernst die neue Bundesregierung im Ausland hätte vertreten mögen? Sozusagen in der Rolle des Feindes von einst?

Eigentlich niemand. Nicht Ingrid Muth, die viele Jahre im Pressereferat des Ministeriums für Auswärtige Angelegenheiten gearbeitet hat. Einen Fehler, sagt sie, macht man nur einmal. Wie sollte ich denn Kinkels Außenpolitik loben. Geht doch gar nicht.

Aber daß unser ganzes Wissen in Frage gestellt wird, sagt Hans Voß, Ex-Diplomat aus Wien und Rom, das schmerzt. Auch, daß uns die Rente gekürzt wird. Aber keine Sorge, sagt er, wir verhungern nicht. Jüngere Kollegen seien Würstchenverkäufer geworden, Koch oder Taxifahrer. Einer arbeitet bei der Bank, einer verkauft Versicherungen, einer pfiff Züge auf dem Bahnhof Zoo ab. Und der Botschafter a.D. von Kuba führt im Sommer Touristen über Castros Insel. Nein, nein, das sei nicht die Frage. Aber dieses Daumen-Senken von Genscher damals!

Wählt Voß heute PDS?

Ja, sagt er, wie die meisten meiner Kollegen.

Der letzte Botschafter von Moskau, Gerd König, hätte das neue Land auch nicht vertreten können. Daß er aber nicht wie Herr Maier oder Schulze behandelt wird, findet er schon sonderbar. Er höre dauernd, er lebe in einem Rechtsstaat. Das könne er nicht sehen. Für ihn sei das eher ein manipulierter Staat.

Ach, und der Brief, den er gleich nach der Vereinigung vom Berliner Polizeipräsidenten bekam: Ihm würde das Recht entzogen, eine Waffe zu tragen. Er sei ein Sicherheitsrisiko, habe Menschen geschadet, sogar kaputt gemacht. Also das Jagdgewehr werde ihm abgenommen.

Da hat König das Ding unter den Arm geklemmt, hat ein Taxi bestellt, beim Einsteigen gesagt: Dies ist kein Überfall! Und das gute Stück verkauft. So.

»Bleiben Sie mir ab mit Moral. Und spreche mir keiner mehr von Freundschaft.« Ex-Diplomaten (v.l.) Bernhard Neugebauer, Siegfried Bock, Ingrid Muth, Gerd König, Hans Voß.

Die Bundesrepublik möchte auch Bernhard Neugebauer nicht vertreten. Aber wir haben so einen Bedarf an Fachkenntnis in der Entwicklungshilfe, bei der UNO, im Ausbildungsbereich, im Trainingssystem, sagt er. Da hätte ich schon gerne mitgearbeitet.

Statt dessen hat er sich drei Jahre von ABM- zu ABM-Stelle gehangelt. Und nun, sagt er, ist aus dem staatsnahen Diplomaten ein staatsferner Arbeitsloser geworden. Sarkastisch fügt er hinzu: 17 Jahre habe er einem totalitären Regime gedient. Darüber könne man ja vielleicht ein Buch schreiben. Aber nicht als Pflege des verletzten Egos. Nein, wirklich nicht. Und Moral, sagt er, bleiben Sie mir ab mit Moral. Der Politik geht es nur um Interessen.

Und so soll ihm auch niemand etwas über die Russen vorjammern. Alles Quatsch, sagt Neugebauer. Auch die haben zur Wende ihre Interessen verfolgt. Spreche mir keiner mehr von Freundschaft!

Aber wer hat denn all die Jahre von Freundschaft gesprochen? Von unverbrüchlicher Blutsbrüderschaft? Gerd König hat bittere Erinnerungen daran. Er kommt 1987 mit sehr gemischten Gefühlen als letzter Botschafter der DDR nach Moskau. Also mitten hinein in Gorbatschows Perestroika. Honecker hatte klare Anweisungen gegeben. Hatte gesagt: Aus den Streitereien hälst du dich raus.

Hat ihn ein Jahr später das berühmte Wort von Kurt Hager irritiert: Wenn der Nachbar seine Wohnung streicht, müssen wir nicht auch die Tapeten wechseln?
Nein, sagt König. Ökonomisch waren wir doch immer das Vorzeigeland im Ostblock. Sollten die Sowjets ruhig von uns lernen. Die hatten es nötig. Wir nicht. Das war so die Denkrichtung.

Irritiert hat ihn eher, was da alles hochgeschwemmt wird im Land des großen Bruders, von dem sie doch klaglos alles übernommen hatten – vom Stalinismus bis zum doppelten Genitiv, »des Rates des Kreises«, den sie durch ihre Sprache stolpern ließen. Und nun? Prostitution, Korruption, Saufereien. Verheerend, sagt König. Unser Vorbild Sowjetunion machte vor aller Welt Striptease.

Thema des nächsten Veteranen-Treffs: Die Ukraine. Es

geht um die Frage der Identität. Russen und Ukrainer sind geladen. Was sind Sie? Homo Sowjeticus? Ukrainer? Da gucken die
Leute immer ganz blöd. Vielleicht sollte man Eurasier sagen.

Es werden Referate verlesen, Texte übersetzt, stundenlang
zugehört bei Saft und Wasser und Würstchen in der Pause. Dann
Diskussion. Einer sagt: Wenn man in einen Laden kommt und sich
was nimmt, darf man sich doch nicht wundern, wenn der Inhaber
Geld will. Da kann er doch nicht sagen: Der Besitzer übt Druck
auf mich aus. So sei das mit Rußland und der Ukraine.

Auch mit uns, sagt einer. Wir haben doch auch keine Identität in
der Bundesrepublik. Also einfach so nehmen, nee. Man kann pach-
ten oder vermieten. Und fair muß man sein.

Da ist sie wieder, die Wunde der »Übernahme«. Als hätte
die DDR einfach weitermachen können nach dem Mauerfall.

Von der SU, sagt Siegfried Bock, Professor und Nestor der
Diplomaten, erwarteten wir schon eine gewisse Haltung. Ihr hatten wir uns doch bis zur Selbstverleugnung untergeordnet. Heute
verteidige ich sie nicht mehr, sagt der ehemalige Botschafter von
Bukarest und Belgrad. Wie haben sie uns über den Tisch gezogen!

Botschafter König wird 1990 von der Ersatzbank verabschiedet. Statt Falin kommt Fjodorow, sein Stellvertreter. Aber der,
sagt König, brachte beim Essen wieder alles ins Lot. Der sonst
so kühle Mann hebt sein Glas und sagt: Ich habe nur zweimal
geweint. Einmal am Grab meiner Mutter. Und heute – hier.

Und wie hatte das alles so schön angefangen. Damals in den
50ern, sagt König, wurden wir ausgewählt. Wir hatten keine
Ahnung, was Diplomaten machten. Diskutiert wurde ja nicht.
Und das wichtigste war die Herkunft.

Sein Vater ist Bergarbeiter. Bernhard Neugebauers Vater ist
Heizer mit acht Kindern. Siegfried Bocks Vater ist ungelernter
Arbeiter, die Mutter Köchin. Der Vater von Hans Voß ist Maurer,
die Mutter Dienstmädchen.

Auf dem Gut derer von Randow zieht der junge Hans Voß
Rüben und gräbt Kartoffeln aus der Erde. Keinen Pfennig
bekommt er dafür. Jahre später wird ein echt proletarisches Mär-

chen daraus. Denn Voß trifft jenen Herrn von Randow in Randum wieder. Beide sind Diplomaten geworden. Die DDR ist noch nicht anerkannt. Die BRD steht im Saft des Wirtschaftswunders. Und der Herr von Adel übersieht den Knecht aus der Zone. Grüßt nicht mal.

Die Einheimischen von Randum finden das ein bißchen ungehörig. Wie kann der reiche Deutsche nur so bös zu seinem pauvren Bruder sein? Das nutzt der Kommunist. Erzählt den Schwarzen das schöne Märchen vom armen Schlucker, der einst auf dem Feld des Landjunkers ausgebeutet wurde und nun Diplomat sei wie der andere. Und genauso solle es einmal auf der ganzen Welt sein: Die Diktatur des Proletariats.

DDR-Diplomaten sind hochprivilegiert. Werden in den politischen Kaderschmieden von Potsdam und Moskau bestens ausgebildet. Und mit gut 2 000 DDR-Mark nicht schlecht bezahlt. Haben Dienstlimousinen mit Fahrer, den Staatssicherheitsdienst im eigenen Haus, sind selbst stramme Kader und absolut loyal. Dennoch mißtraut man ihnen in Ostberlin. Diplomaten müssen ihre schulpflichtigen Kinder im vermauerten Vaterland zurücklassen. Als Faustpfand.

Haben sie eigentlich von außen nicht gemerkt, wie beschränkt das Politbüro ist? Und nicht gesehen, daß ihr Kaiser keine Kleider trägt?

Doch, sagt Hans Voß, haben wir. Mit Schaudern erinnert er sich an Honeckers Staatsbesuch 1985 in Italien. Mit Axen und Mittag im Geschirr. Ein Alptraum, sagt er. Bestürzende Unkenntnis und absolut lernunwillig. Und was haben die Honecker bloß für Lügen erzählt.

Und dann das Frühstück in der Botschaft. Honecker sagt irgendeine Binsenweisheit. Nein, Erich! sagen die um ihn herum. Was du da wieder gesagt hast! Ist ja toll. Das müssen wir aufschreiben. Das muß veröffentlicht werden.

Damals, sagt Voß, bekommt er so schwere Herzmuskelstörungen, daß er zur Behandlung nach Ostberlin muß.

Er hätte doch im Westen bleiben können.

Aber nein, sagt er. Die BRD war für uns der Gegner. Immer. Da spielten die Altnazis ihre Rolle. Und wir waren die Antifaschisten. Die Sieger der Geschichte.

Natürlich haben wir die Linie mitgetragen, sagt Siegfried Bock. Und da ist denn auch Verantwortung. Vielleicht auch Mitschuld. Man hat doch, wie ein Gläubiger in der Kirche, an den Sozialismus geglaubt. Und das bei all den Sündenfällen: Mauer, Prag, Biermann.

Also beim Einmarsch in Prag, sagt Ingrid Muth, da war sie im Zwiespalt. War entsetzt, daß die Panzer der DDR mitrollten. Aber dann, sagt sie, setzte die Vernunft ein. Der richtige Klassenstandpunkt. Der war doch dazu da, sagt sie, Gefühle auszuschalten.

Dieser Gehorsam! So verläßlich und so deutsch. Und die Partei, die Partei, die hat immer Recht. Von Lenin gespeist, von Stalin verschweißt. Tausendmal gesungen. Biermann singt in der DDR dagegen: Nur, wer sich ändert, bleibt sich treu.

Aber Biermann mögen sie nicht.
Der war überzogen, sagt König. Auch zu laut. Und verändert hat er gar nichts.
Keine große Leuchte, sagt Voß. Wir waren Fans von Manfred Krug. Aber Biermann?
Es wäre auch ohne ihn alles untergegangen, sagt König.
Und Honecker? Diplomaten hatten doch Zugang zu ihm.
Man konnte auch mit ihm reden, sagt Bock. Aber er hat nicht reagiert. Seine Wahrheit hieß: Ihr könnt froh sein, daß ihr mich habt.

Na, und dann die Sache mit Papandreou, sagt Bock, als der Ärger mit seiner prallen, jungen Mimi hatte. Da wollte Honecker doch partout nach Athen fahren. Ich muß ihm beistehen, sagte er. Und wir: Um Gottes willen, Erich! Da kannst du doch nicht hinfahren. Naja, sagt Bock, er reiste eben gern.
Er wollte ja auch schon früher nach Bonn fahren, sagt Neugebauer. Aber zweimal hat Gorbatschow gesagt:
Nee, du fährst nicht. Erst kommen wir. Man kann eben keinem Russen trauen in der Politik, sagt er.

Ingrid Muth bereitet 1987 den Staatsbesuch in Bonn vor.
Als Honecker da neben dem dicken Kohl ging, sagt sie, war er mir plötzlich nah. Da hatte ich das Gefühl: Nun haben wir es geschafft.

Was solls, sagt König. Gorbatschow hat seine Perestroika gemacht. Honecker hat nichts gemacht. Untergegangen sind sie beide.

Und warum gab es so wenig Courage bei den Diplomaten, die doch von außen so viel mehr sahen?

Aufmucken tat man schon mal, sagt Neugebauer. So bis 40 traute man sich. Danach sank der Mut. Auch bei mir. Muß ich mir vorwerfen, sagt er. Aber so sei das eben: Den Verrat liebt man, aber nicht den Verräter.

Wir haben doch alle ähnlich gedacht, sagt König. Aber gesagt haben wir es nicht. Wir waren Freunde, wir haben uns geduzt, aber offen geredet haben wir nie.

Und was, wenn einer aufgestanden wäre?

Es wäre keiner aufgestanden, sagt König. Ich auch nicht.

Und die Stasi? Jeder Botschafter hat sie doch im eigenen Haus gehabt.

Das war Aufklärung, sagte Hans Voß. Aber was der Mielke da getrieben hat – unvorstellbar. Dümmlich und beschämend.

Ein Staat im Staat, sagt Neugebauer. Eine Hydra. Pervers. Aber die Strukturen seien von der CIA übernommen.

Man könne sie nicht pauschal verdammen, sagt König. Er habe sie auch sehr kooperativ erlebt. Und es rannte auch nicht immer gleich jeder los und erzählte ihnen alles. Als Matthias Rust 1988 auf dem Roten Platz landet, sagt König, ist einer meiner Mitarbeiter dabei. Reiner Zufall. Der guckt sich das an, dolmetscht auch noch, weil der Rust ja kein Russisch kann, und dann ist er nach Hause gegangen. Ins Bett.

Siegfried Bock ist der einzige, der heute von einem Unrechtsstaat DDR redet. Daß sein Land so ruhmlos untergegangen ist, sagt er, so als Untertanenstaat, darüber denke er am meisten nach.

Neuer Treff und neues Thema: Renten. In Bonn ist die Rege-

lung für staatsnahe DDR-Bürger geändert worden. Da platzt das
»Café Herbstzeitlos« aus seinen Nähten.

Vierzig, fünfzig spätmittelalterliche Diplomaten sitzen gedrängt
im Freizeitlook, stellen Fragen, diszipliniert, einer nach dem anderen.

Also wieviel gibt es nun mehr?

Ab wann?

Wie bitte? Nicht rückwirkend? Also das ist doch ...

Halt, sagt einer. Wir leben nun mal in diesem Staat. Und kleine
Schritte sind besser als keine.

Texte werden verlesen, Bezüge errechnet, Stifte gezückt, ka-
piert, notiert. Bernhard Neugebauer und Gerd König fehlen in
der aufgekratzten Runde. Sie gehören als stellvertretende Außen-
minister zur Nomenclatura. Ihre Rente bleibt gekappt.

Fünf Jahre nach dem Show-Down der Diplomaten wertet
Ingrid Muth Fragebögen aus. 316 Stück mit 66 Fragen hatte sie an
Ehemalige des MfAA geschickt, des Ministeriums für Auswärtige
Angelegenheiten. Sie wollte alles zur Person wissen, zur Herkunft,
zum Beruf, zum Alltag, zur politischen Haltung, zu Privilegien.
Alles, was sich früher niemand getraut hätte zu fragen. 119 Diplo-
maten haben ihr geantwortet. Anonym.

Privilegiert empfanden sich nur 9 Prozent. Das liegt wohl
daran, sagt sie, weil das Wort seit der Wende einen Hautgout hat. Als
Gewinn ihres Lebens sehen die meisten Diplomaten Weltoffenheit
an, Weitblick, Einblick in Machtstrukturen und die Chance, einen
kritischen Blick von außen auf die DDR geworfen zu haben. Nur
13 Prozent empfanden Stolz auf ihr Land. Und 36 Prozent geben
zu, daß es falsch verstandene Disziplin gewesen sei, sich bedin-
gungslos einer Partei und einer Idee untergeordnet zu haben.

Und wenn Sie noch einmal jung wären, heißt eine Frage, würden Sie Ihren Beruf – nun in der Bundesrepublik – wieder ergrei-
fen? Nur 32 von 141 Diplomaten sagen »ja«. Einer schreibt: »Ja«
von der Erfahrung her. Vom Gewissen »Nein«. Aber wenn ich
heute jung wäre, fügt er hinzu, wäre ich wahrscheinlich nicht der,
der ich bin.

»Er hätte doch auch am Schnuller der Macht hängen können«

Zwanzig Jahre nach Biermanns Ausbürgerung

Wer ist denn das?
Die Zahnspangen-Kids am Eingang vom Kino Babelsberg ahnen, daß sie falsch sind. Sie stehen da, weil Fernsehkameras da stehen. Und Fotografen. Aber dann kommt Biermann.
Komisch. Was spielt denn der?
Gitarre, sagt einer. Das ist Wolf Biermann.
Hä?
Sie suchen die Stars von RTL, von »Gute Zeiten – schlechte Zeiten«. Wollen Autogramme von ihren Halbhelden am Vorabend.

Pressevorführung für einen Dokumentarfilm des Ostdeutschen Rundfunks. Zwanzig Jahre nach Biermanns Ausbürgerung. Das anschließende Gespräch wird zum Monolog. Biermann at its best. Der Entertainer erzählt von damals. Und von später, als er '82 in Paris ist und sein Freund Jürgen Fuchs ihn aus Westberlin anruft und sagt:
Es steht schlecht um Robert. Fahr' hin.
Wie denn? Ich komme doch nicht rein nach Ostberlin.
Schreib an Honecker. Versuch's.
Da schreibt Biermann an Honecker. Er möchte seinen Freund Havemann noch einmal sehen. Erzählt, wie das alles über Botschaftskanäle klappt, wie er einreisen darf, wie er auf dem Bahnhof Friedrichstraße ankommt, zum erstenmal nach sechs Jahren, und wie er irgendwie ganz mechanisch durch den Ausgang geht und links über die Weidendammer Brücke schlendert, seine Brücke mit dem Preußischen Ikarus, und in Richtung Chausseestraße steuert, wo seine Wohnung war damals, die berühmte Nummer 131, wo er all seine Lieder aufgenommen hat für den Westen, weil er im Osten

ja nicht singen durfte, seit '65 nicht mehr. Und obwohl er die Fenster fest verschlossen hatte, mit Tüchern und Wolldecken und so, bog doch zwischen »Villon« und »Stasi« und »Sindermann, du blinder Mann«, immer mal wieder die Straßenbahn bimmelnd in seine Lieder.

Erzählt, wie ihm schon in Höhe des Preußen-Adlers ein scheinheiliges Liebespaar entgegenkommt. Also eindeutig zweideutig. Und hinter ihm einer in Klepper-Kluft. Und einer in Leder und Walkie-Talkie. Aha. Empfangskomitee. Begleitschutz. Stasi. Kennt er doch. Also keine Extratour. Zurück und rein in die S-Bahn Richtung Erkner über Alex, Jannowitzbrücke, Warschauer, Frankfurter, Ostkreuz. Das Liebespaar fummelt noch immer umständlich aneinander rum, den Biermann dabei fest im verschleierten Blick.

Friedrichshagen. Umsteigen. Kleppermantel und versteckter Walkie-Talkie steigen auch um. Auch die Liebesmimen. Und das dauert mit der nächsten Bahn. Und die gehen da rum und tun noch immer so als seien sie Müller und Schulze. Und plötzlich piept der Apparat im Stasi-Mantel. Und der Träger tut, als höre er nichts. Und Biermann lacht und sagt: Warum geh'n se denn nicht ran? Da will doch einer wissen, ob ich euch noch nicht weggelaufen bin.

So ein freundliches Wort animiert den anderen dann auch. Siehst aber gut aus, sagt er. Hast dich gar nicht verändert. Ihr euch auch nicht, sagt Biermann. Noch immer gut zu erkennen. Und sagt: Ihr habt in Erkner doch sicher ein Auto? Ja, sagt der Walkie-Talkie. Haben wir. Dann könnt ihr mich doch mitnehmen, sagt Biermann, wir haben doch denselben Weg. Also unmöglich. Das ginge natürlich nicht. Und so fährt der Biermann denn per Bus zum alten Freund Robert Havemann.

Ich treffe Jürgen Fuchs im Café von Alt-Moabit. Wir trinken Schokolade und essen Torte und reden über die Ausbürgerung und

»So einen Mantel der Geschichte«, sagt Wolf Biermann in der Küche
seines Hauses in Hamburg-Altona, »kauft man ja nicht von der Stange.
Der wird einem vom bösen Zufall umgehängt«.

wie das damals war, als er und Robert Havemann davon erfuhren
und Fuchs in den Knast kam und Havemann in Hausarrest.

Natürlich, sagt Fuchs, ich habe schon damit gerechnet, daß sie
Biermann verhaften oder ausbürgern würden. Der war doch seit
über zehn Jahren verboten. Und er, Fuchs, hatte seine Jena-Erfah-
rungen. Ausgrenzung an der Universität. Wanzen in der Stu-
dentenbude. Stasi vorm Haus und oben vor der Tür. Ungeniert mit
Fotoapparat. Und jetzt, wo Fuchs mit Frau und Kind im kleinen

Holzhaus auf Robert Havemanns Grundstück in Grünheide bei Berlin wohnt, spürt er die Stasi-Maßnahmen genauso. Am Wagen von Havemann, sagt Fuchs, den wir ja mitbenutzten, wurde richtig rumsabotiert. Luft rausgelassen, Benzinleitung angestochen. Alles deutete doch auf irgendwas Mieses hin.

Auf der anderen Seite aber ist in ihren Gesprächen immer die Frage: Können sie es sich leisten? Und: Was können sie sich leisten? Und Havemann, sagt Fuchs, hatte eine ganz klare Haltung. Wir treiben sie bis zum Letzten, sagte er. Wir spitzen zu!

Wollte Biermann das auch?

Also er bremste da immer, sagt Fuchs. Biermann war immer ein bißchen vorsichtiger. Aber Havemann sagte: Hohe Chancen, hohes Risiko!

Und Fuchs?

Ich fühlte, das geht alles ganz schief.

Biermann stellt sein Programm für das West-Konzert zusammen und bekommt durch die ganze Aufregung eine schwere Angina. Dann packt er Koffer. Und immer die Frage:

Was ist, wenn?

Und alles aufgeräumt und Papiere zusammengesucht und versteckt. Man wußte doch nicht: Gehen die da während des Konzerts in seine Wohnung? Und draußen in Grünheide räumen sie auch auf. Sichern Manuskripte, legen sie in Verstecke. Nur so, natürlich. Nur so zur Sicherheit.

Ja, und dann sitzen sie alle da draußen in Grünheide, Katja und Robert Havemann, Lilo und Jürgen Fuchs und Biermann. Wir waren eigentlich stolz auf diese Situation, sagt Fuchs. Aber wir hatten auch Angst, uns zu verlieren.

Also wenn du recht hast, Jürgen, sagt Havemann, dann bist du die Unke, die recht hatte. Sagt aber auch: Es reicht jetzt, diese Einmauerungsjahre. Sollen sie jetzt mal Farbe bekennen. Sollen sie sich entscheiden. Und wenn sie sich gegen uns entscheiden, dann sind sie zum Untergang verurteilt. Weil sie dann einfach Verbrecher sind und vor aller Welt als Verbrecher dastehen.

Sie sitzen da nun am letzten Abend zusammen. Es war keine

»Dann sagte Robert Havemann zu mir: Wenn du im
Knast bist, halte die Klappe, sage nichts, lüge,
betrüge, werde nie laut, mach keinen Hungerstreik,
besteche die Wärter, schlängle dich durch. Du bist
doch ein Arbeiterkind.« So erzählt Jürgen Fuchs die
Geschichte von damals – hier in seiner Berliner
Wohnung mit Frau und Sohn.

Euphorie, sagt Fuchs. Es war eine Abschieds-
situation mit Angst und Mut. Ja, wir hatten
Mut, sagt er. Und glaubten auch: Irgendwie halten wir das schon aus. Mehr war auch nicht da
an Kraft.

Dann kommt der Tag der Ausbürgerung,
der 17. November '76. Es waren wohl die Halb-
fünf-Uhr-Nachrichten, sagt Fuchs, als ich im
Holzhaus von Havemann die Meldung hörte,
die ADN verbreitet hatte. Ich hörte sie im West-
funk, ich glaube, im RIAS.

Da bin ich zu Havemann hochgegangen.
Er war allein. Wir beide waren allein. Ich habe
gesagt:
Hast du schon gehört?
Was?
Die Ausbürgerung.

Diese Minuten, sagt Fuchs, werden mich ein Leben lang
begleiten. Wir waren sehr allein. Ich habe Havemann zum
erstenmal mit einer tiefen, spürbaren Angst erlebt. Er war ja ein
großer Mann. Stolz auch. Er hat sich so ein bißchen abgestützt
bei mir. Er war fertig. Er war getroffen. Geschlagen. Er setzte
sich dann. Wir haben zusammen noch die Fünf-Uhr-Nachrichten gehört.

Und was jetzt? Zwei Menschen hatten Angst um sich selbst.
Auch Havemann hatte Angst um sich selbst und spielte damit eine

andere Rolle, als er sie sonst spielte. Es war nicht die angstnehmende und ermutigende Rolle des älteren Menschen, sondern es war der Mensch in Not, sagt Fuchs. Und ich sage das so, weil ich auch plötzlich in einer anderen Lage war. Ich mußte entweder rumzittern oder fliehen oder heulen. Also plötzlich war wahr, was wir nur im Kopf durchgespielt hatten.

Aber dann, sagt Fuchs, dann habe ich erlebt, wie Havemann sich innerhalb von Minuten zum tollen Kerl entwickelte. Dafür werde ich ihn immer lieben! Diese Seite kannte ich so gut an ihm. Er wurde zum Haftkameraden. Er war dann sehr jung, sehr mutig, sehr frech. Er sagte:
Es ist jetzt im Grunde alles egal. Aber wir sind keine Pfeifen.
Das, sagt Fuchs, kenne ich von Biermann, von Kunze, auch von

anderen. Dieses: Jetzt ist alles scheißegal. Diese Eigenschaft mag ich. Und ich habe versucht, mir das ein bißchen zu kopieren.

Wir haben dann fast bitter gelacht und gesagt:

Es ist also jetzt soweit.

Dann gibt Havemann eine kurze Unterweisung, wie Fuchs sich in Haft zu verhalten habe. Denn du bist dran, denke ich mal, sagt Havemann. Dich werden sie versuchen zu knacken. Du sollst Zeuge sein. Du sollst dann sagen, wie Bücher geschmuggelt werden, welche Journalisten euch helfen. Also Jürgen, bitte, sei stark! Naja, ich versuche es.

Du mußt überhaupt nichts sagen! Sie müssen dir alles beweisen. Du bist ein Untersuchungshäftling. Du bist ein Beschuldigter. Auch nach DDR-Gesetzbuch.

Und da steht der junge Fuchs vor Havemann, der einmal zur Nomenklatura gehörte und nun Staatsfeind Nummer eins ist, steht da und hört den Freund sagen:

Sie werden alles umdrehen. Werden sagen: Du seist Mitarbeiter im Verfahren. Also sage ich dir: Halt die Schnauze! Halt die Klappe! Versuche einfach, nichts zu sagen. Oder zu lügen. Zu betrügen. Werde nicht laut im Knast. Mach keinen Hungerstreik oder etwas, das deine Kräfte kostet. Tu es nicht! Sei freundlich zu den Schließern. Versuche, sie zu bestechen. Versuche, dich durchzuschlängeln. Du bist doch ein Arbeiterkind.

Und auf einmal, sagt Fuchs, mußte ich so richtig erwachsen sein. Ich war ja noch relativ jung, 26. Und er weiß relativ viel. Kannte die illegalen Strukturen. Hatte immer eine Nase für Stasi-Spitzel. Konnte IMs enttarnen. Wußte, wer was in den Westen geschmuggelt hatte. Kannte Verstecke. Und nun sagt ihm der Freund: Es ist soweit. Diese Minuten, sagt Fuchs, waren wirklich sehr hart.

Aber war da für ihn – außer Angst – auch so ein Gefühl von David und Goliath?

Es klingt so banal, sagt Fuchs, aber ein einzelner ist schon in der Lage, alles in Frage zu stellen. Doch, solche Gedanken seien schon da gewesen: Macht kann nicht alles.

Hat er Interviews gegeben?

Ja, DPA. Von Havemanns Apparat aus. Das, sagt er, sei wohl auch der letzte Anlaß für seine Verhaftung gewesen.

Und ist niemand zu ihnen raus gekommen?

Doch, sagt Fuchs. Bettina, die Tochter von Stephan Hermlin kam. Stand da vorm Tor in Grünheide mit einem Blumenstrauß und fragt:

Habt ihr schon gehört?

Fuchs ist allein. Havemann bringt gerade über einen Waldweg noch Sachen in Sicherheit.

Was willst du? fragt Fuchs.

Ich wollte sagen, daß mein Vater was unternimmt. Und daß ihr nichts machen sollt.

Wie bitte? fragt Fuchs.

Ja, er unternimmt was. Und ihr sollt euch ruhig verhalten.

Ruhig? sagt Fuchs. Ich habe gerade ein Interview gegeben. Und Robert wird sich auch gleich äußern. Gut, wenn ihr solidarisch seid. Aber was soll das: nichts tun.

Ja, man muß das abstimmen.

Du, es geht hier um alles, sagt Fuchs. Sie haben etwas gemacht, wo überhaupt niemand mehr zu halten ist. Ich jedenfalls bin nicht mehr zu halten.

Sie ist dann gegangen. Und Hermlin hat eingeladen. Und es wurde eine Bitte an Honecker formuliert, sagt Fuchs, fast devot formuliert: man möge nochmal überdenken. So etwas habe er nicht mal im Knast gedacht! Geschweige denn gesagt. Die Ausbürgerung, hat er laut gesagt, sei ein Verbrechen. Sei eine Waffe der Nationalsozialisten. Und die richte man gegen den Sohn eines in Auschwitz Umgebrachten.

Zwei Tage nach Biermanns Ausbürgerung, am 19. November 1976, wird Jürgen Fuchs um 11 Uhr vormittags aus dem Auto seines Freundes Robert Havemann heraus verhaftet.

Zeigen Sie Ihren Personalausweis. Steigen Sie aus. Schließen Sie die Wagentür. Folgen Sie uns zu diesem Fahrzeug. Steigen Sie ein! Die Wagentür wird verschlossen und von innen verriegelt.

Wer sind Sie?
Ministerium für Staatssicherheit.

Ich besuche Wolf Biermann in Hamburg-Altona. Wir sitzen in der Küche seines Hauses unter den alten Bildern, die schon in der Chausseestraße 131 an den Wänden hingen, sitzen zwischen Hund und Handy und Maggi und Müsli, und Biermann singt das Hohe Lied auf Fuchs und Havemann, die Freunde.

Diesen Fuchs, sagt er, liebe und bewundere ich mehr als andere. Weil er ein hinreißender Untertreiber ist. Weil er soviel gütiger und weiser ist als ich. Und trotzdem kein Weichei.

Sie wollten den Fuchs mal als Bundespräsidenten haben.

Will ich immer noch, sagt Biermann. Und meine das kindlich ernst. Der ist schroff genug, der ist sanft genug. Der habe Träume, aber kaum Illusionen. Sei hochgebildet und genau das, was Brecht einen Plebejer nenne.

Und Havemann?

Er war eben kein Karriereschwein, kein Kretin, sagt Biermann. Dabei saß er in den 50ern als Abgeordneter in der Volkskammer. Konnte besoffen Auto fahren, weil er Immunität genoß. War wohlbestallter Professor an der Humboldt-Universität. Der führte ein sehr angenehmes Leben, sagt Biermann und lacht sich die Falten um die Augen: Weiber, Datscha, Volkskammerausweis. Very important person! Der hätte sich doch nur ein bißchen mit dem Parfum der Aufsässigkeit beklackern und ansonsten immer weiter am Schnuller der Macht hängen können. Aber genau das habe er nicht getan. Und dafür müsse man ihn bewundern.

An Ihnen, sage ich, schieden sich '76 die DDR-Geister. Und Sie bekamen etwas umgehängt, was Helmut Kohl so gern für sich reklamiert: den Mantel der Geschichte.

Solchen Mantel, sagt Biermann, kauft man ja nicht von der Stange. Den kann man sich nicht schneidern lassen. Der wird einem durch den bösen Zufall umgeworfen. Wenn man dabei einigermaßen am Leben bleibt, kann man froh sein.

War der Casus Biermann der Anfang vom Ende der DDR?

Ich glaube nicht, daß meine Ausbürgerung der große Bruch war. Das war die Protestwelle gegen die Ausbürgerung.

Wobei Sie der Auslöser waren.

Zufall, sagt Biermann. Einer spielt nun mal die Rolle in diesem Theaterstück. Und ich bin eigentlich auch eine Fehlbesetzung.

Wieso Fehlbesetzung?

Weil ich mich fürchte und nur 1,68 bin und Asthma habe. Aber darum kümmern sich die großen Regisseure, also Gott im Himmel oder Hegels Weltgeist, ja nicht.

Hat nach dem Auftrittsverbot 1965 nie einer versucht, Sie für die DDR zu retten?

Doch. Ungefähr ein bis zwei Jahre später wurde ich zu Bruno Haid zitiert, stellvertretender Minister für Kultur. Die traurig-komische Geschichte habe er in ein Lied gepackt:

»Das Volk, das Weib, vor seiner Türe
Hockt ein Eunuche und trinkt Tee
Macht mit dem Messer Maniküre
Und sagt: Komm her, es tut nicht weh
Es tut nicht weh, wenn ich dich vorher
zur Sicherheit, mein Sohn, kastrier
Bist du entmannt, na bitte sehr,
Dann darfst du, dann erlaub ich's dir…«

Und der Eunuche, sagt Biermann, war der Oberzensor Bruno Haid.

Sie sollten also öffentlich Selbstkritik üben?

Ja. Dieser verdorbene Greis wollte, daß ich mir den Schwanz abschneide, damit ich besser ficken kann.

Und das fanden Sie übertrieben?

Ein bißchen schon. Leuchtete mir gar nicht ein. Und daß ich nicht geschnitten habe, war meine souveräne Entscheidung. Und insofern, sagt Biermann, muß ich selbstkritisch zugeben, daß ich doch Schuld daran bin, daß ich der Biermann wurde – und auch blieb.

Es klingelt. Lucas und David kommen aus der Schule.

Haben die Butterbrote gereicht? fragt Biermann, der zwei Tage Strohwitwer ist und die Kinder versorgt.

Nee, sagt Lucas.

Habt ihr Hunger?

Jaaa.

Wir holen Süßsaures vom Thai und essen auf der Veranda und reden über SPD und Grüne und PDS, die vielleicht bald einen flotten Dreier starten.

Also ich möchte weder mit Kohl noch mit Gysi im Bett liegen, sagt Biermann. Der eine würde mich erdrücken, der andere ersticken. Nein, da liege er doch lieber mit seiner schönen Frau im Bett oder mit seinen frechen Kindern oder seinem Hund. Auch, wenn er die Leute schon sagen höre: Wer mit seinem Hund ins Bett geht, steht mit Flöhen wieder auf. Aber die Flöhe, sagt er, die er bei Gysi kriegen würde, gingen schwerer weg wie Syphilis.

Warum fühlte er sich eigentlich '76 im Westen schlechter als im Osten?

Weil ich mich paradoxerweise im Westen mehr fürchtete als in der DDR, sagt er. Man hatte sich auf die Unterdrückung eingestellt. Die war einem vertraut. An die harmlosere Unterdrückung, sagt er, war ich nicht gewöhnt.

Warum hat der Biermann denn die selbstbefreiten DDR-Untertanen 1990 so schwer beschimpft?

Mußte ich doch.

Ihnen sagen, daß sie Jammerlappen seien?

Ich habe doch nur ein paar versuppte Wunden mit Liedern ausgewaschen und mit Argumenten genäht.

Die Wundwäsche war aber nicht erwünscht.

Aber anders, sagt Biermann, macht es doch keinen Spaß.

Warum fragst du immer nur Papa? fragt David. Frag mich doch mal, was ich am liebsten tu?

Was tust du denn am liebsten?

Abwaschen.

Abwaschen? Ist ja toll.

Ja, ja, sagt David. Ist es auch. Ich mache nämlich alles mit der Hand. Ich bin besser als die Maschine.

»*Ich fühle mich als finale Mülltonne*«

Spaziergang mit Lothar Bisky, dem Vorsitzenden
der PDS

Erst das Foto? In Ordnung. Er wirft sich Schal und Mantel
um und raus in die Milchsuppe von Potsdam. In zwei Wochen,
sagt er schwärmerisch, sei er auf Kuba. In Varadero. Am schönsten
Strand der Welt. Tauchen wird er dort. Und Fidel Castro sehen.
Klar. In den sozialistischen Ländern werden sie noch immer wie
Staatsgäste empfangen.

Mit Gysi, sagt er, war ich in China. Roter Teppich und neun
Jungfrauen aus den Provinzen. Und er als Parteivorsitzender
immer einen Schritt vor seinem Freund. Schrecklich, sagt Bisky.
Protokoll kann ich nicht. Hab' ich nie gelernt. Und eigentlich
waren wir doch privat da, sind gebummelt und in Geschäften verschwunden. Wir sehen doch auch gerne mal was Netteres als uns,
sagt er. Und in Klamotten gekramt und Jeans probiert, und die
Offiziellen dauernd hinter uns her und uns gesucht, und Gysi ist
doch so klein.

Nach Kuba, sagt er, fahre ich mit Peter-Michael Diestel. Da
gab's natürlich Nachfragen vom Protokoll:
Wie bitte? Von der CDU sei der?
Richtig. Ein Freund von mir. Also totale Verwirrung.
So. Und wie wollen wir ihn nun fotografieren?
Unter der Glienicker Brücke. Am See. Als Mann, der aus dem
Nebel kam.
Also das, sagt er, hätten Sie mir mal vor dem Parteitag sagen sol-
len!
Der Parteitag von Schwerin im Januar '97 hat Bisky auf-
gelockert. Die Reformer haben die Altkommunisten in die Ecke
gefegt. Natürlich sind die noch da. Aber nicht mehr im Vorstand.
Und nun wird so häufig wie nie die Frage von Willy Brandt

gestellt: Gibt es eine Mehrheit links von CDU und FDP? Das ist die Gretchenfrage an SPD und Grüne: Wie hältst du's mit der PDS? Und wie verläßlich ist der Vorsitzende dieser belasteten Partei? Und wie glaubwürdig seine Wendegenossen, die ihn mit fast 90 Prozent zum neuen alten Vorsitzenden gewählt haben?

So unbefangen und vergnügt Bisky über sich und seine Freunde spricht, so diszipliniert sind seine Aussagen über die Partei. Das alte Loyalitätsgefühl. Mach' und halt den Mund. Das hat die SED in all den Jahren geschafft: Pflicht geht vor Neigung. Egal ob man Lust hat oder nicht.

Natürlich schluckt Bisky Kröten. Aber er nennt sie nicht beim Namen. Natürlich möchte er einige seiner Parteikinder lieber ins Heim schicken. Aber er sagt nicht, welche. Natürlich ist der Vorsitzende maßlos enttäuscht über Pressesprecher Hanno Harnisch, dessen Stasi-Mitarbeit kurz vor Schwerin an die Öffentlichkeit kam.

Nun ist es doppelt peinlich, daß ausgerechnet der Spitzel Harnisch den brillanten, blinden Moderator Lutz Bertram zur PDS geschleppt hat. Der mußte den Ostdeutschen Rundfunk Brandenburg verlassen, weil er ein Spitzel war. Er wurde Medienberater der PDS. Und als Bisky in die Schlagzeilen geriet, weil er für die Firma Markus Wolf gearbeitet haben soll, erzählte Bertram, er habe sich in eine kleine, böse, fragende Ratte verwandelt, um seinen Chef, den Bisky, für die Presse zu munitionieren. Regelrecht geübt soll er haben mit ihm.

Unsinn, sagt Bisky. Niemand mußte mit mir üben.

Und man merkt ihm in Blick und Ton an, daß ihm Profilierungssüchte selbsternannter Paradiesvögel schrecklich sind.

Aber der Umgang mit Stasi-Akten in seiner Partei sei doch verheerend.

Also er, sagt Bisky, habe die acht Blatt von der Gauck-Behörde den Journalisten übergeben und sich deren Fragen gestellt. Ansonsten habe er die Wahl gehabt: Zu prozessieren wie Gysi. Oder nicht. Er habe sich fürs »nicht« entschieden. Und der polnische Essayist Brandes habe ihm damals geschrieben: Wenn dich einer öffentlich

»Mit Gysi war ich in China«, erzählt Lothar Bisky Birgit Lahann auf einem Spaziergang am Wannsee. »Roter Teppich und neun Jungfrauen aus den Provinzen. Schrecklich. Protokoll kann ich nicht.«

ein Schwein nennt, versuche nie, es zu widerlegen. Es wird dir nicht gelingen. Ich denke, sagt Bisky, der Mann hat recht.

Lothar Bisky kommt aus dem Westen. Aus Schleswig-Holstein. Die Eltern waren mit ihm aus Hinterpommern dorthin geflohen. Er hat Bilder im Kopf: Die Kinder der Flüchtlinge bekämpfen die Kinder der Bauern. Und sein Vater kann nur seinen Namen schreiben. Ist Analphabet. Ich weiß gar nicht, sagt Bisky, ob er überhaupt eine Schule besucht hat. Er richtet Hunde ab, damals. Und nachts schleicht er in Ställe, um Kühe zu melken. Dafür, sagt Bisky, ist er verurteilt worden. Aber die Hunde haben ihn eben nicht gebissen. Die hatte er ja abgerichtet. Und meinen Bruder, sagt er, der eine schwere Lungenentzündung hatte, dem hat er mit der Kuhmilch wohl das Leben gerettet. Das vergesse er seinem Vater nie.

Und seine erste Liebe ist die Tochter des Bauern.

Ick war ja der Knecht, berlinert er. Ick hab ja für Essen gearbeitet. Acht Stunden nach der Schule. Aber schließlich gab es noch Nächte. In einer, sagt er, hat der Bauer sie erwischt.

Er wird vom Hof gejagt.

Wenn Briefe aus dem Osten kommen, sind die mit bärtigen Männern frankiert. Die faszinieren Bisky. Er besorgt sich das Kommunistische Manifest. Es war die erste plausible Erklärung meiner sozialen Empfindungen, sagt er.

Und so geht denn der junge Mann 1959 mit achtzehn Jahren rüber in die DDR. Das hatte natürlich mit Demütigung im Westen zu tun. Aber auch mit Abenteuerlust. Die Demütigungen in der DDR verdrängte er.

Welche Philosophen haben Sie gelesen? wird er im Abitur gefragt. Und ich Idiot, sagt Bisky, sag' Marx und Engels, aber auch Schopenhauer und Nietzsche. Danke, sagen die Prüfer und erklären ihm, daß ein Jahr Produktion doch sehr hilfreich sein könnte, sein Bild vom Sozialismus zu klären.

Das heißt: Ein Jahr Blechverformung in Leipzig. Erst dann darf er studieren. Ich war nicht angepaßt, sagt Bisky. Aber ich habe mir die DDR im Kopf zurechtgebogen.

Natürlich war sie anders, sagt er. Und natürlich wisse er von vielen erst seit der Wende, welche Rolle sie gespielt haben. Dennoch werde er sich nicht dafür entschuldigen, bewußt in seinem Land gelebt zu haben. Und Feigheit und Selbstzensur habe er im Westen auch erlebt. Reichlich, sagt er. Und ohne Not.

Die Studenten der Filmhochschule in Potsdam haben ihren Rektor Lothar Bisky verehrt und geliebt. Er war so locker, so unkonventionell, mochte Gorbatschow und sagte das und hatte eine Haltung und hatte seinen Spaß: In einem preisgekrönten Studentenfilm steht er nackt und grinsend mit Zigarette im Mundwinkel unter rauschender Dusche.

1986, im Jahr als Bisky Rektor wird, dreht einer seiner Studenten, Andreas Voigt, seinen Abschlußfilm über »Alfred«, einen alten Kommunisten, der bei den Nazis im KZ saß und in der DDR aus der Partei flog. Immer den Mund aufgemacht, angeeckt, verfemt und rehabilitiert. Und die Arbeiterinnen im Film sagen nicht, wie schön es sei, in der DDR arbeiten zu dürfen. Sie sagen: Mit dreißig sind die Ideale davongeflogen. Man ist kaputt und müde.

So was kann man doch nicht zeigen! Die Hardliner in Potsdam sind entsetzt. Aber Bisky setzt den Film durch. Und eines Tages, als das ZK-Mitglied Kurt Hager die Hochschule besucht, zeigt der Rektor nichts Staatstragendes, sondern eben diesen »Alfred«, also DDR-Wirklichkeit. Und er plädiert dafür, daß seine Studenten in den Westen dürfen, lädt auch Absolventen der Bayerischen Filmhochschule ein.

Und da kommt dann eener von denen mit der Kamera an, sagt Bisky.

Geht nicht! Grenzgebiet.

Aber ick kann doch als Rektor der Filmhochschule nicht sagen: Halt! Bei uns wird nich jedreht! Was war das für ein Theater. Und er kriegt eine Rüge. Was überflüssig war, sagt er. Ich war doch ein treuer DDR-Bürger.

Bisky, sagt Andreas Voigt, hat ein Klima für uns geschaffen, in dem man sich traute. Und er war ein sinnlicher Typ. Er lief auch nie mit Anzug und Krawatte rum. Und abends trank er mit uns. Also, der trank Bier wie ein Loch, sagt Voigt.

Beim Trinken ist auch Peter-Michael Diestel mit Bisky warmgeworden. Der saß da immer eher stumm rum und rauchte eine Karo nach der anderen, dieses filterlose DDR-Kraut, sagt Diestel, der damals noch Innnenminister unter de Maizière ist. Aber dann trinken sie russischen Wodka. Eiskalt. Naja, sagt er, und nun sitzen wir oft am Lagerfeuer zusammen.

Wie bitte?

Sicher, sagt Diestel. Draußen bei mir in Plauen auf meinem Landsitz am See. Da singen wir auch. Und neulich, als der Parteitag zu Ende war, sagt er, da stand die ganze PDS-Führungscrew bei mir vor der Tür, und wir sind in die Sauna gegangen.

Diestel lädt die PDS auch zum Geburtstag ein. Da kommen alle, die lustig sind, sagt er. Stefan Heym, Hermann Kant, Schalck-Golodkowski, Gysi, Bisky, Wurscht. Und ich bin ja nun ein stockbürgerlicher Mensch, sagt er. Und deshalb streite er sich auch redlich mit den Sozialisten, sagt ihnen, daß sie im Grunde ja genauso bürgerlich sind wie er. Und Bisky lacht dann und sagt:

Zum Glück begreift dich niemand im Westen. Das ist ein Vorteil für die PDS.

So ist das, sagt Diestel. Es ist nicht die Ideologie, die uns trennt. Es ist die Wärme, die uns eint.

Und nun reist er mit Bisky nach Kuba?

Klar, sagt er. Als sein persönlicher Ballast. Bisky sei doch der Saubermann der PDS. Der schluckt doch all den Müll seiner Partei.

Ich kann eben zuhören, sagt Bisky. Und was für Schicksale ihm so erzählt würden. Nicht nur aus der PDS. Man wird das ja gar nicht wieder los. Das bleibt ganz schön in einem hängen. So gesehen, sagt er, fühle ich mich schon als die finale Mülltonne.

Aber wenn ich mal von der Vergangenheit schwärme, sagt er, dann sagt mein ältester Sohn: Komm, Vater! Ich hab' doch erlebt, wenn du abends nach Hause gekommen bist, wie fertig du warst. Wie kaputt. Also rede dir nichts schön. Und er hat recht, sagt Bisky, er hat doch so recht.

Und steht da im Qualm der Karo. Und den feuchten Schimmer im Auge überspielt er nicht. Es ist nun mal so, sagt er mit seinem ruhigen Baß, daß jeder seine Sentimentalitäten pflegt. Wenn ihm die Decke auf den Kopf fällt, dann hört er Brecht und Tucholsky-Lieder, von Busch gesungen und von Gisela May. Laut, sagt er. Und danach gehts wieder.

Was sagt er zur »Erfurter Erklärung«, in der auch Friedrich Schorlemmer und Günter Grass für die Ablösung Kohls und ein unaufgeregtes Verhältnis zur PDS plädieren?

Ich finde den Inhalt gut, sagt Bisky. Aber die 34 Linken sind keine PDS-Namen. Die haben nicht für uns, sondern gegen Kohl votiert. Bei uns haben sie demokratische Zuverlässigkeit angemahnt. Das nehme er ernst.

Das ist er, der Bisky, den seine Freunde den guten Menschen von Potsdam nennen, den linken Sozi, den Böll der PDS. Für Feinde ist er ein Wolf im Schafspelz. Einer, der Kreide gefressen hat. Was kann ich dafür, sagt er, daß meine Gegner mich so schlecht kennen.

Dann ist er vielleicht ein Schaf mit Wolfsherde?

Ach was, sagt Bisky. Wenn ihn einer fragt: Was seid ihr denn nun? Reformer oder Betonköpfe? Dann zitiert er einen Kollegen aus Sachsen, der gesagt hat: In unseren Schädeln ist Reform und Beton.

Glaubt Bisky tatsächlich, daß es in Deutschland eine linke Mehrheit geben könnte? Wo die Deutschen sich doch seit hundert Jahren schon mit rot und links so schwer tun? Natürlich weiß er, daß Antikommunismus noch immer in seiner ganz dumpfen Form vorhanden ist. Sei aber sicher, daß enttäuschte Sozialisten aus dem Osten wohl eher bereit wären, es noch einmal – nun demokratisch – zu versuchen. Im Westen wird das schwer sein. Das wird dauern. Aber Bonn, sagt er, leiste ja gute Vorarbeit.

Und irgendwie kommt er dann doch wieder ins Schwärmen, zählt auf, wen er nach wie vor bewundert, also Rosa Luxemburg, Bert Brecht, Arnold Zweig, den Schauspieler Erwin Geschonnek und Walter Janka natürlich, den Streiter gegen die Wandlitz-Mafia.

Es gab doch auch Querdenker bei uns, sagt er. Und das hält mich auch wieder aufrecht.

Er wohnt noch immer im Berliner Arbeiterviertel Schöneweide, in einer Wohnung, wo sich im Arbeitszimmer Zeitungen und Akten türmen und dem Licht keine Chance geben. Und was für ein Glück er mit seiner Familie habe, sagt er. Halten noch alle zusammen. Jens, 30, der Wissenschaftler. Norbert, 26, der Kunstmaler und Stefan, 13. Der Kleine will mal Viren bekämpfen, sagt Bisky. Seine Frau kennt er aus Leipziger Tagen. Er lehrt damals Soziologie und Massenkommunikation. Sie sitzt in der ersten Reihe und ist das schönste Mädchen weit und breit. Als öffentlich wird, daß sie für die Staatssicherheit gearbeitet hat, sagt Bisky, er habe es nicht gewußt. Er habe sich eben immer mehr für die Schönheit seiner Frau interessiert als für das, was sie tut. Was natürlich eine Schutzbehauptung ist. Ein Satz gegen die Angst.

Und Bisky?

Könnte auch ohne Politik. Aber klar. Er sei doch eher der Wissenschaftler, der sich in die Politik verirrt hat. Nicht ich habe die Partei gewählt, sagt er, sondern die mich.

Es ist schon ein abenteuerlicher Job, den ich hier mache, sagt er. Aber kein Abenteuer. Denn er verkaufe keine Phantasien. Und klebe nicht am Stuhl. Ich kann stündlich niederlegen, sagt er. Und erzählt von einem Akademiekollegen. 1986 war das. Der war plötzlich weg. War im Wald verschwunden. Hat sich das Leben genommen. Hat den Druck am Arbeitsplatz nicht ausgehalten. Daraus, sagt Bisky, habe er seine wichtigste Lebenslehre gezogen: Kleb' nicht am Amt. Keine Stunde. Sonst bist du verloren.

»*Ihre Frau ist sehr krank. Sie glaubt, sie ist Liane aus dem Urwald*«

Das west-östliche Drama der Marion Michael

Benjamin! Um Gottes willen, es muß sich doch jemand um ihren Sohn kümmern. Sie greift ein Stück Papier. Schreibt: »Bitte, hol Benjamin. Es ist höchste Not!« Umschlag suchen, Briefmarke, Adresse vom Bruder. Ganz mechanisch macht sie das. Raus auf die Straße. Es ist kalt. Es ist Winter. Der Brief rutscht in den gelben Schlitz.

Und zurück in die Wohnung. In der Küche nimmt sie dieses Riesenbrotmesser und sticht ins linke Handgelenk. Wieder und wieder. Wild und brutal. Und sticht in den Hals. Nicht mehr ganz so rabiat. Knapp an der Schlagader vorbei.

Nein, sie schreit nicht. Hat keine Angst. Spürt keinen Schmerz. Es gibt einen Grad der Verzweiflung, sagt sie, da fühlt man nichts mehr. Sie legt sich ins Bett. Will Ruhe, Schlaf. Will endlich weg aus dieser Welt.

Warum dauert das bloß so lange? Warum ist sie noch immer da? Noch immer bei Sinnen? Stunden vergehen. Sie quält sich durch die Nacht. Sie denkt an den Sohn, der in der Wohnung schläft. Der kann sie doch morgens nicht verblutet finden. Der wird doch erst fünf im nächsten Monat.

Sie steht auf. Zieht sich den Fellmantel an. Kragen hoch, damit man die Wunde nicht sieht. Und die blutige Hand steckt sie tief in die Tasche.

Sie fährt mit der Bahn nach Heiligensee. Das ist ein ganzes Ende von Kreuzberg entfernt. Steigt aus, geht in den Wald, irrt herum. Längst ist die Angst in ihr aufgestiegen. Angst vor dem kalten Land, vor dem ihr plötzlich graust. Die Angst wächst zur Panik. Ich will doch gar nicht sterben!

Dann kämpfen zwei Gedanken miteinander: Du lebst. Sei

doch froh. Und: Du bist ein Versager. Kannst nicht mal das. Und dieses Gefühl, sagt sie, nicht ernst genommen zu werden, setzte mich wieder unter Druck.

Bis der rettende Gedanke in den Kopf schießt: Es ist Sonntag! Da werden doch keine Briefe ausgetragen. Der Bruder bekommt ihren Hilferuf ja gar nicht. Sie sieht Benjamin in seinem Hemdchen auf der Straße nach ihr suchen. Dieses Bild zieht sie ins Leben zurück. Und sie läuft. Läuft nach Hause. Und da läuft der Fernseher. Und Benjamin – schläft. Es ist Januar 1975. Marion Michael ist 34 Jahre alt.

20 Jahre nach diesem dramatischen Suizid-Versuch schreibt der Autor und Regisseur Horst Königstein ihr einen Brief. Er möchte das Leben von Marion Michael verfilmen. Als Musical für das Fernsehen. Sie als Beraterin und in der kleinen Rolle einer guten Fee. Hat sie Lust? Und ob sie Lust hat.

Ich besuche Marion Michael im Osten Berlins. Sie wohnt in der Karl-Marx-Allee, die früher Stalin-Allee hieß. Lebt in einem der mächtigen Zuckerbäckerbauten.

Wir haben geheiratet, sagt ihr Mann Freimut Patzner, weil wir unsere zwei kleinen in diese Wohnung eintauschen konnten. So machte man das in der DDR.

Da sagt sie mit sanftem Staunen: Nein, Freimut, so war das nicht. Nicht bei mir. Ich habe dich geheiratet, weil ich dir vertraut habe. Und weil ich dich liebe.

In ihrem Gesicht ist nichts mehr vom lieblich-strahlenden Urwaldmädchen Liane. Die Haare sind glatt und streng, das Gesicht ungeschminkt mit Brille, die hohen Backenknochen geben dem ernsten Blick einen herben Charme. Die Lippen sind voll und schön. Darunter die Narbe. Unfall Monte Carlo '59. Am Hals die lange Narbe von '75. Und wenn sie sich mit der Linken die Zigarette anzündet, sieht man die wüsten Nähte am Handgelenk.

Ich habe damals waagerecht geschnitten, sagt sie mit ihrer dunklen, geräucherten Stimme. Da stockt das Blut dann irgendwann. Das wußte ich nicht. Und weil sie Nerven und Sehnen durchtrennt hat und erst 24 Stunden nach den Stichen ins Krankenhaus fährt, ist die Hand halb steif geblieben.

Zwei Tage sitzen wir uns gegenüber auf bunten Schonbezügen. An der Wand Picassos »Guernica«, Bücher hinter Glas, der Tisch aus einem wilden Baumstamm. Zwei Tage lang erzählt Marion Delonge, Künstlername Michael, geschiedene Bennung, verheiratete Patzner aus ihrem west-östlichen Leben. Sehr ruhig, sehr offen, wehmütig manchmal, meist knapp und sachlich. Ihr Mann sitzt daneben, sorgt für Saft und Wasser und Freundlichkeit. Und auf der Rennbahn von Karl Marx rauscht der endlose Autostrom.

Damals, als die KPD in der Bundesrepublik aufgelöst und Franz Joseph Strauß Verteidigungsminister wird, als Chruschtschow auf dem XX. Parteitag der KPdSU das blutige Laken lüftet, das Stalin übers Land gelegt hatte und Wladimir Nabokow seine »Lolita« schreibt, schwingt sich in Berlin Lolita-»Liane« in den Kino-Himmel. 11 800 Mädchen wurden geprüft. Sie ist die Auserwählte. Welch ein Hochgefühl. Sie denkt: Bald liegt dir die ganze Welt zu Füßen.

Die Eltern sind damals schon geschieden. Der Vater seit Jahren in der DDR. Er zahlt Alimente, aber die zahlt er in Ost. Also fährt die Mutter einmal im Monat mit Tochter und Rucksack rüber. DDR-Mark kann nur an Ort und Stelle ausgegeben werden. So kauft sie, was es gerade gibt. Das wird in den Rucksack gesteckt und nach West geschleppt.

Und nun »Liane«, der absolute Hauptgewinn. Geldnot ade. Die Schule hat sie schon an den Nagel gespießt. Keine Lust. Mittelmäßige Schülerin. Mutter kann bei den Aufgaben nicht helfen. Also 8. Klasse und ab.

Ihr Leben glitzert. 1 300 Mark Gage. Das war noch gar nichts. Da hatte sich Gero Wecker, Chef der Arco-Film, abgesichert. »Liane« hätte ja auch ein Flop werden können.

Aber nun? Heiratsanträge, 100 Fan-Briefe am Tag. Die 16jährige MM ist die BB der Bundesrepublik. Sie bekommt einen 7-Jahres-Vertrag. 1 000 Mark pro Monat. Kleider von Horn am Ku'damm. Und Pygmalion Wecker weicht nicht mehr von ihrer

Seite. Zahlt die Schauspielschule, die Höhere Töchterschule, die Gesang- und Sprechausbildung, die Hotels, die Diners, die weiße Villa in Dahlem ...

Und keinen Schimmer von Politik. Hört keine Nachrichten, liest keine Zeitung. Da ist sie ein Kind der Zeit des aufgehenden Wirtschaftswunders. Total naiv, sagt sie. Still und angepaßt. Aber im Gemüt immer auf der Seite der Schwachen und Unterdrückten. Wie Marlon Brando in »Die Faust im Nacken«. Also wie der gegen die Gauner kämpft, und wie er die besiegt, das entzückt sie. Brando ist ihr Schwarm, ihr Idol. Über ihr eigenes Image nach dem Riesenerfolg ist sie enttäuscht. Ich war doch nur das Pin-up-Girl, sagt sie. Süß und doof. Niemand habe gemerkt, was sie mit »Liane« ausdrücken will. Die ist doch eine Kaspar-Hauser-Figur, sagt sie. Es interessiert nur niemanden. Es interessiert nur ihre nackte Haut.

Also die nächsten Filme, solange der Boom hält. »Liane, die weiße Sklavin« und »Es war die erste Liebe«. Willy Brandt wird Regierender Bürgermeister in Berlin, Konrad Adenauer wieder zum Bundeskanzler gewählt, Franz Joseph Strauß will Atomwaffen für die Bundeswehr und Walter Ulbricht ganz Berlin für die DDR. Heinrich Lübke löst Theodor Heuss ab, und Albert Camus, Idol der Intellektuellen, verunglückt tödlich mit dem Auto.

Zu dieser Zeit dreht Marion Michael mit Eddie Constantine an der Riviera »Bomben auf Monte Carlo«. Als sie Gero Wecker in dessen Chrysler vom Flughafen abholen will, verunglückt sie. Knallt mit dem Kopf aufs Lenkrad. Der Unterkiefer ist aufgerissen. Das Blut läuft. Und ihr erster Gedanke ist: Bloß nicht die Polster schmutzig machen!

Der Unfall ist der Anfang vom Ende. Die Dreharbeiten müssen für Monate auf Eis. Das kostet. Und sie fühlt sich schuldig, obwohl ein anderer die Karambolage verursacht hat. Aber dieser Riß unter der Lippe. Da geht doch keine Großaufnahme mehr!

Und alle unteren Zähne sind locker. Das muß behandelt werden. Gero Wecker fliegt mit ihr nach Erlangen zum Spezialisten. Im Hotel hat jeder sein Zimmer. Trotzdem fühlt sie sich ihm ausgeliefert. Merkt, was sie mit dem Unfall angerichtet hat. Bekommt immer größere Schuldgefühle. Und dann die Schmerzen. Aber die Tabletten hat er. Wenn du Schmerzen hast, ruf an, sagt er. Eines Nachts, als sie es nicht mehr aushält, greift sie zum Telefon.

Er ist ihr erster Mann. Er ist ihr körperlich unangenehm. Aber sie glaubt auch, daß sie ihn heiraten muß. Da war ich wieder ein Kind meiner Zeit, sagt sie. Man bleibt beim ersten. So war man erzogen. Und so dachte ich auch. Sogar Ulrike Meinhof heiratet 1961 Klaus Rainer Röhl. Weil die beiden ein Haus mieten wollen und heiraten ganz normal finden. Die spätere Terroristin ist auch häuslich und kann fabelhaft kochen. Und ihr weißes Hochzeitskleid kauft sie in einem Salon an der Alster. So ist das bei Adenauers.

Aber dann geht die Arco-Film pleite. Marion Michael ist befreit vom 7-Jahres-Vertrag. Bekommt ein Theaterangebot aus Köln. Nun aber los! sagt sie sich. Aber Wecker zerreißt den Vertrag. Sie streiten Stunden, kleben am Ende das Dokument wieder zusammen. Sie geht nach Köln, ist Wendla in »Frühlings Erwachen«, hat Erfolg.

Vierzehn Tage vor der nächsten Premiere – sie spielt Franziska in Hauptmanns »Fuhrmann Henschel« – flieht sie mit Gunther Bennung nach Island. Sie hat sich sterblich in den Sportstudenten verliebt, will mit ihm neu anfangen. Geld verdienen in der Fischfabrik. Und dann Glück und Natur.

Als das Schiff, auf dem die beiden ins neue Leben segeln, anlegt, steht Gero Wecker schon am Kai. Er hat seinen Star über Interpol suchen lassen. Am nächsten Tag geht die Reise zurück.

Sie heiratet 1963 ihren Studenten. Spielt Boulevard und macht Tourneen. Es muß ja Geld reinkommen. Sie sorgt für den Mann, der sie betrügt. Nach drei Jahren wird die Ehe geschieden.

Und sie spielt Theater. Mal hier, mal da. Mit Bernhard Minetti, Grete Mosheim, Theo Lingen, Karlheinz Böhm. Klingt besser, als es war. Dann eine Horrortournee mit sieben Männern. Sie wird begehrt, gedemütigt, tyrannisiert. Schluß! Aus! Das macht sie nicht mehr mit. Was dir fehlt, sagt sie sich, ist Bildung. Sie geht wieder zur Schule. Holt 1970 in Berlin die Mittlere Reife nach. Da lernt sie die Rote Helene kennen.

Was für eine Frau, sagt sie. Klein und zierlich. Aber welch ein Mundwerk. Wenn die Lehrerin von Bauernkriegen erzählt, steht Helene auf und redet von Marx und Engels und sozialen Kriegen. Ich fand das toll, sagt Marion Michael. Ich las Marx und Lenin und dachte: Aha. Das Leiden liegt nicht an dir selbst. Du lebst nur in der falschen Gesellschaft.

Was seit Jahren in der Gesellschaft vor sich ging, in ihrer unmittelbaren Umgebung, hatte sie nur am Rande mitbekommen: Demonstrationen, APO-Tumulte, Springer-Proteste. Zwei Jahre ist es schon her, daß der Studentenführer Rudi Dutschke auf dem Kurfürstendamm niedergeschossen wurde. Inzwischen wird Ulrike Meinhof per Steckbrief gesucht: Mordversuch. 10 000 Mark Belohnung.

Das alles interessiert sie nun brennend. Und der Kommunismus erscheint ihr als Rettung gegen Hunger und Unterdrückung. Sie sieht es doch, wenn sie ihren Vater in der DDR besucht. So glücklich ist der mit seiner neuen Frau. Und im ganzen Land keine Reklame. Kein Luxus. Das gefällt ihr. Von Selbstschußanlagen, die an der Grenze montiert werden, will sie nichts hören.

Sie findet, im Westen sind alle egoistisch. Der Amerikaner, Vater ihres Sohnes Benjamin, macht sich kurz nach der Geburt auf und davon. Gleich nach seiner Armeezeit. Dabei haben sie sich doch so geliebt. Und er hatte ihr die Heirat versprochen.

Sie lebt jetzt in Kreuzberg. Mittenmang in der Szene, sagt sie. Mit Spontis, 68ern, Ausgeflippten, Suizid-Geneigten, Gescheiterten, Idealisten. Eine Tischlerei wird gemietet. Sie gibt ihr letztes Geld dazu, denkt: Wir krempeln die Gesellschaft doch noch um.

Dann die große Chance aus Hamburg. Marion Michael soll eine Fernsehsendung für Kinder moderieren. »M wie Michael«. Mit Songs und Geschichten. Aber sie fühlt sich unwohl vor der Kamera. Nach all meinen zerplatzten Träumen, sagt sie, bin ich da plötzlich in dieser Luxuswelt des NDR. Das war doch genau die Welt, die wir ablehnten.

Und dann das Gefühl, ungenügend zu sein, zu patzen vor der

Kamera. Unmöglich, denkt sie. Das darf dir in diesem Beruf nicht passieren. Ich war am Ende, sagt sie. War zu Tode getroffen. Mitten in den Arbeiten fährt sie ab. Fährt zurück nach Berlin – und schneidet sich Hals und Handgelenk auf.

Ihr Vater besucht sie im Urban-Krankenhaus. Sie reden kein Wort über den Selbstmordversuch. Als ich ihn danach in der DDR besuchte, sagt sie, sah er mein verstümmeltes Handgelenk. Da nimmt er seine Zigarette und drückt sie auf seiner Hand aus. Ohne das Gesicht zu verziehen.

»Ich las Marx und dachte: Aha, das Leiden liegt nicht an dir selbst, du lebst nur in der falschen Gesellschaft.« Marion Michael, die als »Liane aus dem Urwald« berühmt wurde, vor einem Selbstportrait.

Fast fröhlich sieht Marion Michael zu ihrem Mann rüber und lacht dieses scheinbar ermutigende, aber dann doch immer abgebrochene Lachen in Moll. Als ich das später Freimut erzählte, sagt sie und greift nach seinem Arm, da hat auch er sich eine glühende Zigarette auf den Handrücken gedrückt. Er wollte mir wohl signalisieren: Das ist nichts als eine Geste.

Nein, Marion, sagt Freimut Patzner. Du warst damals in einer manischen Phase. Und ich war verzweifelt. Wußte nicht, wie man mit Depressionen umgeht. Hätte dich am liebsten – nein, sagt er, nicht, aber irgendwie auch doch umbringen können. Und da hab ich die Aggression gegen mich gerichtet, hab die Zigarette auf mir ausgedrückt. Um dir zu zeigen, wie weh mir das alles tut.

Nach dem Suizid-Versuch läuft Marion Michaels Leben mechanisch weiter. Dabei hat sie Marcel Werner kennengelernt, der genau ihr Typ ist. Sohn von Hanns Lothar, schlank und schön und Alkoholiker. Aber irgendwie nie betrunken, sagt sie.

Eines Abends kommt sie nach Hause. Der Abwasch quillt und der Freund liegt voll Alkohol mit der Gitarre im Bett. Sie brüllt ihn an: Wenn ich schon das Geld anschaffe, kannst du wenigstens saubermachen! Geht zurück in die Küche und fängt an zu spülen.

Fünfzehn Minuten später, sagt sie, kommt er angeschossen, zerrt mich raus, schleift mich aufs Bett, zieht sich den Gürtel aus der Hose, legt ihn mir um den Hals und zieht zu.

Er hat die Kraft, und sie gerät in Panik. Und denkt doch: So erbärmlich stirbst du hier nicht! Und schreit und wehrt sich. Und plötzlich, sagt sie, fällt er um. Fällt einfach um und schläft ein.

Sie muß weg. Weg mit ihrem Jungen. Dahin, wo Marcel sie nicht finden kann. In die DDR. Natürlich. Ins gelobte Land. In dem Biermann seit drei Jahren nicht mehr leben darf, in dem Robert Havemann unter Hausarrest steht, aus dem zwei Familien gerade im Ballon mit dem Wind nach West geflohen sind.

Das alles ist ihr im Kopf. Aber sie hat immer das Gefühl: Der Osten wird verteufelt. Und die DDR ist doch das kleinere Land. Auch das Schwächere. Und den Schwachen gilt doch nun mal ihre Sympathie. Also auch der DDR.

Es war natürlich eine Frage der Bildung, sagt sie. Dutschke sprach gegen die DDR. Ich mochte ihn. Aber ich glaubte ihm nicht. Ich glaubte nur meinem Gefühl. Und mit dem fuhr ich voll auf die kommunistische Idee ab.

Sie geht an die Grenze und fragt, wie sie übersiedeln kann. Da müsse sie nach Pankow fahren, sagt der Vopo und nennt ihr eine Adresse. Sie fährt hin und wird mit offenen Armen empfangen. Wird nur kurz nach dem real existierenden Sozialismus gefragt. Aber klar, den möchte sie erleben. Dann darf sie mit dem 9jährigen Benjamin und ihren Möbeln einreisen.

Ich entdeckte ein neues Land, sagt sie. In den Geschäften gibt es wenig. Das findet sie vernünftig. Und kein Gesumse um die Verpackung. Sie sieht die Armut und denkt: Dahinter steckt ein guter Gedanke. Dann hört sie täglich: Hamwa nich. Und das geht ihr irgendwann auf den Wecker. Sie arbeitet als Synchronsprecherin in Adlershof. In den Kaffeepausen wird Tacheles geredet. In den Versammlungen fliegen die Phrasen.

Das kann doch wohl nicht wahr sein, denkt sie. Und rennt mit dem kommunistischen Manifest durch die Gegend. Liest es den Kollegen vor. Habt ihr das vergessen oder was? Die guckten mich an, sagt sie, als käme ich vom Mond.

Und dann Gewerkschaftsversammlung. 500 Leute sitzen in der Kantine. Alle auf Linie. Und reden im ND-Stil. Sie will was sagen. Ihr Chef winkt angstvoll ab. Aber sie ist nicht mehr zu bremsen. Ich höre rechts und links nur von Problemen, sagt sie. Aber hier wird um den heißen Brei herumgeredet. Sie sei in der DDR zwar noch ein Greenhorn, aber das müsse ja wohl mal gesagt werden. Und er sei ein Oldtimer, sagt der Gewerkschaftsmensch. Und sie müsse die DDR nehmen, wie sie ist.

Das fällt ihr inzwischen schwer. Ihrem Sohn noch schwerer. Im Westen anthroposophische Schule, im Osten Fahnenappell und Pioniergeist. Dem bunten Vogel Benjamin wird das lose Mundwerk verschnürt. Und die Depressionen seiner Mutter brechen auf wie ein Geschwür. Weinkrämpfe lösen tiefe Leeren ab.

Aber das Manische geht wie eine Sonne in ihr auf. Sie ist hellwach. Schon in der Nacht. Und voller Tatendrang. Weiß gar nicht, wo sie morgens zuerst anfangen soll. Stellt Möbel um. Hängt Bilder ab. Alles überstürzt sich. Sie jagt wie getrieben durch den Tag. Empfindet Natur ganz stark. Und Musik. Alles berührt sie zutiefst. Und ich dachte, es ist die Kunst, die da in mir hochdrängt, sagt sie. Aber dann war es die Krankheit.

Ihr Mann bringt sie in die Psychiatrie. Das empört sie. Sie beschimpft ihn. Macht ihn lächerlich. Und wie spießig er sei! Spießig wie die ganze DDR! Die Ärztin spricht lange mit Marion Patzner. Dann mit deren Mann. Dem sagt sie, als hätte sie das Ei des Kolumbus gefunden: Ihre Frau ist sehr krank. Sie glaubt, sie ist Marion Michael!

Freimut Patzner ist verblüfft, daß jemand in der DDR weiß, wie »Liane aus dem Urwald« heißt und sagt: Sie ist Marion Michael. Ja? Dann fehlt ihr nichts, sagt die Ärztin. Dann genügen ein paar Schlaftabletten. Sie soll mal so richtig durchschlafen.

Es folgen schreckliche Wochen, sagt sie. Zwischen Freimut und mir flogen die Fetzen. Als sie total erschöpft ist, läßt sie sich kampflos in die Psychiatrie bringen. Die Patienten dort haben mir wohlgetan, sagt sie. Frauen, die sich nichts vormachten, die sich knallhart ihre Nöte zeigten.

Aber dann geht es zur Sache. Eine Woche geschlossene Anstalt. Marion Michael wird, wie sie sagt, totgespritzt. Schwerste Medikamente, die schwerste Kämpfe im Körper auslösen. Danach kommt sie auf die offene Station.

Sie sitzt mit einigen Frauen im Raucherzimmer. Eine Krankenschwester reißt die Tür auf und kommandiert zur Nachtruhe ab. Ich hab sie am Kragen gepackt, sagt Marion Michael, und ihr gesagt: Wir sind Patienten. In welchem Ton schreien Sie hier mit uns rum!

Da rast die Schwester raus. Und die Frauen gehen in ihre Zimmer. Aber Marion Michael kann nicht schlafen, möchte eine Tablette, bekommt keine, setzt sich in großer Trauer auf den Gang und singt leise ein altes Kinderlied von Christian Morgenstern, das ihr die Mutter oft gesungen. Ich sang es mir und allen Patienten zum Trost, sagt sie.

Da kommt der Arzt angeschossen. Kommen Sie mit! sagt er scharf. In seinem Zimmer zieht er eine Spritze auf. Sie denkt: Bloß das nicht. Bloß keine Spritze. Ich schreie, ich springe aus dem Fenster, ich ... Aber dann, denkt sie weiter, bin ich für die ja verrückt. Also spielt sie eine Ohnmacht. Das hat sie doch gelernt in ihrem Beruf. Fällt sanft zu Boden. Liegt da mit geschlossenen Augen. Ganz ruhig.

Ich glaube Ihnen nicht! sagt der Arzt voll Hohn. Und jagt ihr die Spritze in den Körper. Von da an, sagt sie, war ich wirklich krank. Ich hatte keinen Ortssinn mehr, wußte nicht mehr, wer ich bin, hatte Ängste und verkroch mich unters Bett. Ein Vierteljahr später wird sie entlassen.

Im August '87 fährt ihr Sohn mit seinem Freund nach Bulgarien. Die Sommerferien sind vorbei und Benjamin ist nicht zurück. Um Gottes willen, denkt sie. An der Grenze wird doch geschossen! Am 16. Oktober klingelt das Telefon: Mama. Ich bin am Ku'damm. Er war mit seinem Freund durch die Donau in die Freiheit geschwommen.

Der Schmelz der DDR ist längst verflogen. Und als der 9. November 1989 kommt, ist sie froh. Ich habe in den zwölf Jahren festgestellt: Er funktioniert nicht, der Sozialismus. Er läuft einfach nicht.

Die Nacht, in der die Mauer fällt, verschläft sie ahnungslos mit ihrem Mann. Um drei Uhr früh klingelt es Sturm. Es ist Benjamin. Sie setzen sich zu dritt vor den Fernsehapparat und sehen live das Geschehen vor ihrer Haustür.

Sie ist am Ende ihrer Geschichte. Hat Stunden erzählt. Ihr Mann Stunden zugehört. Beide sind erschöpft. Leer. Sitzen da auf ihren Schonbezügen. Zurückgelehnt. Die Hände im Schoß. Schauen nach vorn und schweigen. Wie zwei Strindbergfiguren, die am Ende des Trauerspiels die Kraft nicht mehr haben zu sagen: Ich verstehe. Ja.

Für den Abdruck der Fotos,
die nicht von Ute Mahler stammen, danken wir
Sibylle Bergemann (Seite 25, 32, 74, 107),
Hanns-Jörg Anders (37), Ulrich Eifler (98),
Maria Steinfeldt (124), Harf Zimmermann (217),
Thomas Sandberg (266) und Dieter Bauer (315).

Die Deutsche Bibliothek – CIP-Einheitsaufnahme

Geliebte Zone :
Geschichten aus dem neuen Deutschland / Birgit Lahann.
Fotos von Ute Mahler. Vorwort von Thomas Brussig. -
Stuttgart : Deutsche Verlags-Anstalt, 1997
ISBN 3-421-05097-X

© 1997 Deutsche Verlags-Anstalt GmbH, Stuttgart
Alle Rechte vorbehalten
Typografische Gestaltung: Brigitte Müller
Reproduktionen: Fotosatz Sauter, Donzdorf
Druck und Bindearbeiten: Clausen & Bosse, Leck
Printed in Germany

ISBN 3-421-05097-X